Geneviève Ribordy

«FAIRE LES NOPCES»:
LE MARIAGE DE LA NOBLESSE FRANÇAISE
(1375-1475)

Tout au long du Moyen-âge, deux modèles de mariage s'affrontent. Le mariage aristocratique favorise des unions endogames, facilement dissoutes, nouées par les parents pour des raisons politiques et économiques. L'Église tente de son côté d'imposer un mariage monogame, indissoluble, exogame et fondé sur le consentement des époux. Le conflit entre les deux modèles est donc inévitable: les heurts existaient déjà au haut Moyen-âge et, comme l'a démontré Georges Duby, ils continuent à se manifester au XIIᵉ siècle. Qu'en est-il aux XIVᵉ et XVᵉ siècles? L'Église et l'aristocratie s'opposent-elles encore ou ont-elles trouvé un terrain d'entente, voire un modèle commun?

Pour mesurer cet écart entre les deux modèles de mariage à la fin du Moyen-âge, l'auteur a relevé la trace de centaines de mariages nobles dans les sources judiciaires et littéraires. Lettres de rémission et procès criminels au Parlement de Paris d'une part, grandes chroniques françaises d'autre part, livrent un portrait des pratiques matrimoniales de la noblesse. Provenant de deux perspectives distinctes, ce portrait relate toutes les étapes de la formation du mariage: la démarche familiale et la démarche personnelle, les pourparlers et le contrat de mariage, les fiançailles et les épousailles, les noces et la consommation du mariage. Il appert que l'idéal de mariage aristocratique continue d'être appliqué, sans que les volontés de l'Église soient pour autant ignorées. Faut-il donc parler d'une tolérance mutuelle entre Église et noblesse ou d'une convergence des deux modèles? La fusion est certes loin d'être totale, et le mariage aristocratique gardera longtemps la main haute, jusqu'à ce que le mariage devienne d'abord une affaire de sentiment plutôt qu'une affaire d'intérêt.

STUDIES AND TEXTS 146

«Faire les nopces»:

Le mariage de la noblesse française (1375-1475)

par

Geneviève Ribordy

Pontifical Institute of Mediaeval Studies

Cet ouvrage a été publié grâce à une subvention de la
Fédération canadienne des sciences humaines et sociales,
dont les fonds proviennent du
Conseil de recherches en sciences humaines du Canada

Catalogage avant publication de la Bibliothèque nationale du Canada

Ribordy, Geneviève, 1969–
    Faire les nopces : le mariage de la noblesse française, 1375-1475 /
par Geneviève Ribordy.

(Studies and texts, 0082-5328 ; 146)
Présenté à l'origine comme thèse (de doctorat de l'auteur–Université
    de Montréal), 1999.
Comprend des réf. bibliogr. et des index.
ISBN 0-88844-146-0

    1. Mariages royaux et nobles–France–Histoire–500-1500 (Moyen
Âge)   2. Mariage–Rites et cérémonies–Histoire–500-1500 (Moyen
Âge)   3. Mariage–Droit–France–Histoire.   4. Mariage–France–
Aspect religieux–Église catholique.   5. Noblesse–France–Moeurs et
coutumes.   6. France–Moeurs et coutumes–1328-1600.
I. Pontifical Institute of Mediaeval Studies   II. Titre.
III. Collection: Studies and texts (Pontifical Institute of Mediaeval
Studies) ; 146.

HQ623.R52 2004   306.81'086'210944   C2003-905933-2

À mes parents,
Annette et François-Xavier

Table des matières

Remerciements

Cet ouvrage est tiré d'une thèse de doctorat que j'ai soutenue à l'Université de Montréal en octobre 1999. Je tiens à remercier tous ceux qui ont participé, de près ou de loin, à son élaboration. Merci en particulier à ma directrice de thèse, Mme Denise Angers, qui a su me conseiller autant pour le livre que pour la thèse; merci à Mme Claude Gauvard, de l'Université de Paris I-Panthéon-Sorbonne, qui a toujours su me prodiguer aide et conseils; merci à Mme Paulette L'Hermite-Leclercq, de l'Université de Paris IV-Sorbonne, qui a généreusement accepté de diriger le D.E.A. au point de départ de cette thèse. Merci également aux membres de mon jury de thèse, Mme Claude Gauvard, M. Serge Lusignan, M. Jacques Ménard, M. Yvon Lapointe et Mme Denise Angers. Une pensée, enfin, pour M. John A. Dickinson, le directeur de mon mémoire de maîtrise, qui n'a cessé de suivre de loin mes progrès.

Cet ouvrage n'aurait jamais été possible sans la contribution monétaire de divers organismes. Je pense tout d'abord au Conseil de recherche en sciences humaines et à la bourse de doctorat qu'il m'a octroyée. Je remercie également le Département d'histoire et la Faculté des études supérieures de l'Université de Montréal dont plusieurs bourses, d'année en année, ont apporté un supplément financier bien apprécié. Merci ensuite à l'AUPELF-UREF qui, en me décernant une bourse CIME d'encouragement à la mobilité, m'a permis de séjourner une année à Paris, d'écrire un D.E.A. et d'entamer la recherche nécessaire à la thèse et à ce livre. Pour terminer, je tiens à remercier le Programme d'aide à l'édition savante de la Fédération canadienne des sciences humaines et sociales grâce à qui ce manuscrit a pu être publié.

Mes derniers remerciements, et non les moindres, vont vers ceux qui m'ont épaulée, encouragée et supportée pendant de longues années. À Rémy Charest, d'abord, merci à la fois pour sa patience, ses suggestions et ses coups de main. Un gros merci à mes parents, Annette et François-Xavier Ribordy, et à mes beaux-parents, Louise MacDonald et Michel Charest, qui ont toujours suivi avec intérêt mes progrès et qui ont su me prodiguer leurs encouragements. Une pensée affectueuse, enfin, à Mathilde et Olivier, qui m'ont souvent apporté une bouffée d'air frais à la fin d'une journée de travail.

Introduction

Il peut être difficile de concevoir que l'Église catholique, aujourd'hui perçue comme une force réactionnaire en ce qui touche à la sexualité, ait pu un jour se porter à la défense des amoureux. Et pourtant, notre idéal romantique d'un mariage fondé sur l'amour et sur le libre choix d'un époux, d'un mariage exclusif et perpétuel, rejoint la vision du mariage que prône l'Église depuis le XIIe siècle: un mariage monogame, indissoluble et consensuel.

Cet idéal, si répandu au XXe siècle, n'a cependant pas toujours été la norme. Longtemps, la société a préféré les mariages noués, et facilement dénoués, par les familles pour des raisons économiques et politiques. Au haut Moyen-âge surtout, au XIIe siècle encore, le modèle matrimonial ecclésiastique rivalise avec un autre modèle de mariage duquel religion, indissolubilité et consentement mutuel sont absents. L'Église devra se battre longtemps avant que ne triomphe sa vision.

Georges Duby a été le premier à rapporter la divergence entre les deux modèles matrimoniaux du Moyen-âge, le mariage ecclésiastique et le mariage laïque, qu'il nomme morale des prêtres et morale des guerriers. C'est dans une conférence publiée sous le titre *Medieval Marriage. Two Models from Twelfth-Century France*[1] qu'il a d'abord énoncé l'idée qu'aux XIe et XIIe siècles, le modèle aristocratique et le modèle ecclésiastique de mariage demeurent deux choses distinctes. Il reprend ce thème et le développe dans son livre *Le chevalier, la femme et le prêtre. Le mariage dans la France féodale.*[2] En se servant de nombreux exemples, vies de rois, de seigneurs et de saints, écrits littéraires et théologiques, il démontre comment les deux morales, d'abord opposées, se sont fusionnées avec le temps.

Duby s'arrête toutefois au seuil du XIIIe siècle. A-t-il vu juste pour la fin du Moyen-âge? La vision ecclésiastique du mariage est-elle bel et bien assimilée à partir du XIIIe siècle? Peut-on dire qu'à la fin du Moyen-âge, les deux modèles ne font plus qu'un? La société, en particulier la société noble, a-t-elle entièrement intégré une doctrine dont tant d'aspects s'opposent

---

[1] G. Duby, *Medieval Marriage. Two Models from Twelfth-Century France*, Baltimore/London, 1978.

[2] G. Duby, *Le chevalier, la femme et le prêtre. Le mariage dans la France féodale*, Paris, 1981.

pourtant à ses pratiques traditionnelles? Pour tenter de répondre à ces questions encore peu explorées par l'historiographie, nous opposerons à notre tour modèle ecclésiastique et modèle aristocratique de mariage. Cette comparaison nous permettra de vérifier cette hypothèse pour les derniers siècles du Moyen-âge.

LA DOCTRINE ECCLÉSIASTIQUE DU MARIAGE

Afin de mieux situer le conflit et de mesurer la distance qui subsiste à la fin du Moyen-âge entre les deux modèles matrimoniaux, il importe d'abord de présenter brièvement la doctrine ecclésiastique.[3] Issue d'un amalgame de pratiques du premier âge chrétien, de l'Empire romain et des sociétés germaniques du haut Moyen-âge, celle-ci se construisit lentement. Pendant le premier millénaire chrétien, le mariage demeura en effet une affaire laïque et privée qui se nouait selon les coutumes de ceux qui le pratiquaient. Chez les Romains, il se fondait par le consentement des époux et de leur famille, sans solennités légales.[4] Dans le monde germanique, deux étapes tout aussi cruciales l'une que l'autre contribuaient à sa formation: la *desponsatio* où l'homme acquérait l'autorité sur sa future épouse, la *traditio puellae* où la femme rejoignait son mari et où le mariage était consommé.[5]

---

[3] Notre but n'étant pas d'étudier la doctrine, il nous suffira de la décrire dans ses grandes lignes. Ceux qui désirent en savoir davantage pourront consulter entre autres G. Le Bras, «Mariage: la doctrine du mariage chez les théologiens et les canonistes depuis l'an mille», *Dictionnaire de théologie catholique*, 9/2 (1927), col. 2123-2223; J. Brundage, *Law, Sex, and Christian Society in Medieval Europe*, Chicago, 1987; J. Gaudemet, *Le mariage en Occident. Les mœurs et le droit*, Paris, 1987; J. Dauvillier, *Le mariage dans le droit classique de l'Église depuis le décret de Gratien (1140) jusqu'à la mort de Clément V (1314)*, Paris, 1933; J. T. Noonan, «Freedom, Experimentation and Permanence in the Canon Law on Marriage», dans J. E. Biechler (édit.), *Law for Liberty. The Role of Law in the Church Today*, Baltimore, 1967, p. 52-68.

[4] Pour plus d'information sur le mariage dans la société et le droit romains, voir J. Gaudemet, *Sociétés et mariage*, Strasbourg, 1980, surtout «L'originalité des fiançailles romaines», p. 15-45, «Le mariage en droit romain», p. 47-103, «Droit romain et principes canoniques en matière de mariage au Bas-Empire», p. 116-139 et «Originalité et destin du mariage romain», p. 140-184.

[5] Sur le mariage dans les sociétés germaniques, voir entre autres S. F. Wemple, «Les traditions romaine, germanique et chrétienne», dans *Histoire des femmes. Le moyen âge*, Paris, 1990, p. 185-216; J. A. McNamara et S. F. Wemple, «Marriage and Divorce in the Frankish Kingdom», dans S. M. Stuard (édit.), *Women in Medieval Society*, Philadelphia, 1976, p. 95-124; S. F. Wemple, *Women in Frankish Society: Marriage and the Cloister, 500-900*, Philadelphia, 1981.

Durant cette époque, l'Église reconnaissait en tant que mariage toute alliance conclue selon les normes de la société. Elle se limitait à énoncer quelques règles de base: l'exogamie, la monogamie et l'indissolubilité telles qu'ordonnées par Jésus Christ[6] Comme ces règles furent difficiles à imposer avant l'époque carolingienne, l'Église se borna à condamner publiquement les répudiations, les remariages, les concubinages et les mariages incestueux des princes.[7] Elle chercha également assurer la moralité de l'institution matrimoniale qui visait d'abord la procréation et devait servir d'arme contre la luxure, sans aucunement procurer de plaisir.[8]

Dans le contexte de la renaissance intellectuelle carolingienne, les efforts concertés des pouvoirs laïque et ecclésiastique permirent un essor de la législation matrimoniale et, avec l'expansion des tribunaux ecclésiastiques, le respect de son application. Les théologiens et les canonistes, dont Hincmar de Reims (806-882) est le plus illustre représentant, et les nombreux conciles continuèrent à insister sur l'indissolubilité du mariage, même en cas d'adultère, et sur l'interdiction des mariages consanguins. Hincmar de Reims stipula par ailleurs que la consommation venait parfaire un mariage. Cette vision permettait d'harmoniser coutumes germaniques et doctrine ecclésiastique.[9]

Après l'an mil, la réflexion entourant le mariage s'intensifia et mena à l'élaboration d'une doctrine matrimoniale classique dont les termes ont persisté jusqu'au Concile de Trente au XVIe siècle, voire même jusqu'à nos jours. Cette réflexion aborda largement une question fondamentale, celle

[6] M. M. Sheehan l'affirme dans «Choice of a Marriage Partner in the Middle Ages: Development and Mode of Application of a Theory of Marriage», *Studies in Medieval and Renaissance History*, 1 (1978), p. 4-5. Voir aussi M. Rouche, «Des mariages païens au mariage chrétien. Sacré et sacrement», dans *Segni et riti nella chiesa altomedievale occidentale*, Spolète, 1987, p. 835-873.

[7] Voir à ce sujet, G. Duby, «Le mariage dans la société du haut moyen âge», dans *Il matrimonio nella società altomedievale*, Spolète, 1977, t. 1, p. 13-39 et M. M. Sheehan, «Sexuality, Marriage, Celibacy, and the Family in Central and Northern Italy: Christian Legal and Moral Guides in the Early Middle Ages», dans D. I. Kertzer et R. P. Saller (édit.), *The Family in Italy*, New Haven/London, 1991, p. 168-183. Voir également A. M. Lucas, *Women in the Middle Ages. Religion. Marriage and Letters*, Brighton, 1983, surtout son chapitre intitulé «Marriage in the Early Middle Ages», p. 61-82.

[8] Voir J. Brundage, « 'Allas! That Evere Love Was Synne': Sex and Medieval Canon Law», *Catholic Historical Review*, 72 (1986), p. 1-13.

[9] Sur l'évolution de la doctrine matrimoniale sous les Carolingiens, voir P. Toubert, «La théorie du mariage chez les moralistes carolingiens», dans *Il matrimonio nella società alto-medievale*, Spolète, 1977, t. 1, p. 233-282; P. Daudet, *Études sur l'histoire de la juridiction matrimoniale. Les origines carolingiennes de la compétence exclusive de l'Église (France et Germanie)*, Paris, 1933.

de l'instant de formation du lien matrimonial. Au début du XIIe siècle, cette question demeurait encore nébuleuse. Pierre Damien (1007-1072) et Yves de Chartres (1040-1115) avaient introduit l'idée que le consentement, sans consommation, suffisait à créer un mariage; toutefois, la consommation continuait à conserver un rôle clé.[10] Vers 1130, Hugues de Saint-Victor (?-1141) fit un premier pas vers une doctrine du mariage plus complète et plus cohérente. Il présenta le mariage comme une association entre l'homme et la femme, créée par le consentement libre, actuel et légitime des deux parties. Ni formalités légales, ni consommation n'étaient nécessaires à sa validité.

La doctrine matrimoniale se cristallisa au XIIe siècle sous l'influence de Gratien et de Pierre Lombard. À Gratien (fin XIe siècle-v. 1160) revient surtout le mérite d'avoir regroupé cette doctrine en un corpus cohérent, le *Decretum*, qui synthétisait les idées disparates des théologiens. Pour Gratien, si le consentement jouait le rôle central dans la formation de l'union, la consommation rendait le mariage *perfectum* et indissoluble.[11] Dans ses *Sentences*, Pierre Lombard (v. 1100-1160) le contredit en mettant entièrement l'accent sur le consentement exprimé par les époux lors des deux temps forts des fiançailles et des épousailles, qu'il nomma *verba de futuro* et *verba de presenti*. Ce consentement créait réellement l'union indissoluble, y insérait le sacrement et lui donnait toute sa valeur. À l'image du mariage de la Vierge Marie et de Joseph, le consentement, sans consommation, suffisait à créer un mariage parfait.[12] Ces deux visions opposées rallièrent chacune des alliés, Gratien gagnant la préférence du camp italien, Lombard celle des Français. La législation des papes Alexandre III (1159-1181)[13] et

---

[10] G. Duby consacre un chapitre de son livre *Le chevalier...*, à Yves de Chartres aux pages 173-197. Voir aussi J. T. Noonan, «Marriage in the Middle Ages: Power to Choose», *Viator*, 4 (1973), p. 419-434.

[11] J. T. Noonan, «Marriage...», p. 419-434 traite de la position de Gratien face au consentement. L'opinion selon laquelle les relations sexuelles viennent parfaire un mariage perdurera d'ailleurs longtemps: voir A. Lefebvre-Teillard, «Règle et réalité dans le droit matrimonial à la fin du moyen-âge», *Revue de droit canonique*, 30 (1980), p. 47-49.

[12] Sur le mariage de la Vierge, voir P. S. Gold, «The Marriage of Mary and Joseph in the Twelfth-Century Ideology of Marriage», dans L. Bullough et J. Brundage (édit.), *Sexual Practices in the Medieval Church*, Buffalo, N.Y., 1982, p. 102-117.

[13] Sur la politique d'Alexandre III, voir C. Donahue, «The Policy of Alexander III's Consent Theory of Marriage», dans *Proceedings from the Fourth International Congress of Medieval Canon Law*, Vatican, 1976, p. 251-281 et J. Brundage, «Marriage and Sexuality in the Decretals of Pope Alexander III», dans F. Liotta (édit.), *Miscellenea Rolando Bandinelli Papa Alessandro III*, Sienne, 1986, p. 59-83.

Innocent III (1198-1216)[14] trancha finalement la question en faisant triompher la vision de Lombard.

Le consentement représentait donc la clé de voûte du nouveau modèle matrimonial. C'étaient les paroles ou les gestes échangés, émanant de deux individus libres et lucides ayant atteint l'âge de douze ans pour les filles et de quatorze ans pour les garçons,[15] qui scellaient l'union conjugale. Ces paroles prenaient effet au moment présent. Prononcées au futur, elles constituaient des promesses qui pouvaient être rompues, à moins que des relations sexuelles subséquentes ne viennent parfaire le mariage. Le rôle central revenait aux deux époux et leur décision devait se prendre sans contrainte imposée par les parents, le seigneur ou toute autre autorité.[16] Si les solennités religieuses imposées par le Concile de Latran IV en 1215, comprenant bans, présence à l'église et bénédiction nuptiale, et les relations sexuelles avaient leur place dans la formation du mariage, ni les unes, ni les autres n'étaient essentielles. Les solennités rendaient le mariage licite et régulier, facile à prouver en cas de litige. Quant aux relations sexuelles, le consentement nuptial impliquait leur acceptation. Les conjoints ne pouvaient échapper à ce devoir conjugal que par consentement mutuel.

Le mariage constituait un contrat, un échange de serments. Il créait un lien entre les époux qui était à l'image du lien entre le Christ et son Église. Ce contrat consensuel ne pouvait pas être dissout. Seule la mort pouvait permettre le remariage du conjoint survivant, une option à laquelle de nombreux théologiens s'étaient même opposés jusqu'au XIIe siècle. Quelques exceptions entraînaient toutefois l'annulation d'un mariage comme, par exemple, la consanguinité, la non consommation ou la bigamie. Ces cas n'appelaient pas de divorce puisque ces empêchements invalidaient et annulaient l'union. En dehors de ces empêchements, le mariage tenait bon. Seule une séparation de biens ou de corps pouvait être tolérée, toujours avec l'espérance d'une réconciliation, pour quelques raisons spécifiques telles l'adultère (exceptionnellement), la folie, l'hérésie ou les sévices corporels.

La doctrine étant enfin bien énoncée et bien établie, peu de changements furent apportés à ces règles entre le XIIIe et le XVIe siècle. Les canonistes, Gratien en tête, avaient constitué un corpus de règles intégrées au

---

[14] G. Le Bras, «Le mariage dans la théologie et le droit de l'Église du XIe au XIIIe siècle», *Cahiers de civilisation médiévale*, 11/2 (1968), p. 191-209.

[15] Sur l'âge au mariage, voir W. Onclin, «L'âge requis pour le mariage dans la doctrine canonique médiévale», dans S. Kuttner et J. J. Ryan (édit.), *Proceedings of the Second International Congress of Medieval Canon Law*, Vatican, 1965, p. 237-247.

[16] J. T. Noonan examine la longue liste d'erreurs de consentement qui pouvaient entraver sa légalité. J. T. Noonan, «Freedom, Experimentation...», p. 54-60.

droit canon qui permettaient de définir la validité du mariage selon des termes clairs. Et ces règles étaient désormais appliquées dans tous les pays de la Chrétienté latine. Parallèlement à l'élaboration de son droit, l'Église avait en effet mis en place un système pénal de cours ecclésiastiques dans le but de faire respecter ces nouvelles règles. Toutefois, cette doctrine était toutefois loin d'être toujours appliquée à la lettre. Les officialités, en particulier, savaient faire preuve de souplesse afin d'adapter une doctrine rigide à la réalité de la vie conjugale.[17] Richard H. Helmholz a ainsi démontré comment la pratique légale variait selon les cours et les régions, ce qui témoigne de la flexibilité et de la possibilité d'adaptation et d'évolution du système canonique.[18]

Par conséquent, il ne suffit pas d'étudier la doctrine ecclésiastique pour bien appréhender le mariage médiéval. En étudiant cette doctrine, les historiens ont fait un premier pas vers la connaissance du mariage médiéval. Ils ont dessiné un modèle, une charpente autour de laquelle il devient possible de construire la réalité. Mais, pour connaître la pratique du mariage, il faut aller au-delà de ces règles théoriques et monolithiques. Il faut étudier l'application, le rejet ou l'adaptation de ces règles afin de découvrir réellement le mariage, cette institution essentielle à la stabilité, au fonctionnement et à la survie de la société médiévale.

LA RÉALITÉ DU MARIAGE NOBLE

Une comparaison entre la doctrine et la réalité semble d'autant plus essentielle pour la fin du Moyen-âge que les conclusions de G. Duby ont peut-être été un peu hâtives. Un des rares historiens à avoir adopté cette problématique pour les derniers siècles du Moyen-âge, Bernard Chevalier, conclut

---

[17] C. Donahue Jr. démontre par exemple que de grandes variations existaient entre la pratique des cours ecclésiastiques anglaises et françaises. C. Donahue Jr., «The Canon Law on the Formation of Marriage and Social Practice in the Later Middle Ages», *Journal of Family History*, 8/2 (1983), p. 144-158; C. Donahue Jr., «English and French Marriage Cases in the Later Middle Ages: Might the Differences be Explained by Differences in the Property Systems?» dans L. Bonfield (édit.), *Marriage, Property, and Succession*, Berlin, 1992, p. 339-366; C. Donahue Jr., «"Clandestine" Marriage in the Later Middle Ages: A Reply», *Law and History Review*, 10/2 (1990), p. 315-322.

[18] R. H. Helmholz, *Marriage Litigation in Medieval England*, Cambridge, 1974. La majorité des variations qu'il présente se situent toutefois au niveau de la procédure: abandon de la pratique imposant le mariage aux couples fornicateurs, utilisation accrue de la langue vernaculaire, changement d'attitude vis-à-vis du traitement de la preuve et des peines. Richard conclut qu'aucun changement important au niveau de la théorie et de la pratique matrimoniale ne marque la fin du Moyen-âge.

en effet que la doctrine n'a pas encore été complètement intégrée au XVe siècle puisque le mariage «est bien conçu comme devant être monogamique et indissoluble, mais tant sur le plan du libre consentement des personnes que sur celui de la publicité et du respect des interdits canoniques, la pratique reste bien étrangère à la discipline que l'on voudrait lui imposer».[19] C'est également ce que constate Richard H. Helmholz pour la société anglaise de la fin du Moyen-âge:

> Historians have sometimes thought that with the definitive formulation of the canon law in the later twelfth and thirteenth centuries, lay habits, or at least lay beliefs, fell quickly into line. But it is not so. The court records show the tenacity of the belief that people could regulate their own matrimonial affairs, without the assistance or the interference of the Church.[20]

Face aux politiques ecclésiastiques se dresse donc un monde laïque certes de plus en plus christianisé, mais qui conserve ses intérêts propres et ses pratiques matrimoniales privées, héritées des temps païens, germaniques ou romains. Cela est d'autant plus vrai pour la noblesse. La doctrine ecclésiastique menace de transformer entièrement ses pratiques matrimoniales. Elle perturbe l'organisation des mariages orchestrés stratégiquement par les parents pour des raisons économiques, politiques et sociales. Ses interdictions contre les mariages entre cousins, les unions impubères, les remariages ou les mariages forcés, remettent en question tout le système matrimonial, successoral et familial de la noblesse.

Pour l'historien soucieux de mesurer l'écart entre doctrine et réalité matrimoniale à la fin du Moyen-âge, la noblesse et son modèle de mariage s'offrent tout naturellement comme terrain d'enquête. Non seulement la noblesse constitue-t-elle la classe sociale dont les coutumes matrimoniales ont connu la plus grande pérennité, mais c'est aussi celle qui est la plus susceptible d'entrer en conflit avec l'Église au sujet de sa doctrine et celle dont les conflits ont le plus de visibilité. Par ailleurs, il sera d'autant plus aisé d'étudier la noblesse qu'elle est fort bien représentée dans les sources et d'autant plus pertinent que ses pratiques matrimoniales ont été les moins

---

[19] B. Chevalier, «Le mariage à Tours à la fin du XVe siècle», dans *Histoire et Société: Mélanges offerts à Georges Duby*, Tome I: *Le couple, l'ami et le prochain*, Aix-en-Provence, 1992, p. 86-87.

[20] R. H. Helmholz, *Marriage Litigation...*, p. 31. Selon Helmholz, cela s'expliquerait par le fait que la majorité des causes débattues en cours d'Église relèvent d'une dispute au sujet de la création du mariage. En effet, la société et l'Église ne s'entendent toujours pas sur ce qui constitue soit un mariage légal, soit un simple contrat de mariage. Il y voit la preuve que l'ancienne vision du mariage comme contrat privé est encore bien ancrée dans les mentalités.

étudiées.

Par conséquent, nous tenterons de qualifier et de mesurer l'écart qui subsiste, aux XIVᵉ et XVᵉ siècles, entre l'idéal matrimonial ecclésiastique et la réalité du mariage telle que vécue par la noblesse française. Pour évaluer cet écart, il faut d'abord retrouver le mariage noble médiéval, le voir se planifier, se nouer et se célébrer. Il faut planter le décor, mettre en scène les acteurs et voir les événements se dérouler.

Pour ce faire, nous avons puisé dans les sources judiciaires et littéraires. Les premières regroupent des plaidoiries criminelles du Parlement de Paris et des lettres de rémission du Registre du Trésor des Chartes. Contrairement aux procès émanant des cours ecclésiastiques,[21] ces documents ont encore très peu servi à l'étude du mariage. Ils sont pourtant riches en mariages, en particulier conflictuels, et loquaces quant aux questions du consentement des époux et des parents, du rôle de la consommation et du rituel matrimonial.

Au total, les douze registres de plaidoiries criminelles[22] dépouillés intégralement couvrent une période de cent ans, c'est-à-dire de 1375 à 1474. Ce sont ces plaidoiries, conservées à partir de 1375, qui ont d'ailleurs dicté le point de départ de notre cadre temporel. Par ailleurs, une période d'un siècle nous a paru d'une longueur satisfaisante pour bien appréhender les pratiques matrimoniales de la fin du Moyen-âge. Le dépouillement des plaidoiries a permis de récolter un total de quarante-huit causes[23] provenant de

---

[21] Nous avions d'abord considéré nous servir des officialités. Nous avons finalement décidé de les écarter pour plusieurs raisons. Contrairement à l'Angleterre de la même époque, les registres d'officialités françaises des XIVᵉ et XVᵉ siècles sont très peu nombreux et peu disponibles. Lorsqu'ils existent, ces registres citent souvent le cas et la sentence, sans donner les détails nécessaires à notre analyse. De plus, si l'on se fie à l'analyse qu'a faite Beatrice Gottlieb des officialités de Troyes et de Châlons-sur-Marne, très peu de nobles apparaissent dans ces procès: en effet, elle n'en a trouvé que sept sur 800 causes. B. Gottlieb, *Getting Married in Pre-Reformation Europe: The Doctrine of Clandestine Marriage and Court Cases in Fifteenth-Century Champagne*, Thèse de doctorat, 1974. Notons par ailleurs que les registres d'officialités anglaises ont fait l'objet de nombreuses publications. Ce seul fait justifie à notre avis la recherche de nouvelles sources pour l'étude du mariage. Enfin, les quelques analyses des officialités françaises, en particulier celle de Beatrice Gottlieb citée ci-dessus et celle d'Anne Lefebvre-Teillard, arrivent à des conclusions très similaires aux nôtres, conclusions que nous citerons en temps opportun. A. Lefebvre-Teillard, «Règle et réalité...».

[22] AN, X 2a 10 à X 2a 39.

[23] Les causes sont regroupées au tournant du siècle et à la fin de la guerre de Cent ans; au plus fort de la guerre, il n'y a que trois procès qui traitent de mariage. Les lacunes dans la documentation tout comme l'urgence de la situation militaire et l'anarchie qui règne au pays auxquels le roi et le Parlement consacrent toutes

tous les coins de la France.[24] La moitié nord y est toutefois mieux repré-sentée, en raison probablement de sa proximité avec le Parlement. Un long voyage multipliant fortement les frais d'un procès au Parlement, il n'est pas étonnant que la distance diminue les probabilités qu'une cause se présente au Parlement.

Les procès ont été débattus au Parlement de Paris,[25] exception faite des années 1423-1432 où les registres émanent du Parlement provisoire installé à Poitiers par Charles VII pendant l'occupation anglaise de Paris. Le Parle-ment constitue la plus haute cour de France et, en théorie, seuls les grands seigneurs du royaume peuvent s'y présenter en première instance. Les au-tres sujets du roi de France s'y retrouvent en appel des juridictions royales ou des cours des grands seigneurs. S'y présentent surtout les cas «royaux» que le roi se réserve et qui incluent la lèse-majesté, les infractions à la sauvegarde royale, la fabrication de fausse monnaie, mais aussi tout crime troublant la paix publique comme l'homicide et le rapt.

Les nombreuses causes présentent un grand intérêt car elles racontent en détails les événements avec toute la spontanéité de la narration. Certes, les discours des plaidants et de leurs avocats sont planifiés, structurés et calculés afin de prouver l'innocence ou la culpabilité. Ils n'hésitent pas à dissimuler certains faits et à en amplifier d'autres, de sorte que les versions des deux parties sont toujours diamétralement opposées. Malgré tout, ces récits très vivants contiennent une foule de renseignements utiles sur le mariage, sur le poids des traditions et sur l'influence de la doctrine ecclé-siastique.[26]

---

leurs énergies, expliquent sans doute la place secondaire qu'y occupent les procès entourant un mariage. C'est ce que confirme C. Gauvard, «De grace especial»: crime, état et société en France à la fin du Moyen-âge, Paris, 1991, p. 579.

[24] Huit causes seulement sont issues du sud de la France: deux de l'Auvergne, deux de la Gascogne, deux du Languedoc et deux du Limousin. Les autres causes proviennent surtout de deux grandes régions: une première au nord regroupant la Picardie, le Vermandois et la Flandre (14 causes) et une seconde à l'ouest com-prenant l'Anjou, le Poitou, la Touraine, l'Orléanais et le Berri (17 causes). L'Île-de-France est assez bien représentée avec 4 causes; la Bourgogne en fournit deux, la Champagne, le Bourbonnais et le Lyonnais une seule chacun.

[25] Au sujet du Parlement et de sa procédure, voir A. Esmein, Histoire de la procédure criminelle en France et spécialement de la procédure inquisitoire depuis le XIIIe siècle jusqu'à nos jours, Paris, 1882 et F. Aubert, Le Parlement de Paris de Phi-lippe le Bel à Charles VII (1314-1422). Sa compétence, ses attributions, Paris, 1890 et Le Parlement de Paris, de Philippe le Bel à Charles VII (1314-1422). Son organi-sation, Paris, 1886.

[26] L'utilisation des registres du Parlement pour l'étude du mariage est d'autant plus justifiée qu'ils ont très peu servi à ce but. Un seul article, fort incomplet, utilise les plaidoiries criminelles: il s'agit de H. Benveniste, «Les enlèvements: stratégies

Les lettres de rémission viennent s'ajouter aux procès criminels du Parlement de Paris. Comme eux, elles racontent le mariage. Conservées au Registre du Trésor des Chartes, les lettres de rémission constituent un acte de la Chancellerie par lequel le roi interrompt le cours ordinaire de la justice et gracie un accusé.[27] Dans sa lettre, le suppliant, c'est-à-dire le coupable ou ses proches qui intercèdent pour lui, relate d'abord le crime. Il s'assure toujours de bien formuler la lettre afin de plaire au roi et de se dépeindre sous son meilleur jour. Il présente des circonstances atténuant la gravité de son crime telles que son jeune âge, sa pauvreté ou sa nombreuse famille, rappelle les bons services rendus au roi, la responsabilité de la victime et ainsi de suite. Le roi lui accorde ensuite son pardon, imposant parfois des conditions à l'exécution de la lettre,[28] lui restitue ses biens et sa renommée et ordonne à ses officiers de respecter la teneur de la grâce. Le suppliant doit ensuite faire entériner sa lettre, c'est-à-dire en faire vérifier le contenu par un juge royal. Cet enregistrement donne souvent lieu à un procès opposant le suppliant à la victime et au procureur du roi qui approuvent ou contestent le contenu de la lettre. L'arrêt rendu au terme du procès enregistre ou rejette la grâce.

Les lettres de rémission ont longtemps été ignorées ou discréditées par les historiens qui leur reprochaient leur schéma stéréotypé, leur manque de véracité et leur clientèle privilégiée.[29] Selon Pierre Braun pourtant, malgré

---

matrimoniales, discours juridiques et discours politique en France à la fin du Moyen-âge», *Revue historique*, 283/573 (1990), p. 13-35. Par ailleurs, les registres civils ont été exploités un peu plus. Voir J. M. Turlan, «Recherches sur le mariage dans la pratique coutumière (XIIe-XIVe siècles)», *Revue d'histoire de droit français et étranger*, 35 (1957), p. 477-528; J. M. Turlan et P. C. Timbal, «Justice laïque et bien matrimonial en France au Moyen-âge», *Revue de droit canonique*, 30/3-4 (1980), p. 347-363; R. Jacob, *Les époux, le seigneur et la cité. Coutumes et pratiques matrimoniales des bourgeois et paysans de France du Nord au Moyen-âge*, Bruxelles, 1990.

[27] Sur les lettres de rémission, voir C. Gauvard, *«De grace especial»*... et M. François, «Notes sur les lettres de rémission transcrites dans les registres du Trésor des Chartres», *Bibliothèque de l'École des Chartes*, 103 (1942), p. 317-324.

[28] Comme, par exemple, le dédommagement de la victime ou un pèlerinage expiatoire. Voir à ce sujet: G. Jugnot, «Le pèlerinage et le droit pénal d'après les lettres de rémission accordées par le roi de France», *Le pèlerinage. Cahiers de Fanjeaux*, 15 (1980), p. 191-206 et «Les pèlerinages expiatoires et judiciaires au Moyen-âge», dans *La faute, la répression et le pardon*, Paris, 1984, t. 1, p. 413-420.

[29] Il est grand temps que les historiens du mariage puisent à cette source extrêmement riche qui n'a été abordée que par voie détournée. C'est le chapitre intitulé «Le couple» de l'excellent ouvrage de Claude Gauvard qui aborde le plus sérieusement le mariage. Toutefois, l'ouvrage vise d'abord et avant tout l'histoire de la criminalité. C. Gauvard, *«De grace especial»*... Voir aussi P. Ribière, «Délits sexuels

leurs défauts, «ces textes ne sont pas plus indignes de confiance que les autres sources utilisées par les chercheurs».[30] Les récits des lettres de rémission, vivants, imagés et détaillés, constituent une riche source d'information pour les historiens du droit et de la criminalité, mais aussi pour ceux qui s'intéressent à l'étude des mentalités, des mœurs et de la vie au Moyenâge. De plus, la lettre de rémission est plus accessible à la population générale que l'ont longtemps cru les historiens. Si elle n'est accordée qu'en échange d'un paiement,[31] la lettre ne revient certainement pas plus cher qu'un procès ou même qu'un arbitrage. Par conséquent, des individus provenant de toutes les couches de la société, riches et pauvres, urbains et campagnards, nobles et roturiers, reçoivent ces lettres qui ont l'avantage d'apporter un dénouement rapide au conflit.

Au total, cinquante-deux lettres de rémission attribuées entre 1375 et 1473 ont servi à notre analyse du mariage médiéval. Pour les retrouver, nous avons parcouru intégralement toutes les années impaires des registres JJ 106 à JJ 202[32] de même que l'année 1400. De plus, onze lettres reliées aux causes retrouvées dans les plaidoiries sont venues s'ajouter à cette récolte. Les suppliants des lettres de rémission proviennent majoritairement du nord et de l'ouest de la France, sans que la moitié sud de la France ne soit complètement absente.[33] Comme pour les procès, ce déséquilibre ne

---

dans les lettres de rémission du comte Jean IV d'Armagnac», dans *La faute, la répression et le pardon*, Paris, 1984, t. 1, p. 369-381; P. Charbonnier, «L'entrée dans la vie au XVe siècle d'après les lettres de rémission», dans *Les entrées dans la vie: initiations et apprentissages*, Nancy, 1982, p. 71-103; R. Vaultier, *Le folklore pendant la guerre de Cent Ans d'après les lettres de rémission du Trésor des Chartes*, Paris, 1965.

[30] P. Braun, «La valeur documentaire des lettres de rémission», dans *La faute, la répression et le pardon*, Paris, 1984, t. 1, p. 221.

[31] Le tarif maximum a été fixé à 32 sous au XIVe siècle. C. Gauvard, «*De grace especial*»..., p. 68.

[32] Tous les registres n'ont pas eu un rendement égal: nombre d'entre eux ne contiennent aucune lettre pertinente alors que d'autres en ont une, deux, voire même trois. Les lettres pertinentes se concentrent sur deux périodes: la plus importante se situe sous Charles VI, l'autre à partir de la fin de la guerre de Cent ans. La répartition de ces lettres dans le temps correspond à celle du total des lettres de rémission retrouvées par Claude Gauvard: l'attribution des lettres connaît une inflation considérable sous Charles VI, tombe au plus fort de la guerre et reprend modérément à la fin du règne de Charles VII. C. Gauvard, «*De grace especial*»..., p. 65.

[33] Les lettres se répartissent ainsi: dix de la Picardie et du Vermandois, huit de la région Poitou-Touraine-Maine-Orléanais, cinq de l'Île-de-France, quatre de la Champagne, quatre de la Normandie, trois de la Bourgogne, trois de l'Auvergne, deux du Dauphiné, deux de la Gascogne, deux de la Guyenne, deux du Languedoc, une du Limousin, une de la Marche et une de la Bretagne.

relève pas d'un taux de criminalité plus élevé dans la France du nord mais de la proximité du roi. En effet, la situation géographique dicte grandement l'attribution de lettres de rémission, comme le rapporte Claude Gauvard: «Les cas de rémission sont donc d'autant plus nombreux que les requérants sont proches du siège de la Chancellerie royale, ou plus exactement du roi lui-même».[34]

En dépouillant les registres des plaidoiries criminelles du Parlement de Paris et les lettres de rémission, nous avons recherché des nobles impliqués dans un mariage, peu importe l'acte criminel dont traite la cause ou la lettre. Par conséquent, les délits recensés sont fort variés et comprennent des vols, des enlèvements, des abus de pouvoir, des infanticides, des crimes sexuels et même des conflits de nature civile, contestation d'héritage ou de tutelle. Ces causes, si multiples, ont en commun d'être toutes liées à la création d'un mariage. Deux crimes sont toutefois plus courants: il s'agit de l'homicide ou de la «bâture», notre «voie de faits» contemporaine, et du rapt, c'est-à-dire l'enlèvement d'une femme dans le but de la forcer à contracter un mariage.

L'homicide et la «bâture» sont à l'origine de six procès et de vingt-trois lettres de rémission. Dans la plupart des cas, un mariage est à l'origine d'une dispute qui s'est soldée par une rixe ou par un acte de vengeance. Cette prépondérance de l'homicide ne saurait surprendre puisqu'il constitue le crime médiéval le plus répandu.[35] Quant au rapt, il en est question dans vingt-six procès et quatorze lettres de rémission. Dans ces cas, le mariage lui-même est criminel et cause du procès. Par conséquent, ce sont ces rapts qui fournissent la moisson la plus abondante de détails sur le mariage.

Les individus impliqués dans ces sources judiciaires sont issus de tous les rangs de la noblesse. La petite et la moyenne noblesse sont bien représentées dans les procès où apparaissent fréquemment écuyers, chevaliers ou damoiselles. Quelques personnages plus illustres comme Gilbert de la Fayette, écuyer d'écurie du roi et fils du maréchal de France, ou Anne de Laval, fille de Guy XII de Laval et sa mère, Jeanne de Châtillon, veuve de

---

[34] C. Gauvard, «De grace especial»..., p. 246. Voir aussi la carte à la page 244.

[35] Comme le démontre Claude Gauvard, les lettres de rémission gracient un homicide dans 57% des cas, le vol venant beaucoup plus loin derrière avec 16% des lettres (C. Gauvard, «De grace especial»..., p. 242). À Avignon, pour prendre un exemple parmi tant d'autres, les violences (qui comprennent des injures, des ports d'armes, des rixes et des homicides) constituent toujours plus de la moitié des crimes (en moyenne 57%), alors que le vol n'en représente qu'un maigre 3,5% (J. Chiffoleau, Les justices du Pape. Délinquance et criminalité dans la région d'Avignon au XIV᷉ siècle, Paris, 1984, p. 111. Voir aussi J. Chiffoleau, «La violence au quotidien à Avignon au XIV᷉ siècle d'après les registres de la Cour Temporelle», Mélanges de l'École française de Rome. Moyen âge – Temps modernes, 92/2 (1980), p. 325-371).

Bertrand du Guesclin, y figurent également. Pour sa part, la noblesse des lettres de rémission semble être de rang inférieur.[36] Certes, deux personnages connus se retrouvent parmi les suppliants: il s'agit du comte Jean d'Armagnac[37] et de Georges de la Trémoille, seigneur de Craon et fils de Georges de la Trémoille, grand chambellan et premier ministre de Charles VI et VII.[38] Les autres lettres sont cependant attribuées à des personnages plus obscurs, chevaliers, écuyers, seigneurs ou femmes, fils, frères bâtards de ceux-ci, dont il est difficile, voire impossible de retrouver la trace dans le *Dictionnaire de la noblesse* d'Aubert de la Chesnaye-Dubois.[39]

Nos sources judiciaires, les plaidoiries criminelles du Parlement de Paris et les lettres de rémission, ont donc le pouvoir de raconter. Elles racontent les homicides, rapts et autres crimes commis par des nobles et, à travers ces narrations imagées, elles rapportent leur vision et leur pratique du mariage.

Les chroniques, mémoires et journaux de la fin du Moyen-âge racontent également. L'utilisation de leurs récits a permis de préciser notre portrait du mariage noble en décrivant d'autres aspects du processus matrimonial comme les pourparlers du mariage, le rôle des parents et les célébrations entourant le mariage. Au total, quarante-quatre chroniques se rapportant essentiellement à l'histoire de France[40] sont venues compléter l'information tirée des sources judiciaires. Nous y avons puisé des mariages impliquant au moins un noble français, tout en considérant comme françaises les grandes principautés limitrophes, la Flandre, le Hainaut, le Brabant et les autres possessions du duc de Bourgogne au nord, la Bretagne à l'ouest, la Bourgogne et la Savoie à l'est, la Provence, la Gascogne et le comté de Foix au sud.[41]

Malgré les biais ou les anachronismes qu'elles peuvent contenir,[42] ces

---

[36] Notre but étant l'étude du mariage noble, nous avons relevé uniquement les lettres de rémission attribuées à des suppliants nobles. Font exception quelques lettres associées à des procès.

[37] AN, JJ 177, l. 127.

[38] AN, JJ 188, l. 166.

[39] F.-A. Aubert de la Chesnaye-Desbois, *Dictionnaire de la noblesse*, Paris, 1770-1786.

[40] Pour la liste complète des chroniques dépouillées, voir la bibliographie.

[41] Il est à souligner que l'analyse des sources judiciaires n'a pas pu englober toutes ces régions, la justice de certaines des grandes principautés, comme la Provence, n'étant pas du ressort du Parlement.

[42] Ainsi, Nicole Chareyron, dans son article «De chronique en roman: l'étrange épopée amoureuse de la "jolie fille de Kent"», *Le Moyen-âge*, 100/2 (1994), p. 185-204, démontre comment les chroniqueurs français ont eu tendance à transformer en roman l'histoire du mariage entre Jeanne de Kent et le Prince Noir, au mépris de l'exactitude historique.

chroniques cherchent à d'abord à rapporter et à commenter les événements et, parmi ces événements, les mariages de la haute aristocratie.[43] Il arrive qu'ils soient mentionnés brièvement comme dans cet extrait de Jean Chartier: «En ce mesme temps et an, Monseigneur le conte de Charolois, fils du duc de Bourgogne, espousa la fille du duc Charles de Bourbon».[44] Fort heureusement, d'autres mariages, souvent des unions problématiques ayant frappé les imaginations, sont racontés de façon plus détaillée. C'est le cas de mariages accompagnés d'actes de trahison ou de meurtres comme celui de Georges de la Trémoille et de Catherine, dame de Lisle-Bouchard, conclu après que la Trémoille et ses complices aient noyé Pierre de Giac, premier époux de Catherine.

En particulier, trois sagas matrimoniales ont fasciné les chroniqueurs. La première, c'est le mariage de Richard II d'Angleterre avec Isabelle de France qui, après l'assassinat de son mari, sera renvoyée en France.[45] Les deux mariages successifs de Jacqueline de Bavière, tout d'abord avec Jean de Brabant puis, du vivant de celui-ci, avec Humphrey, duc de Gloucester, ont également défrayé la chronique.[46] Finalement, le mariage le plus commenté est celui d'Henry V avec Catherine de France, en raison du traité qui faisait de leurs enfants les héritiers de la couronne de France.[47] La narration

[43] Les chroniques ont encore très peu servi à l'histoire du mariage. Seules trois historiennes ont utilisé les chroniques islandaises pour tirer un portrait de la femme et du mariage dans cette région rurale et isolée. J. K. Schulman, «Make Me a Match. Motifs of Betrothal in the Sagas of the Icelanders», *Scandinavian Studies*, 69/3 (1997), p. 296-321; R. Frank, «Marriage in Twelfth- and Thirteenth-century Iceland», *Viator*, 4 (1973), p. 473-484; J. M. Jochens, «Consent in Marriage: Old Norse Law, Life and Literature», *Scandinavian Studies*, 58/2 (1986), p. 142-176 et «The Medieval Icelandic Heroine: Fact or Fiction», dans J. Tucker (édit.), *Sagas of the Icelanders. A Book of Essays*, New York/London, 1989, p. 99-125.

[44] Jean Chartier, *Chronique de Charles VII roi de France*, A. Vallet de Viriville (édit.), Neudeln, Liechtenstein, 1979, t. 3, p. 48.

[45] Par exemple, le Religieux de Saint-Denys y revient plusieurs fois. *Chronique du religieux de Saint-Denys contenant le règne de Charles VI de 1380 à 1422*, M. L. Bellaguet (édit. et trad.), Paris, 1994, t. 2, p. 329-387, 413-415, 445, 753, t. 3, p. 3-7.

[46] Par exemple, Enguerrand de Monstrelet, *Chronique*, New York, 1966, t. 3, p. 280, t. 4, p. 26-28, 143, 171, 207-270 et t. 6, p. 73; Georges Chastellain, M. le baron Kervyn de Lettenhove (édit.), *Chronique*, dans *Œuvres*, Genève, 1971, t. 1, p. 170-171, 209-210, 212-217, 295 et t. 2, p. 84.

[47] Presque toutes les chroniques qui couvrent cette époque le mentionnent. Par exemple, Gilles le Bouvier dit Le Héraut Berry, *Les chroniques du roi Charles VII*, H. Courteault et L. Celier (édit.), Paris, 1979, p. 93-94 et 421; *Journal de Clément de Fauquembergue, greffier du Parlement de Paris*, A. Tuetey et H. Lacaille (édit.), Paris, 1903-1915, t. 1, p. 298-299, 364-367 et t. 2, p. 33, 50, 69, 73; Enguerrand de

de ces mariages marquants ou exemplaires s'étale parfois sur plusieurs di-
zaines de pages. Ce faisant, elle fait ressortir les caractéristiques du mariage
aristocratique, ses normes et ses déviances.

Étant donné que certaines chroniques ne mentionnent qu'au passage
la création d'une union alors que d'autres énumèrent systématiquement
toutes les alliances de la haute noblesse, détaillent les péripéties d'un mariage ou décrivent abondamment les célébrations nuptiales, il est évident
qu'elles n'ont pas été de la même utilité. Sept chroniqueurs sont particulièrement loquaces au sujet des mariages de leurs contemporains. Il s'agit
de Mathieu d'Escouchy, garde des sceaux royaux du bailliage de Senlis, de
Jean Le Fèvre, roi d'armes de la Toison d'Or, d'Olivier de La Marche, premier maître d'hôtel de Maximilien d'Autriche, du Religieux de Saint-Denys,
de l'écuyer Enguerrand de Monstrelet, de Georges Chastellain, conseiller
du duc de Bourgogne, et du fameux chanoine Jean Froissart. Les nombreux
exemples qu'ont livrés leurs écrits constituent la base de notre analyse. Les
autres chroniques, avec leurs quelques mentions de mariage,[48] viennent
compléter les dires des sept chroniqueurs principaux.

LE DÉROULEMENT DU MARIAGE

En notant la création d'une union, les chroniqueurs, les suppliants des lettres de rémission et les parties des procès rapportent évidemment la tenue
d'un événement marquant dans la vie d'un homme et d'une femme. Au
Moyen-âge cependant, le mariage ne représente pas un moment unique. Il
ne se matérialise pas simplement lorsque les époux échangent leurs vœux
et acceptent de s'unir pour la vie. Le mariage constitue un long processus
qui s'étale entre la première rencontre et l'établissement de la vie conjugale. Dans la lettre de rémission qu'il obtient pour le rapt de Jeanne Marmere, Pierre de Bernezay expose «qu'il a espousee ladicte Jehanne, laquelle
il avoit fiancee de son bon gré et du consentement de plusieurs ses parens,
et gardé les solennitez en tel cas requises avant qu'il ait eu compaignie
charnelle a elle».[49] Tous les éléments essentiels à la formation du mariage
y sont présents: consentement des parents, consentement des époux, consommation et respect des rites. Ce sont ces divers éléments que nous re-
trouverons dans notre parcours du processus matrimonial noble.

Monstrelet, *Chronique...* t. 2, p. 403 et t. 3, p. 59-60, 62, 70-75, 295-296, 379-380.

[48] Dix-sept d'entre elles en rapportent 5 ou moins, le plus souvent brièvement;
20 autres chroniques contiennent entre 7 et 24 mentions de mariages.

[49] AN, JJ 178, l. 166.

Grâce aux sources littéraires et judiciaires, nous tracerons un portrait du mariage médiéval noble. Nous décrirons et analyserons un à un les éléments de la formation du mariage: les préliminaires familiaux ou personnels, le rôle des parents et de leur consentement, les fiançailles, les empêchements au mariage, les rites ecclésiastiques, le consentement des époux, les célébrations profanes et, finalement, la consommation. En étudiant les moments clés de la formation du mariage, nous tenterons de comprendre leur déroulement, leur rôle et leurs enjeux et surtout, de mettre en évidence les convergences et les divergences entre ce portrait du mariage aristocratique et la doctrine ecclésiastique.

Afin de simplifier la lecture, certains apostrophes, accents, lettres majuscules, signes de ponctuation et autres marques diacritiques ont été rajoutées aux citations en moyen français tirées des manuscrits des plaidoiries et des lettres de rémission. De même, dans les cas où l'orthographe originale était fautive ou incompréhensible, elle a été corrigée. Dans ces cas, l'orthographe originale est toujours indiquée en note de bas de page.

1
La démarche familiale

Tout commence avec le choix d'un conjoint. Puis, les parties entreprennent leur démarche matrimoniale. Elles s'annoncent, se parlent et, idéalement, parviennent à une entente. Étape cruciale, ces pourparlers entament le processus matrimonial et en jettent les fondations. Ils font même plus: aux dires de nos documents, ils «font» le mariage.

Même si la doctrine ecclésiastique n'en traite pas spécifiquement, il est impossible de faire une histoire du mariage aristocratique sans commencer par les pourparlers. Non seulement constituent-ils la base du processus matrimonial mais ils représentent surtout l'un des bastions du modèle matrimonial aristocratique. Par le moyen de ces pourparlers, nous le verrons, la noblesse persiste à nouer les mariages à sa façon, sous le contrôle des parents, familles et amis, malgré l'Église qui voudrait, en théorie, libérer les jeunes époux de leur influence.

Les pourparlers font partie d'une démarche familiale du mariage, d'une démarche officielle où rien n'est laissé au hasard.[1] Cette démarche, sans être la seule, est la plus répandue.[2] Issue tout droit du modèle aristocratique, dictée par des enjeux politiques et économiques, elle est menée par les parents et amis des époux. Dans le cas des femmes et des jeunes garçons, ils sélectionnent le meilleur parti et prennent les mesures qui permettront de conclure le mariage. Dans le cas d'un homme, ils lui procurent conseils et appui. Cette démarche s'entame par ambassade ou par messager, puis se termine par une rencontre et un accord consigné dans un traité. Voyons-la en détail.

---

[1] Dans les procès, on trouve la trace des négociations de 32 mariages; dans les lettres de rémission, de 23 mariages; dans les chroniques, de 149 mariages. Dans 52 extraits de chroniques, 6 lettres de rémission et 12 procès, les pourparlers sont mentionnés sans être décrits.

[2] Au sujet de la démarche familiale du mariage et de sa concurrente, la démarche personnelle, voir aussi notre article: G. Ribordy, «The Two Paths to Marriage: The Preliminaries of Noble Marriage in Late Medieval France», *Journal of Family History*, 26/3 (2001), p. 323-336.

L'AMBASSADE

Une fois le bon parti sélectionné, il faut le contacter et entreprendre les discussions de mariage. C'est le rôle des messagers et des ambassades, qu'ils soient officiels, comme dans le cas de mariages royaux, ou familiaux, comme pour les unions de la petite noblesse. Dans les chroniques en particulier, ces ambassades sont courantes puisque la distance géographique entre les familles aristocratiques raréfie les possibilités de rencontres personnelles.

Ce sont les préparatifs du mariage d'Henry V qui cumulent le plus grand nombre d'ambassades. Enguerrand de Monstrelet rapporte l'existence de six ambassades distinctes, françaises ou anglaises, qui s'étalent entre 1413 et 1419 et aboutissent au traité de Troyes et à l'union du roi d'Angleterre avec Catherine, fille de Charles VI.[3] Les négociations d'une union entre Henry V et l'une des filles du roi Charles VI ont même débuté alors qu'il n'était que prince de Galles. Antonio Morosini, le Bourgeois de Paris et Pierre Cochon font tous mention d'ambassades se rapportant à un mariage franco-anglais, sans révéler toutefois l'identité de la fille concernée: «En ce temps, au mois de février l'an 1413, certainz ambasadeurs partirent de France à aler en Engleterre pour traiter du mariage du roy d'Engleterre et de la fille de Franche».[4] Selon Monstrelet, les ambassades visant Catherine ont été précédées de demandes en mariage effectuées pour deux de ses sœurs aînées, Marie, religieuse à Poissy,[5] en 1407[6] et Isabelle en 1408.[7]

Outre les filles de France, le prince de Galles a également convoité celles du duc de Bourgogne. En 1411, toujours selon Monstrelet, «le duc de Bourgongne envoia ses ambaxadeurs devers le roy d'Angleterre (...) pour traicter le mariage de l'une des filles dudit duc avec le prince de Gales, premier filz du roy d'Angleterre, pour lequel en avoit esté autrefoiz pourparlé».[8] Selon Jean Le Fèvre, le nouveau roi d'Angleterre reprend les

---

[3] Enguerrand de Monstrelet, *Chronique*, New York, 1966, t. 3, p. 379.

[4] Pierre Cochon, *Chronique normande*, dans A. Vallet de Viriville (édit.), *Chronique de la Pucelle ou Chronique de Cousinot suivie de la Chronique normande de Pierre Cochon relatives aux règnes de Charles VI et de Charles VII*, Paris, 1859, p. 425. Aussi Antonio Morosini, *Chronique. Extraits relatifs à l'histoire de France*, L. Dorez (édit. et trad.), Paris, 1898-1902, t. 2, p. 37 et *Journal d'un bourgeois de Paris (1405-1449)*, A. Tuetey (édit.), Paris, 1881, p. 59.

[5] Poissy, dép. Yvelines, ch.-l. c.

[6] Enguerrand de Monstrelet, *Chronique...*, t. 1, p. 152.

[7] *Ibid.*, t. 1, p. 126.

[8] *Ibid.*, t. 2, p. 232.

démarches en 1413.[9] Le duc et le roi ne parvenant pas à s'entendre, ce dernier finit par se tourner vers Catherine de France, un parti plus avantageux. Le mariage d'Henry V et ses multiples ambassades démontre bien toutes les tractations qui peuvent précéder la création d'un mariage. Les circonstances de cette union justifient entièrement l'utilisation d'ambassades puisque l'époux est étranger et la grande distance à parcourir entre les pays des deux époux rend difficiles les contacts personnels. Quoi de plus normal que d'avoir recours à des messagers et des ambassadeurs qui règlent l'affaire.

Ces ambassadeurs, envoyés pour parler mariage, ont souvent fait le lien entre la France et l'Angleterre. Cas le plus courant, il se répétera lors des mariages d'Henry VI d'Angleterre et de Marguerite d'Anjou[10] et du duc Charles le Téméraire et de Marguerite d'York.[11] Ils ont aussi relié la Hongrie à la France lors du mariage de Madeleine de France et de Lancelot, roi de Hongrie et de Bohême, et de celui de Louis de France, futur duc d'Orléans, et de Marie de Hongrie.[12] Ils ont voyagé du Portugal à la Bourgogne dans le cas de Philippe le Bon et d'Isabelle de Portugal,[13] de Chypre à Paris pour l'union du roi Janus avec Charlotte de Bourbon.[14] Ces quelques exemples parmi tant d'autres suffisent à illustrer les distances que peuvent parcourir ces délégations.

La taille des ambassades varie grandement, allant du simple messager à des troupes de plusieurs centaines d'hommes. Par exemple, le duc de Berri n'envoie qu'un seul homme au duc de Lancaster, le chevalier Hélyon

---

[9] Jean Le Fèvre, seigneur de Saint-Rémy, *Chronique*, F. Morand (édit.), Paris, 1876 et 1881, t. 1, p. 120.

[10] Thomas Basin, *Histoire de Charles VII*, S. Samaran (édit. et trad.), Paris, 1964, t. 1, p. 289-301; Jean Chartier, *Chronique de Charles VII roi de France*, A. Vallet de Viriville (édit.), Neudeln, Liechtenstein, 1979, t. 2, p. 45-46; Gilles le Bouvier dit Le Héraut Berry, *Les chroniques du roi Charles VII*, H. Courteault et L. Celier (édit.), Paris, 1979, p. 270; Mathieu d'Escouchy, *Chronique*, G. du Fresne de Beaucourt (édit.), Paris, 1863-1864, t. 1, p. 84-90; Guillaume Leseur, *Histoire de Gaston IV, comte de Foix*, H. Courteault (édit.), Paris, 1893 et 1896, t. 1, p. 144.

[11] Olivier de La Marche, *Mémoires*, H. Beaune et J. d'Arbaumont (édit.), Paris, 1883-1888, t. 3, p. 75-76; Philippe de Commynes, *Mémoires*, J. Calmette (édit.), Paris, 1924, t. 1, p. 44; Georges Chastellain, *Chronique*, dans M. le baron Kervyn de Lettenhove (édit.), *Œuvres*, Genève, 1971, t. 5, p. 311-313.

[12] Jean Froissart, *Chroniques*, dans M. le baron Kervyn de Lettenhove (édit.), *Œuvres de Froissart*, Osnabrück, 1967, t. 10, p. 343.

[13] Jean Le Fèvre, *Chronique...*, t. 2, p. 150-151.

[14] *Chronique du Religieux de Saint-Denys contenant le règne de Charles VI de 1380 à 1422*, M. L. Bellaguet (édit. et trad.), Paris, 1994, t. 4, p. 397-401.

de Lignach,[15] alors que Charles VI délègue «trois cens et cinquante chevau-cheurs»[16] au roi d'Angleterre pour traiter du mariage de sa fille Catherine. L'ambassade envoyée pour négocier l'union de Madeleine de France et de Lancelot, roi de Hongrie et de Bohême, constitue un exemple typique d'une grosse ambassade. Mathieu d'Escouchy mentionne cette «grosse ambaxade, en laquelle avoit ung archevesque, ung evesque et ung comte, aveuc pluseurs autres grans seigneurs, qui estoient en nombre de vi à vii cens chevaulx ou environ, en bel arroy».[17] Le nombre de délégués importe car le prestige du prince en dépend. Par sa dimension et son opulence, cette ambassade est d'ailleurs parvenue à se faire remarquer et à frapper l'imagi-nation des chroniqueurs puisque neuf d'entre eux en parlent, parfois avec force détails.

Les ambassades ont idéalement à leur tête une conjonction d'ecclésias-tiques et de laïques comme les «deux évêques et deux chevaliers»[18] envoyés par la reine de Danemark et de Norvège, Marguerite de Waldemar. Les grands seigneurs ecclésiastiques, archevêques ou évêques, apportent leur science et leur autorité à l'ambassade. Les seigneurs laïques, comtes, ducs ou connétables, sont choisis pour leur prestige alors que les hommes de confiance, chevaliers au service du prince ou membres de son conseil, le sont pour leur efficacité. Si les chroniqueurs omettent souvent de nommer les ambassadeurs, en particulier lorsqu'il s'agit d'étrangers dont les noms, comme l'avoue Chastellain, «sont durs à nommer à ceux de la langue fran-çoise»,[19] ils ne manquent pas de faire état de leur statut, se limitant toutefois aux plus importants. Par exemple, en ce qui concerne l'ambassade anglaise venue en 1445 demander la main de Marguerite d'Anjou pour le roi Henry VI, Jean Chartier, le Héraut Berry et Guillaume Leseur se conten-tent de mentionner que «le roy d'Angleterre envoya en ambaxade le conte de Sufford»,[20] quitte à ajouter qu'il était accompagné de «plusieurs cheva-liers et escuiers en sa compaignie et gens de conseil».[21]

En ayant recours aux ambassades, le prince étranger souhaitant pren-dre une épouse française résout ainsi le problème de la distance. Avec une délégation nombreuse et prestigieuse, il réussit même à faire étalage de son

---

[15] Jean Froissart, *Chroniques...*, t. 13, p. 114.

[16] Enguerrand de Monstrelet, *Chronique...*, t. 3, p. 7.

[17] Mathieu d'Escouchy, *Chronique...*, t. 2, p. 354.

[18] *Chronique du Religieux de Saint-Denys...*, t. 2, p. 769.

[19] Georges Chastellain, *Chronique...*, t. 3, p. 369.

[20] Jean Chartier, *Chronique...* , t. 2, p. 45.

[21] Le Héraut Berry, *Les chroniques...*, p. 270. B. M. Cron discute de ces pour-parlers de mariage dans son article: «The Duke of Suffolk, the Angevin Marriage, and the Ceding of Maine, 1445», *Journal of Medieval History*, 20 (1994), p. 77-90.

pouvoir et de sa richesse. Il arrive également que les unions bilatéralement françaises se négocient par ambassade, mais celle-ci sert plutôt à tâter le terrain, à terminer la besogne ou à remplacer les parties qui ne peuvent participer elles-mêmes aux pourparlers. C'est le cas du duc Charles de Bourbon qui «en personne n'y pooit estre pour cause de sa maladie des goutes dont il estoit povre martir, mais y envoia son ambassade notable pour besognier»[22] le mariage de sa fille Isabelle avec le comte de Charolais. Comme les parties se connaissent déjà, il n'est tant nécessaire d'envoyer une délégation prestigieuse qu'une délégation efficace qui saura mener le projet à terme. Voilà pour quoi l'ambassade est constituée d'un groupe d'hommes de confiance, parents et serviteurs. Ainsi, lorsqu'il convoite Sophie, fille unique de Florent de Malines, le comte Renaud II de Guerles «mist ensemble de son plus espécial et meilleur conseil et de ceux que il amoit le mieulx et èsquels il avoit la greigneur fiance, chevalliers et clers, et leur dist et descouvry son intention, et leur pria et charga que ils voulsissent aler et en son nom par devers Bertault de Malines et luy requissent pour luy sa fille en mariage».[23]

LE DÉROULEMENT DES POURPARLERS

Pour que les pourparlers débutent, les messagers ou les ambassadeurs doivent remettre les lettres de leur prince. Par exemple, Hélyon de Lignach commence par bailler au duc de Lancaster «lettres de créance que le duc de Berry luy envoioit» avant d'«entamer sa parole et sa matière et à parler de ce pour quoy il estoit là envoié».[24] Après avoir pris la parole, les ambassadeurs attendent une réponse. Enguerrand de Monstrelet, lorsqu'il narre l'ambassade de 1415 du roi Charles VI au roi Henry V au sujet, du mariage de Catherine, décrit bien le déroulement des discussions:

> Et là, devant ledit roy, les ducs de Clarence, de Bethfort et de Clocestre, ses frères, les autres grans seigneurs et conseil dudit roy et clergié et grant chevalerie et le peuple de la cité de Vincestre, en la sale de l'évesque, par la bouche de l'arcevesque de Bourges, ilz exposèrent leur ambaxade audit roy. Lequel arcevesque exposa premièrement en latin et après en françois, si éloquentement et si distinctement, hardiement et sagement, que les Anglois, et François ses compaignons, s'en esmerveillèrent grandement. Et en la fin

---

[22] Georges Chastellain, *Chronique...* , t. 3, p. 7.

[23] Jean Froissart, *Chroniques...*, t. 13, p. 5-6. Notons toutefois que Froissart commet plusieurs erreurs puisqu'il désigne l'épouse comme étant Marie, fille de Bertault de Malines.

[24] *Ibid.*, p. 127.

de sadicte proposicion offrirent audit roy terre et très grant somme de pécune, avec la fille du roy de France qu'il prendroit à femme, mais qu'il voulsist délaisser et défaire son armée qu'il assembloit au port de Hantonne[25] et ès autres pors voisins, pour aler contre le roy de France comme on disoit, et par ainsi il accorderoit et édifieroit pardurablement avecques lui et sondit royaume, vraie, entière et parfaicte paix. Après laquelle proposicion finée se partirent les ambaxadeurs françois dessusnommez, et furent grandement receuz [au disner] avecques le roy. Et après ce, à ung autre certain jour ledit roy fist donner response ausdiz ambaxadeurs sur leur dicte proposicion, par l'arcevesque de Cantorbie.[26]

Les ambassadeurs saisissent souvent l'occasion pour rendre visite à la jeune fille, comme c'est le cas d'un ambassadeur d'Henry V à qui on «fit voir madame Catherine, fille du roi, alors âgée de treize ans, vêtue d'une robe tissée d'or et de soie, parée de pierreries et de joyaux et suivie d'un brillant cortège de dames, afin qu'il pût rendre un témoignage favorable de sa beauté, de sa grâce et de sa bonne mine».[27] La responsabilité du choix de la future épouse incombe même aux envoyés du roi de Chypre qui «s'acquittèrent de leur mission avec zèle; après un mûr examen et une étude attentive du caractère et du mérite de chaque princesse, ils fixèrent leur choix sur madame Charlotte de Bourbon».[28] Ces ambassadeurs ramènent ensuite un portrait de la jeune femme au roi de Chypre, comme le font également des ambassadeurs français se rendant auprès d'Henry V.[29]

Une fois sa mission accomplie, l'ambassade a rarement pouvoir de décision. Elle doit s'en rapporter au prince. Il se peut qu'elle demeure sur place, envoyant des messagers au principal intéressé et attendant sa réponse. Par exemple, l'ambassade du duc de Berri, «tout leur estat et toutes les ordonnances, responses et traittiés du conte de Fois, de jour en jour et de septmaines en septmaines, ils envoièrent soingneusement devers le duc de Berry qui se tenoit à la Nonnette-en-Auvergne».[30] Plus fréquemment, l'ambassade rentre au pays. Elle y attendra une délégation de la partie adverse ou repartira après avoir parlé au prince. Il en résulte un va et vient incessant d'ambassades, jusqu'au moment où l'entente est conclue ou le projet abandonné.

---

[25] Southampton.

[26] Enguerrand de Monstrelet, *Chronique...*, t. 3, p. 72-73.

[27] *Chronique du Religieux de Saint-Denys...*, t. 5, p. 159-161.

[28] *Ibid.*, t. 4, p. 399.

[29] Jean Le Fèvre, *Chronique...*, t. 1, p. 348.

[30] Jean Froissart, *Chroniques...*, t. 13, p. 307. Nonette, dép. Puy-de-Dôme, arr. Issoire, c. Saint-Germain-Lembron.

Pour sa part, la noblesse de moindre statut, celle des sources judiciaires, n'a pas recours à des réelles ambassades. Les pourparlers se font néanmoins par personnes interposées. Le futur époux ou la famille de la jeune fille, lorsqu'ils ont trouvé le conjoint idéal, le font traditionnellement «requerir par pluseurs notables personnes»[31] ayant davantage de chances qu'eux de recevoir une réponse positive. C'est la norme de faire ainsi requérir la jeune épouse, à l'instar d'«Anthoine de Levis (qui) eut grant desir d'avoir a femme damoisele Agnes, fille de l'intimee, vefve du feu filz du seigneur de Montbason, et la fit demander».[32]

Françoise Paradis relève la même pratique dans la *Suite Vulgate de Merlin*. Arthur n'adresse pas lui-même sa demande en mariage au roi Léodegan, mais passe par l'intermédiaire de Ban, «sorte de tuteur juridiquement inutile mais socialement indispensable».[33] L'historienne apporte une explication à ce recours à un intermédiaire. Selon elle, il n'est guère «imaginable qu'un homme aussi jeune qu'Arthur conduise face à un roi «viex homs» les délicates négociations qui vont s'engager».[34] De même, les prétendants de nos documents délèguent pour parler en leur nom des hommes au pouvoir et à l'autorité supérieurs aux leurs.

Ces délégués sont souvent des personnages puissants. Ainsi, Tassin Gardin, alors au service du maréchal Boucicaut, convoite la fille de Pierre de Canteleu et fait «demander audit Canteleu, par ledit mareschal et autres ses parens et amis, sadicte fille pour estre femme dudit Tassin».[35] Il peut aussi s'agir du maître, comme Guichart de Culant, seigneur de Saint-Amand, qui intercède pour son serviteur et oiseleur, Renaud le Fauconnier.[36] Parfois, des amis bien placés, préférablement chevaliers ou seigneurs, accomplissent la besogne. Jean Disque demande à «Fremin de Chastillon (...) noble homme de la maison de Chastillon qui est yssue de

---

[31] AN, JJ 183, l. 106.

[32] Rochechouart vs Sainte-Maure, AN, X 2a 35, fol. 183 r•. Il s'agit ici probablement d'Antoine de Lévis et d'Agnès de Sainte-Maure, fille de Jean de Sainte-Maure et de Louise de Rochechouart, veuve de Jean de la Rochefoucauld, seigneur de Montbazon. Le mariage ne semble pas avoir survécu au procès puisque le *Dictionnaire de la noblesse* rapporte qu'Agnès a épousé en deuxièmes noces Jean de Beaufils, seigneur de la Plesse. F.-A. Aubert de la Chesnaye-Desbois, *Dictionnaire de la noblesse*, Paris, 1770-1786.

[33] F. Paradis, «Le mariage d'Arthur et Guenièvre: une représentation de l'alliance matrimoniale dans la *Suite Vulgate de Merlin*», *Le Moyen-âge*, 92/2 (1986), p. 215.

[34] *Ibid.*

[35] AN, JJ 173, l. 373.

[36] Morne vs Maleret, AN, JJ 159, l. 173.

la maison de Saint Pol»[37] de parler aux oncles de son élue. Enfin, le futur mari peut simplement déléguer un de ses parents, tel Enguerrand de Luilly, seigneur du Hamel, qui se charge de parler à Marguerite de l'Églantier pour son frère Pierre.[38]

Parallèlement aux ambassades, aux messagers et aux demandes officielles, les parties impliquées peuvent aussi se rencontrer pour parler mariage. En général, c'est l'homme qui aborde les parents de sa future épouse. Selon Louise de Rochechouart,[39] Antoine de Lévis l'a «lui mesmes en sa personne»[40] approchée pour lui demander sa fille Agnès en mariage. Si cette démarche semble répandue au niveau de la petite noblesse, les documents judiciaires ne nous renseignent malheureusement pas davantage sur ces rencontres et sur leur déroulement.

Les chroniqueurs les décrivent plus fréquemment. Ainsi, les mariages des sœurs du duc de Bourgogne avec le duc de Bedford et avec Arthur de Richemont ayant déjà été discutés par ambassade, c'est la rencontre d'Amiens en 1423 qui est conclusive puisque «s'assemblèrent en la ville d'Amiens le régent de France, les ducz de Bourgoingne et de Bretaingne, et firent aliances ensemble (... et) furent traictiés les mariages d'icellui régent et de madame Anne de Bourgoingne, seur du duc; et de Artus de Bretaingne et de madame Marguerite de Bourgoingne, seur dudit duc».[41] Selon Guillaume Gruel, Arthur de Richemont avait lui-même abordé le duc de Bourgogne auparavant[42] et ce n'est que plus tard, après plusieurs ambassades, que la rencontre d'Amiens a été organisée et le mariage finalisé.[43] Cet exemple témoigne donc de l'existence de deux types de rencontres, l'une informelle, l'autre officielle. Toutes deux utiles à la création d'un mariage, ces rencontres semblent faciliter la conclusion d'un mariage en mettant les parties en présence. Il leur est alors plus facile d'échanger et de discuter. Essentielles et même préférables à la démarche par ambassade, ces rencontres accélèrent le processus matrimonial. Cependant, elles ne sont possibles que lorsque la distance à parcourir entre les parties n'est pas trop grande.

Les ambassades et les rencontres constituent des événements où il importe de montrer faste et liesse. À leur arrivée, les ambassadeurs sont

---

[37] Offay vs Châtillon, AN, X 2a 32, fol. 209 v•.

[38] L'Églantier vs Auxy, AN, X 2a 12, fol. 163 v•.

[39] Il s'agit de Louise de Rochechouart, fille de Jean, seigneur de Mortemart, et veuve de Jean de Sainte-Maure. F.-A. Aubert de la Chesnaye-Desbois, *Dictionnaire de la noblesse...*

[40] Rochechouart vs Sainte-Maure, AN, X 2a 35, fol. 183 r•.

[41] Jean Le Fèvre, *Chronique...*, t. 2, p. 74.

[42] Guillaume Gruel, *Chronique d'Arthur de Richemont, connétable de France, duc de Bretagne (1383-1458)*, A. Le Vavasseur (édit.), Paris, 1890, p. 25-26.

[43] *Ibid.*, p. 28-31.

accueillis en grande pompe par leur hôte qui se fait un devoir de les loger et de les fêter. C'est ainsi que les délégués du roi Lancelot sont reçus à Tours «par le roy et de toute sa seignourie, et grans chières de boire et de menger».[44] L'accueil d'une ambassade peut même être l'occasion d'organiser de grandes célébrations comme le fait le roi Charles VI lors du passage d'une des premières ambassades anglaises en France, en 1414, pour le mariage du roi d'Angleterre et de Catherine de France.[45]

Les hôtes font tout autant preuve d'hospitalité lorsqu'ils accueillent le futur époux ou sa famille. Après que le mariage de leur fils Louis avec Marie de Berri ait été traité, le comte et la comtesse de Blois «enmenèrent Loïs, leur fil, bien accompaigniet de grant fuisson de signeurs, de dames et de damoiselles, et vinrent à Bourges en Berry, où li dus et la duçoise estoient, qui là les atendoient et qui très-poissaument les requellièrent, conjoïrent et festyèrent, et tout leur compaignie».[46] La création d'une alliance est évidemment une occasion joyeuse et il est normal qu'on la célèbre grandement. Mais les réjouissances revêtent également une autre fonction en permettant aux diverses parties de s'éblouir mutuellement.

De même, le temps des pourparlers est aussi l'occasion d'étaler sa générosité et d'offrir des cadeaux. Ce sont surtout les ambassadeurs qui en sont les récipiendaires, comme les ambassadeurs de la reine de Danemark et de Norvège qui repartent «après avoir été comblés de présents».[47] La future épouse et sa famille en reçoivent également. Selon Jean Chartier, les ambassadeurs du roi Lancelot de Hongrie offrent «à la royne une robe de drap d'or semée de perles et de pierreries moult riche, et à la fille une autre pareille».[48] Comme les ambassades nombreuses, comme les réjouissances fastueuses, les cadeaux servent à prouver la puissance et la gloire des familles ou des monarques. De telles célébrations et de tels présents existent-ils plus bas dans l'échelle sociale? Nous imaginons volontiers les pourparlers de la petite et moyenne noblesse se concluant autour d'un festin. Malheureusement, ces célébrations ne semblent pas constituer un argument de poids dans les plaidoiries et les lettres de rémission qui n'en portent aucune trace.

---

[44] Jean Chartier, *Chronique...*, t. 3, p. 75.

[45] Enguerrand de Monstrelet, *Chronique...*, t. 3, p. 60. Jean Le Fèvre donne également une description de ces festivités. Jean Le Fèvre, *Chronique...*, t. 1, p. 211.

[46] Jean Froissart, *Chroniques...*, t. 10, p. 316.

[47] *Chronique du Religieux de Saint-Denys...*, t. 2, p. 769.

[48] Jean Chartier, *Chronique...*, t. 3, p. 75.

LE CONTRAT DE MARIAGE

L'entente entre les parties débouche sur un contrat de mariage que nos sources appellent plus souvent «instrument»,[49] «lettres de mariage»[50] et surtout «traictié».[51] Les chroniqueurs le mentionnent régulièrement au passage, comme Mathieu d'Escouchy qui rapporte que le seigneur de Croy «fut requis d'un gentilhomme de son hostel d'avoir ladicte fille en mariage, <u>duquel le traictié fut fait</u>».[52] Une telle formulation reflète la banalité de ce document.

Le traité, c'est l'entente issue des pourparlers que les parties consignent sur papier et scellent. Le fait de coucher sur papier les termes officialise cette entente. C'est pour attester de l'authenticité de son alliance que, selon sa partie adverse, Jacques de Rochedragon «a donné entendre avoir esté traitié le mariage d'entre lui et Marie et qu'il fut redigé par escript».[53] C'est au tabellion ou au notaire que revient la tâche de rédiger le document qui doit ensuite être «approuvé et signé par les parens et amis».[54] Après l'entente entre le comte Renaud II de Guerles et Florent de Malines, le traité est écrit, approuvé puis scellé par les deux parties: «quant tout fut rescript et grossé et que riens n'y ot de rescribent, le conte de Guerles séella, et ses prochains amis et parens qui dedens ces lettres estoient dénommés, séellèrent. Aussi firent les chevalliers de Guerles et les bonnes villes».[55]

Le traité de mariage consigne les détails de l'entente. Il constitue d'abord une promesse de conclure le mariage et de s'en tenir à ses conditions. Ainsi, dans le cas du mariage de la sœur de Clarin de Sons et de Robert de la Honguerie, le traité ne tiendra pas si les parties ne gardent pas leur parole: «traictié fu sur le mariage de sa suer et dudit Robert. Mais Robert ne fist pas dedens certain terme de Pasques ce qu'il devoit et avoit promis de faire. Et le terme passé, volst que le traictié tenist, mais la mere dist qu'il n'avoit pas tenu sa promesse».[56] Il en est de même pour tous les contrats. Le fait de consigner par écrit a la fonction d'obliger les parties à respecter l'accord.

Dans le cas de certaines alliances, le mariage ne peut être qu'une clause d'un traité plus large. Il s'agit surtout d'alliances politiques comme celle du

---

[49] Enguerrand de Monstrelet, *Chronique...*, t. 1, p. 96.
[50] Castelbajac vs Terride, AN, X 2a 14, fol. 277 r•.
[51] Lalement vs Bruneval, AN, JJ 163, l. 291.
[52] Mathieu d'Escouchy, *Chronique...*, t. 2, p. 45.
[53] Chaussecourte vs Rochedragon, AN, X 2a 39, 08/03/1473.
[54] *Ibid.*
[55] Jean Froissart, *Chroniques...*, t. 13, p. 10.
[56] Sons vs Honguerie, AN, X 2a 14, fol. 249 r•.

duc Philippe le Bon, du duc de Bedford et du duc de Bretagne.[57] Le mariage peut aussi permettre de consolider un traité de paix. Les meilleurs exemples sont évidemment les deux mariages franco-anglais des filles de Charles VI, celui d'Isabelle avec Richard II et celui de Catherine avec Henry V. Le mariage n'est alors qu'une composante d'un traité politique que le Religieux de Saint-Denys rapporte dans son intégralité «afin d'en conserver la mémoire».[58]

C'est pour asseoir la composante financière du mariage qu'est d'abord écrit le traité. Les sources judiciaires comme les chroniques font état de contrats de mariage fixant les termes financiers de l'union, comme celui qui fut établi entre Philippe le Hardi et Marguerite de Flandre où «fut offert au conte Loys de Flandres, par traictié solempnel avec les pers de France, que l'en donroit à Phelippe le Hardy la duchié de Bourgoigne».[59] De même, Jeanne d'Offay affirme en cours qu'elle et «feu Robert Rogier furent conjoincts ensemble par mariage. Ou tracté dudit mariage, Jehanne d'Offay apporta grant argent avec plusieurs beaulx heritaiges et viiic escuz».[60] Quand le vicomte de Polignac[61] affirme qu'il n'y a pas de «contract ou douaire»[62] du mariage de sa fille Isabeau avec Gilbert de La Fayette,[63] il place même sur un pied d'égalité finances et contrat. C'est parce qu'il règle les modalités financières de l'alliance et que les alliances sont d'abord des négociations économiques que le traité apparaît si nécessaire.

Les multiples recherches effectuées dans les archives notariées de la fin du Moyen-âge attestent de ce rôle économique et de la part faite au patrimoine, aux biens et à la dot dans les contrats de mariage. En 1953, dans l'un des premiers articles parus sur le sujet, René Girard notait l'importance de l'aspect financier des contrats de mariage d'Avignon,[64] conclusion que viendra documenter par la suite Geneviève Laribière pour Toulouse,[65]

---

[57] Jean Le Fèvre, *Chronique...*, t. 2, p. 74.

[58] *Chronique du Religieux de Saint-Denys...*, t. 2, p. 331. Pour Isabelle et Richard II, t. 2, p. 331-387. Pour Catherine et Henry V, t. 5, p. 411-431.

[59] Olivier de La Marche, *Mémoires...*, t. 1, p. 72.

[60] Offay vs Châtillon, AN, X 2a 32, fol. 210 r•.

[61] Il s'agit de Guillaume-Armand, vicomte de Polignac, seigneur de Chalençon. F.-A. Aubert de la Chesnaye-Desbois, *Dictionnaire de la noblesse...*

[62] La Fayette vs Polignac, AN, X 2a 37, 21/05/1471.

[63] Il s'agit d'Isabeau de Chalançon, dite la Jeune, fille de Guillaume-Armand de Polignac, et de Gilbert de la Fayette, IVe du nom, seigneur de Saint-Romain, de Pontgibaut et de Roche-d'Agoux, écuyer d'écurie du roi. F.-A. Aubert de la Chesnaye-Desbois, *Dictionnaire de la noblesse...*

[64] R. Girard, «Marriage in Avignon in the Second Half of the Fifteenth Century», *Speculum*, 28/3 (1953), p. 498.

[65] G. Laribière, «Le mariage à Toulouse aux XIVe et XVe siècles», *Annales du Midi*, 79/4 (1964), p. 335-361.

Jacques Lafon pour le Bordelais,[66] Andrée Courtemanche pour Manosque,[67] Monique Mestayer pour Douai[68] et bien d'autres encore.[69] Ces recherches font ressortir que l'habitude de consigner par écrit les modalités du mariage est répandue d'un bout à l'autre de la société, en particulier dans le sud de la France. La noblesse, bien que sous représentée, ne fait pas exception.

Preuve de l'importance et de l'omniprésence des contrats de mariage, il en est même question dans les procès pour rapt. Pourtant, le rapt évolue dans un certain désordre qui s'accommode mal d'un geste aussi posé et réfléchi qu'un contrat de mariage auquel toutes les parties intéressées apposent calmement leur signature. Ressent-on la nécessité d'officialiser par l'écriture une union si bancale et ainsi d'accorder les parties opposées? Le contrat semble surtout constituer un argument pour les défendeurs qui cherchent à prouver la validité et la normalité de leur mariage. Robinet de Wastepaste se défend en disant que son mariage avec Jeanne de Cassel a été fait «par long traictié»,[70] écartant par le fait même toute accusation de rapt. De même, Jean de Maleret, complice du ravisseur Renaud le Fauconnier, affirme que le mariage est réglementaire puisque «fut traictié le mariage de Regnaut et de Ysabeau, du gré et consentement des diz amis, et en fut passé instrument».[71] Il s'agit pourtant de l'un des cas les plus flagrants de rapt où la fille a violemment été enlevée à sa mère et où elle s'est constamment opposée au mariage. Le procureur du roi considère d'ailleurs ce contrat d'un tout autre œil, affirmant «quant a l'instrument, (...) que ce ne fut fraude et mauvaise cautele».[72]

---

[66] J. Lafon, *Les époux bordelais. Régimes matrimoniaux et mutations sociales, 1450-1550*, Paris, 1972.

[67] A. Courtemanche, *La richesse des femmes. Patrimoines et gestion à Manosque au XIVe siècle*, Montréal/Paris, 1993.

[68] M. Mestayer, «Les contrats de mariage à Douai du XIIIe siècle au XVe siècle, reflets du droit et de la vie d'une société urbaine», *Revue du Nord*, 61/241 (1979), p. 353-380.

[69] Citons encore N. Coulet, «Dot et société en Provence au XVe siècle. Une approche quantitative», P. Brezzi et E. Lee (édit.), *Sources of Social History. Private Acts of the Late Middle Ages*, Toronto, 1984, p. 105-129; A.-M. Landes-Mallet, *La famille en Rouergue au Moyen Age (1269-1345). Étude de la pratique notariale*, Rouen, 1985; R. Jacob, *Les époux, le seigneur et la cité. Coutumes et pratiques matrimoniales des bourgeois et paysans de France du Nord au Moyen-âge*, Bruxelles, 1990. Robert Jacob promettait une suite à cet ouvrage où il aurait abordé les pratiques matrimoniales de la noblesse. Malheureusement, cette parution n'a jamais eu lieu à notre connaissance.

[70] Cassel vs Wastepaste, AN, X 2a 24, fol. 105 r•.

[71] Morne vs Maleret, AN, X 2a 14, fol. 226 r•.

[72] *Ibid.*, fol. 227 r•.

Comme ce procureur du roi, les demandeurs dénigrent surtout le contrat, critiquant sa forme ou soulignant son absence. C'est ainsi que Jeanne d'Offay affirme que le mariage de sa fille fut fait «sans lectre, sans tracté»[73] alors qu'Antoine de Merle nie l'existence du mariage de son concurrent Josseaume Bertrand en prétendant que «sur le mariage d'entre Josseaume et Anthoinete, ne furent passez aucuns instrumens».[74] Ces traités servent donc d'argument, même si les circonstances du rapt se prêtent peu à la rédaction d'un tel document. L'habitude de consigner par écrit les termes d'un mariage semble donc à ce point ancrée dans les mœurs de la noblesse qu'un mariage sérieux doit obligatoirement s'y conformer.

Lorsque vient le temps de planifier un mariage, les nobles adoptent avant tout une démarche familiale aux balises bien marquées. Avec ses ambassades, ses rencontres, sa demande en mariage, ses réjouissances et son contrat, elle est caractéristique du mode aristocratique de mariage. Ancrée dans la nuit des temps, cette démarche répond aux attentes des familles, en perpétuant la fortune et le rang par des alliances judicieusement calculées, traitées et scellées. Cette démarche familiale continue à constituer la première étape de la construction, parfois longue et ardue, du mariage noble médiéval.

---

[73] Offay vs Châtillon, AN, X 2a 32, fol. 210 v•.
[74] Merle vs Bertrand, AN, X 2a 24, fol. 195 v•.

2
La démarche personnelle

Aux côtés de la démarche familiale évolue une démarche personnelle du mariage aux antipodes de la première, une démarche qui répond davantage aux attentes des époux amoureux que des familles calculatrices, une démarche qui s'associe plutôt au modèle ecclésiastique qu'au modèle aristocratique de mariage. Cette démarche met les époux au premier plan. Ils se rencontrent et tombent amoureux, se rendent visite, se parlent et se témoignent leur affection. Ce n'est qu'ensuite qu'ils consultent parents et amis afin de ratifier le contrat et de célébrer le mariage, si toutefois ils le font. Car il peut bien arriver que l'union s'achève sans que la famille ne soit même consultée.

Nos documents ne sont pas les seuls à révéler l'existence de deux démarches matrimoniales parallèles. En parcourant les registres des officialités de Troyes et de Châlons-sur-Marne, Beatrice Gottlieb a aussi retrouvé ces deux modèles de fréquentation pré-nuptiale.[1] Pour sa part, Françoise Paradis en étudiant un document littéraire, la *Suite Vulgate de Merlin*, souligne à quel point «le mariage d'Arthur et de Guenièvre est la rencontre de deux stratégies matrimoniales», soit l'alliance voulue par les chefs de lignage et l'accord libre des deux époux.[2]

La démarche personnelle n'est pas très répandue dans nos documents. Les sources judiciaires ne la rapportent que lorsqu'elle est à l'origine de conflits alors que les chroniques soulignent l'originalité des quelques rares cas relatifs à la haute noblesse.[3] Ces exemples existent toutefois. Ils démontrent qu'il est possible pour les époux nobles de prendre en main leur destin matrimonial. Ils prouvent que l'amour et l'attrait personnel

---

[1] B. Gottlieb, *Getting Married in Pre-Reformation Europe: The Doctrine of Clandestine Marriage and Court Cases in Fifteenth-century Champagne*, Thèse de doctorat, 1974. Voir aussi notre article: G. Ribordy, «The Two Paths to Marriage: The Preliminaries of Noble Marriage in Late Medieval France», *Journal of Family History*, 26/3 (2001), p. 323-336.

[2] F. Paradis, «Le mariage d'Arthur et Guenièvre: une représentation de l'alliance matrimoniale dans la *Suite Vulgate de Merlin*», *Le Moyen-âge*, 92/2 (1986), p. 212.

[3] Nos documents rapportent 23 démarches personnelles, deux issues d'une chronique, 11 d'une lettre de rémission et 10 d'un procès.

jouent un rôle dans la formation des couples médiévaux. Ils montrent que les familles nobles, si puissantes, peuvent ne pas toujours avoir le dernier mot. Ils suggèrent enfin que les enjeux économiques et politiques peuvent être parfois oubliés, l'instant d'une douce folie.

Jean Froissart témoigne d'une telle idylle au sommet de la hiérarchie sociale lorsqu'il raconte l'histoire d'amour du comte de Saint-Paul et de Mathilde de Courtenai «qui estoit la plus belle dame de toute Engleterre. Li contes de Saint-Pol et celle jone dame s'enamourèrent loiaulment li uns de l'autre et estoient à le fois ensemble en danses et en carolles et en esba-temens tant que on s'en perchut».[4] Beaucoup plus bas dans l'échelle sociale, les fréquentations de Jacotin de Herlin, jeune écuyer de dix-huit ans, et de sa voisine, Antoinette le Coq, âgée de dix-sept ans, illustrent également cette démarche personnelle. Selon les dires de Jacotin, «Anthoinete mon-stroit tousiours a Jacotin grant signe d'amour et lui envoioit des bouquetz et chapeaux. Et quant ilz se trouvoient a part de gens, Anthoinete le baisoit voulentiers».[5] Rencontres, cadeaux, danses, baisers: voilà bien les gestes d'amour qui composent la démarche personnelle du mariage.

LES GESTES DE L'AMOUR

Ce sont d'abord les occasions sociales qui mettent les deux jeunes gens en contact, que ce soient les réjouissances de la cour du roi d'Angleterre ou les lieux publics comme la rue ou la fontaine où se retrouvent Jacotin et Antoinette:

> En toutes les manieres que Anthoinete a peu s'est mise en essay de parler a Jacotin et pour mieulx le faire a son aise, aloit souvent querir de l'eaue a une fontaine qui est aupres de la boucherie de Saint Pol. Et la aloit Jacotin et parloient ensemble. Et aucunefoiz, Anthoinete tomboit l'eaue de sa cruche afin qu'ele eust occasion de retourner a la dicte fontaine pour veoir Jacotin et parler a lui.[6]

Les futurs époux sont parfois voisins. Jeanne Jourdaine lie même con-naissance avec Louis Lestang au sein de son foyer. Comme il est le filleul de Jeanne Martelle, femme de son tuteur Gillet Symes, il «aloit et venoit souvent chez Gilet Sumes et se retray et fut bien X ou XII jour malade chez

---

[4] Jean Froissart, *Chroniques*, dans M. le baron Kervyn de Lettenhove (édit.), *Œuvres de Froissart*, Osnabrück, 1967, t. 9, p. 132.

[5] Coq vs Herlin, AN, X 2a 24, fol. 179 v•.

[6] *Ibid.*, fol. 179 v•.

Sumes, en laquelle maladie la fille aloit veoir aucuneffois ledit Loys qui est un bel jeune et doulx escuier».[7]

Comme Jacotin et Antoinette, comme Jeanne et Louis, Robinet de Wastepaste et Jeanne de Cassel «conversoient souvent ensemble».[8] Ces paroles constituent la première étape de la démarche personnelle. Ce sont souvent des paroles d'amour et des promesses de mariage. Ainsi, Pierre de Luilly avoue son amour à Marguerite de L'Églantier et «lui dist une foiz que c'estoit la femme ou monde que miex il amoit».[9] Pour leur part, Jeanne Aymery et Renaud d'Azincourt[10] «plaisoient l'un a l'autre en nom de mariage et (…) ont parlé ensamble du dit mariage moult longuement».[11] Ce sont d'ailleurs de telles paroles qui peuvent encourager certains hommes à agir. Ainsi, c'est «par chaleur et amour ou pour occasion d'aucunes paroles qu'il avoit avec Guillete de Morsant»[12] que Waleran de Bailleul se décide à l'enlever pour l'épouser. Enfin, les femmes éprises expriment parfois leurs sentiments à leurs amis et à leurs parents comme Jeanne Aymery qui «en presence de plusieurs et mesmement de la dicte Olive, dit que le dit beau Regnault estoit le plus doulx, le plus bel et le mieulx parlant que oncques elle n'avoit veu et qu'elle avoit le cuer a lui et l'aroit plus volentiers en mariage que nul autre».[13]

Il y a aussi les gestes de l'amour. Les amoureux se fréquentent évidemment comme Robinet de Saint-Sanne qui rend visite à sa bien-aimée.[14] Ils s'offrent des présents; ainsi, Antoinette le Coq donne des bouquets et des chapeaux à Jacotin de Herlin et Jeannette Aymery a «envoyé audit Humbelet une boursete et plusieurs autres choses».[15] Les amoureux partagent mets et boissons comme Jeanne Aymery et Renaud d'Azincourt qui boivent[16] et mangent ensemble.[17] À l'instar du comte de Saint-Paul et de sa belle Mathilde, ils dansent et s'ébattent. Enfin, ils s'embrassent: Jeanne

---

[7] Cathus vs Lestang, AN, X 2a 17, fol. 83 v•.

[8] Cassel vs Wastepaste, AN, X 2a 24, fol. 102 v•.

[9] L'Églantier vs Auxy, AN, X 2a 12, fol. 164 v•.

[10] Renaud d'Azincourt fut tué à la bataille d'Azincourt. De toute évidence, ce mariage ne réussit pas puisque le *Dictionnaire de la noblesse* le dit marié à Peronelle de Graville. F.-A. Aubert de la Chesnaye-Desbois, *Dictionnaire de la noblesse*, Paris, 1770-1786.

[11] Aymery vs Azincourt, AN, X 2a 14, fol. 243 r•.

[12] AN, JJ 135, l. 301.

[13] Aymery vs Azincourt, AN, X 2a 14, fol. 243 v•.

[14] AN, JJ 108, l. 48.

[15] Aymery vs Azincourt, AN, X 2a 14, fol. 243 v•.

[16] *Ibid.*, fol. 244 v•.

[17] *Ibid.*, fol. 243 v•. Le buignet ou buignon est un beignet.

Jourdaine «le baisa (Guillaume Jousseaume) en lui disant que jamais elle n'aroit autre mary que lui».[18] Ce sont les mêmes paroles et les mêmes gestes que retrouve Beatrice Gottlieb dans son étude des officialités champenoises.[19]

Il arrive cependant que ces gestes aillent trop loin. C'est le cas de Guillemot le Wuitie dit Bobo, ami des frères Jean et Emond Broissart,[20] qui «deceust et congneut charnellement Jehanne, seur desdis freres, et tant qu'elle fut grosse d'enffant».[21] Ce genre de dénouement fait certainement craindre aux familles de telles histoires d'amour. Les frères Broissart tenteront d'imposer un mariage à Guillemot «pour garder l'onneur d'elle et pour eschever plus grans inconvenient».[22] Ce dernier s'y opposera. Son refus, bien davantage que la grossesse illicite, sera à l'origine du conflit et du meurtre qui en découlera.

Ces quelques témoignages démontrent que les nobles savent s'aimer.[23] Dans les procès et les lettres de rémission, le véritable amour et l'espoir d'un mariage viennent même justifier le geste d'un ravisseur. Robinet de Wastepaste affirme qu'il n'a pas séduit Jeanne de Cassel «causa libidinis, mais a tout esté fait favore matrimonii, du bon gré delle».[24] Le roi semble être sensible à cet argument: il gracie Guillaume de Vaux qui, en commettant son rapt, «ne pensa aucun mauvais malice, mais que par vraye amour et en faveur de vray mariage qui ensuy s'en est, par la voulenté et consentement de ladicte Marion».[25] Un amour honnête, visant le mariage, contribue à obtenir le pardon d'un geste irréfléchi.

Aux yeux de la société, l'amour ne suffit toutefois pas. Jean Gobert Descanale, dans sa lettre de rémission, peut bien tenter de justifier le rapt de séduction de Catherine la Prévôte en clamant qu'ils «avoient grant amour ensemble en esperance de prendre l'un l'autre et estre conioins par

---

[18] Cathus vs Lestang, AN, X 2a 17, fol. 124 v•.

[19] B. Gottlieb, *Getting Married...*, p. 327.

[20] Doit-on y lire Brossard?

[21] AN, JJ 183, l. 106.

[22] *Ibid.*

[23] En parcourant les lettres des familles de la *gentry* anglaise, Keith Dockray démontre que les mariages arrangés peuvent côtoyer les mariages d'amour puisque la *gentry* se marie pour des raisons politiques et économiques, pour améliorer son statut, mais aussi par amour ou par choix personnel. K. Dockray, «Why Did Fifteenth-century English Gentry Marry? The Pastons, Plumptons and Stonors Reconsidered», dans *Gentry and Lesser Nobility in Late Medieval Europe*, Gloucester, 1986, p. 61-80.

[24] Cassel vs Wastepaste, AN, X 2a 24, fol. 105 r•.

[25] AN, JJ 136, l. 44.

mariage»,[26] la famille de Catherine ne le voit pas du même œil. Elle n'hésite pas à poursuivre le jeune couple en justice, le réduisant à demander une lettre de rémission dans l'espoir de parvenir à s'épouser. Car l'amour est souvent la cause de la confrontation entre les amoureux et leur famille, entre la démarche personnelle et la démarche familiale du mariage.

Les péripéties matrimoniales de la famille Paston illustrent bien cette confrontation entre les deux démarches.[27] Comme nous, Ann S. Haskell identifie deux types de mariages, le mariage arrangé idéal et le mariage clandestin catastrophique.[28] De ce conflit latent entre l'individu et sa famille, l'amour et la démarche personnelle du mariage ne sortent pas souvent gagnants. Si, comme l'exprime Colin Richmond, les individus gagnent parfois une manche, c'est la famille Paston qui remporte la guerre et les intérêts des individus finissent toujours par être subordonnés à ceux de la famille.[29]

Idéalement, les intérêts personnels et familiaux se rencontrent. Les familles acceptent le choix des amoureux et entreprennent en leur nom les pourparlers de mariage. Ainsi, l'histoire du comte de Saint-Paul et de Mathilde de Courtenai se termine bien car après que «s'en descouvri la dame, qui amoit le conte de Saint-Paul, à madame sa mère»,[30] les pourparlers de mariage s'enclenchent entre les partis et aboutissent à un mariage. La démarche personnelle se fond alors dans la démarche familiale. Est-il fréquent que les histoires d'amour connaissent un tel dénouement? Dans la mesure où ces amourettes sont récupérées par les familles et intégrées dans une démarche familiale sans causer de remous, il est bien difficile de le savoir.

Nos documents rapportent surtout des démarches personnelles qui n'ont pas trouvé grâce aux yeux des familles. Celle de Guion Turpin et d'Anne de Laval,[31] par exemple, à laquelle Jeanne de Châtillon,[32] s'oppose

---

[26] Warisonne vs Bezon, AN, JJ 121, l. 216.

[27] Au sujet de la correspondance des Paston, voir N. Davis (édit.), *Paston Letters and Papers of the Fifteenth Century*, Oxford, 1971-1976.

[28] A. S. Haskell, «The Paston Women on Marriage in Fifteenth-century England», *Viator*, 4 (1973), p. 459-471.

[29] C. Richmond, «The Pastons Revisited: Marriage and the Family in Fifteenth-century England», *Bulletin of the Institute of Historical Research*, 58/137 (1985), p. 25-35. Voir aussi L. Watson, «The Disposal of Paston Daughters», dans M. Witaker (édit.), *Sovereign Lady: Essays on Women in Middle English Literature*, New York, 1995, p. 45-62.

[30] Jean Froissart, *Chroniques*..., t. 9, p. 132-133.

[31] Il s'agit d'Anne de Laval, fille unique de Guy XII de Laval-Montmorency et veuve de Jean, comte de Montfort, qui prit le nom de Guy XIII de Laval. F.-A. Aubert de la Chesnaye-Desbois, *Dictionnaire de la noblesse*...

[32] Il s'agit de Jeanne de Laval, dame de Tinténiac, fille de Jean de Laval, sire

en enfermant sa fille et en lui confisquant ses biens tout en lui intentant un procès devant l'officialité du Mans.[33] Grâce au procès qu'Anne de Laval intente à sa mère au Parlement, nous apprenons qu'elle avait osé emprunter une démarche personnelle et refuser le mari que voulait lui imposer sa mère. Si Guion Turpin avait été un bon parti aux yeux de Jeanne de Châtillon, l'affaire n'aurait jamais été connue. C'est parce que de telles histoires sont problématiques qu'elles se sont retrouvées en cour ou qu'elles ont dégénéré en crimes nécessitant une lettre de rémission. C'est également parce qu'elles sont frappantes, voire choquantes, que les chroniqueurs les ont consignées dans leurs récits.

LE RAPT

Lorsque la démarche personnelle contrevient à la volonté des parents, elle se termine fréquemment en rapt.[34] Il peut s'agir d'un rapt de séduction où les deux amoureux ont eu recours à la fuite pour échapper au pouvoir familial et parvenir à s'épouser. Il peut aussi s'agir d'un rapt violent parce que la femme a refusé de désobéir à ses parents et que l'homme, frustré dans sa démarche matrimoniale, a pris les grands moyens.

Le cas de Jeanne de Cassel et de Robinet de Wastepaste est représentatif d'une démarche personnelle réussie grâce à l'initiative des deux amoureux. Cette jeune orpheline d'une douzaine d'années est la fille de feu Colart de Cassel, riche bourgeois de Lille. Elle est amoureuse de son voisin, Robinet de Wastepaste, un écuyer au service de Guillaume Rat, trésorier du duc de Bourgogne. Ils se fiancent puis en 1443, s'enfuient de Lille en bateau pour s'épouser clandestinement à Liège. Selon Robinet, c'est à la requête de Jeanne qu'il a consenti à leur mariage et qu'ils ont été fiancés. Il s'agit ici d'une démarche entièrement personnelle puisqu'il semble que Robinet n'ait même pas tenté de parler aux parents de Jeanne, du moins

---

de Châtillon, deuxième épouse de Bertrand du Guesclin, qui épousa en secondes noces Guy XII de Laval. F.-A. Aubert de la Chesnaye-Desbois, *Dictionnaire de la noblesse...*

[33] Laval vs Châtillon, AN, X 2a 17, fol. 249 v•-286 v•.

[34] Au sujet du rapt, voir G. Ribordy, «Mariage aristocratique et doctrine ecclésiastique: le témoignage du rapt au Parlement de Paris pendant la guerre de Cent ans», *Crime, Histoire & Sociétés*, 1/2 (1998), p. 29-48; H. Benveniste, «Les enlèvements: stratégies matrimoniales, discours juridiques et discours politique en France à la fin du Moyen Âge», *Revue historique*, 283/573 (1990), p. 13-35; M. Greilsammer, «Les familles en guerre contre la doctrine consensualiste», dans *L'envers du tableau. Mariage et maternité en Flandre médiévale*, Paris, 1990, p. 65-85 et M. Greilsammer, «Rapts de séduction et rapts violents en Flandre et en Brabant à la fin du moyen âge», *Tijdschrift voor Rechtsgeschiedenis*, 56 (1988), p. 49-84.

selon le procureur du roi qui déclare que «se Robinet est si homme de bien, ne deust avoir crainct d'en parler aux parens et amis».[35] Le Parlement de Paris, appliquant le droit canon, reconnait d'ailleurs le bien-fondé de leur mariage; il leur donne raison contre l'oncle de Jeanne, Husson de Cassel, qui les poursuit au Parlement en cherchant à récupérer l'héritage de sa nièce. C'est un des rares cas où la victoire de la démarche personnelle contre la démarche familiale est reconnue officiellement.

Dans le cas des deux sœurs Aymery, Jeanne et Jeannette, la démarche personnelle échoue parce que leur père, consulté, refuse de donner son accord aux mariages. L'union de la veuve Jeanne est bien documentée car c'est elle qui intente un procès à l'écuyer Renaud d'Azincourt. En cour, elle l'accuse d'être venu chez elle de nuit avec cinq compagnons pour la prendre de force alors qu'Humbelet Prévôt, complice de Renaud, devait enlever sa sœur Jeannette. Armés, ils «monterent en la chambre de la dicte vefve ou elle estoit couchié en son lit, tenans chacun une chandeille en sa main».[36] Comme Jeanne se mit à crier, ils abandonnèrent, emportant Jeannette jusqu'à l'huis seulement.

Jeanne argue qu'il y a eu ravissement. La version des faits de Renaud d'Azincourt est toute autre. C'est Jeanne qui l'a envoyé quérir. En préparation de la soirée, elle a allumé une chandelle, paré sa chambre et fait coucher ailleurs ses valets. Renaud «ala en la chambre de la dicte Jehanne, lequel lui demanda sa main et elle lui bailla sans force et la la fianca».[37] C'est parce qu'elle est fâchée qu'il ait amené tant de monde–non seulement un prêtre mais aussi quatre autres compagnons–qu'elle lui intente un procès. Renaud affirme également qu'auparavant Jeannette et Humbelet s'étaient fiancés par main de prêtre de nuit «afin que son pere ne sceust».[38] Voilà la véritable raison du revirement de Jeanne: elle craint son père et ne peut se résigner à ratifier un projet auquel il s'oppose.

C'est bien le motif de nombreux rapts. L'homme a entrepris une démarche matrimoniale traditionnelle comprenant pourparlers et demande en mariage. Rencontrant une opposition, rarement de la part de la femme, plus souvent de l'un de ses parents, il se décide à agir. Le rapt n'est alors qu'un moyen un peu radical de mener à terme une démarche matrimoniale. Les exemples en sont nombreux. Ainsi, les plans de mariage entre Guil-

---

[35] Cassel vs Wastepaste, AN, X 2a 24, fol. 103 v•.

[36] Aymery vs Azincourt, AN, X 2a 14, fol. 242 v•.

[37] *Ibid.*, fol. 243 v•. Nicolas de Baye rapporte cette cause dans son journal: «Cedit jour, fut plaidoiée la cause d'entre Renault d'Azincourt et autres, d'une part, et le procureur du Roy, Pierre Aymery et autres, d'autre part, sur un excès fait en l'ostel des filles dudit Aymeri soubz umbre de mariage». *Journal de Nicolas de Baye, greffier du Parlement de Paris*, A. Tuetey, (édit.), Paris, 1885 et 1888, t. 1, p. 132.

[38] Aymery vs Azincourt, AN, X 2a 14, fol. 243 v•.

laume Jousseaume et Jeanne Jourdaine sont brusquement interrompus par l'enlèvement de Jeanne perpétré par Louis Lestang. Qu'à cela ne tienne, Guillaume enlève, lui aussi, Jeanne Jourdaine à la première occasion.[39] Dans le cas de Guillaume Jousseaume comme dans celui de Jacques de Rochedragon qui, n'ayant pas réussi à épouser Marie de Signet, enlève sa sœur Marguerite,[40] c'est l'échec des pourparlers ou un contretemps qui provoque le rapt.

Parfois, les fiançailles ont même déjà été nouées. Le rapt est alors clairement une mesure pour imposer un mariage qui tarde à se conclure. Par exemple, le mariage de Pierre de Bernezay et de Jeanne Marmere avait été traité «et des lors furent en la presence de plusieurs leurs parens et amis fiancez».[41] Mais le vicomte d'Aunay refuse de lever la garde et le gouvernement qu'a sur Jeanne son oncle le seigneur d'Anthon, puis donne la garde à un nommé Guinet du Chastenet. Bernezay, craignant que le vicomte ne marie Jeanne à un autre, se décide à l'enlever pour l'épouser.

On retrouve d'autres cas où le rapt est une stratégie matrimoniale en soi, une démarche personnelle entreprise unilatéralement par l'homme, sans que la femme ou sa famille n'y participe. Voici Guillaume de Vaux qui n'ose pas demander en mariage Marion, la fille de feu Jean de Calais, qu'il a remarquée en passant par la ville de Cuisy:[42]

> quant il la vit, lui pleust moult et eust envers elle, amour et desir de la avoir en mariage, sans ce qu'il eust aucune voulenté ne entencion de lui fere aucun deshonneur. Et pour ce qu'il se doubtoit que les amis dicelle Marion ne se consentissent assez de legier au dit mariage de lui et d'elle, pour ce qu'il n'estoit pas du pays ou elle demouroit, il, par jeunesse et sanz deliberacion de conseil, pour ce qu'il avoit veu par aucun signe et conjectures que elle, de sa bonne voulenté, se accordoit assez a lui avoir par mariage, il, meu de bonne amour envers elle, vint environ la nuit en l'ostel de sa tante ou elle demouroit audit Cuisy, pour ycelle amener avecques lui et pour elle prendre et avoir a femme, sanz ce que il pensast a lui fere aucun blasme ou deshonneur. Le quel Guillaume de Vaulx, pour la dicte Marion plus seurement acompaignier et plus honnestement conduire ou pays du dit Guillaume, amena avec lui cinq ou six de ses amis, lesquelz estoient garnis de cotes de fer et d'espees, sanz ce qu'il meffeissent a aucun. Et midrent ycelle Marion a son agrea-

---

[39] Cathus vs Lestang, AN, X 2a 17, fol. 54 v•-213 v•.

[40] Chaussecourte vs Rochedragon, AN, X 2a 39, 20/04/1472-04/08/1474 et JJ 195, l. 1032.

[41] AN, JJ 178, l. 166.

[42] Cuisy, dép. Seine-et-Marne, arr. Meaux, c. Dammartin-en-Goële.

ble consentement en bonne garde en la compaignie d'aucunes dames et damoiselles qui estoient du lignage dudit Guillaume. La quelle Marion, aprés certaine espace de temps, le dit Guillaume par le consentement d'elle et aussi de ses diz amis plus prouchains, espousa la dicte Marion en face de sainte eglise.[43]

Ne croyons pas que le rapt soit uniquement une stratégie adoptée par un jeune homme écervelé comme Guillaume de Vaux. Il peut aussi être longuement calculé par un homme mûr. Ainsi, Jean Jaubert prend l'initiative pour son fils Jean «comme il eust grant affeccion que Berthelemme, fille feu Pierre Bracton, bourgois de Limoges, feust femme espousee de Jehan Jaubert, son filz».[44] Il orchestre le rapt et s'assure de la ratification du mariage.

Dans les cas où ni la femme ni sa famille ne sont consultées, il s'agit réellement de rapts violents. La femme tente alors de résister tant bien que mal à ses ravisseurs souvent nombreux, toujours armés. Les ravisseurs de Tiphaine du Fou «saillirent avant, leurs espees traites, et assaillirent ledit du Fou et prindrent ladicte Thiphainne, mais elle se laissa cheoir entre les piez de chevaux».[45] Isabeau Morne réagit davantage: «tousiours plouroit Ysabeau et esgratinoit Regnault qui la tenoit, et se defendoit au mieulx qu'elle povoit, et estoit sanz chaperon car il l'avoit si tost amenee que elle l'avoit laissie cheoir en chemin, et pour ce qu'elle se demenoit comme courroucié, la lierent d'un mantel».[46]

Et pourtant, même ces rapts peuvent mener à un mariage reconnu. Même nos lettres de rémission et nos procès qui contiennent uniquement des cas ayant soulevé une grande opposition de la part des victimes et de leur famille, mettent en scène des rapts victorieux. Dans le cas de Guillaume de Vaux, le rapt, geste initiateur, mène aux pourparlers et au mariage. Combien d'autres rapts oubliés se sont-ils terminés l'église? Il ne fait pas de doute que nombre d'entre eux ont dû se conclure ainsi, la famille de la victime préférant s'entendre avec le ravisseur et consentir au mariage pour sauvegarder l'honneur de la jeune femme. C'est ce que recommande d'ailleurs Jeanne, femme d'Alain de Kernévénoy, à Perrine d'Ollon, victime d'un rapt: «ma mie, ne vous despouforcez, ne ne faictes mauvaise chiere puis que ainsi est fait. Vous avez bon gentil homme a mari et de bon lieu. Et lui et ses amis feront sa paix et la votre a voz amis et parens et avecques les siens et ferez tous biens ensemble».[47] Le rapt constitue une véritable

---

[43] AN, JJ 136, l. 44.
[44] AN, JJ 145, l. 86.
[45] Fou vs Bernean, AN, X 2a 12, fol. 378 r°.
[46] Morne vs Maleret, AN, X 2a 14, fol. 224 v°.
[47] AN, JJ 111, l. 224.

stratégie matrimoniale qui peut apporter au ravisseur «avancement par mariage»,[48] comme le souhaite Guillaume Eschaloux. Issu d'une démarche personnelle, souvent unilatérale, il peut rejoindre la démarche familiale, donner lieu à des pourparlers et déboucher sur un mariage.

LE MARIAGE CLANDESTIN

Si elle ne rejoint pas la démarche familiale, la démarche personnelle du mariage mène souvent tout droit au mariage clandestin. Celui-ci, comme le rapporte Beatrice Gottlieb, représente une porte de sortie pour les couples amoureux.[49] C'est la doctrine religieuse qui leur réserve cette possibilité: même interdits par le Concile de Latran IV, ces mariages «accomplis par consentements échangés entre chrétiens hors la présence d'hommes d'Église, ont toujours été regardés par celle-ci, comme valides et comme sacramentels».[50] Ils offrent une solution à ceux qui désirent se marier, mais qui ne peuvent le faire publiquement par crainte de voir se soulever une opposition.

Qui dit mariage clandestin ne dit pas obligatoirement mariage secret. Selon Jean Gaudemet, «la clandestinité peut n'être que le refus de toute publicité, sans que pour autant le mariage soit secret. Une telle union ne répugne pas à des rites religieux–bénédiction d'un prêtre, messe de mariage. Mais les choses se feront discrètement. Non point à l'église du village ou du quartier, ni même dans quelque chapelle seigneuriale, mais dans un lieu discret».[51] Nos sources judiciaires contiennent plusieurs exemples de mariages conclus dans quelque moutier éloigné ou par un prêtre de passage. C'est le cas de Josseaume Bertrand et d'Antoinette de Cravant qui, en arrivant à Chassignoles,[52] se rendent «en une chapelle pres d'illec»[53] et celui

---

[48] AN, JJ 152, l. 110.

[49] B. Gottlieb, «The Meaning of Clandestine Marriage», dans R. Wheaton et T. K. Hareven (édit.), *Family and Sexuality in French History*, Philadelphia, 1980, p. 49-83. Voir aussi B. Gottlieb, *Getting Married...*

[50] J.-B. Molin et P. Mutembe, *Le rituel du mariage en France du XIIe au XVIe siècle*, Paris, 1974, p. 122. G. Fransen ajoute: «les mariages clandestins sont valables bien qu'interdits, mais il faut que la démarche soit suffisamment claire et explicite pour que l'on ne puisse pas la confondre avec des fiançailles ou une promesse de mariage». G. Fransen, «La formation du lien matrimonial au Moyen-âge», dans R. Metz et J. Schlick (édit), *Le lien matrimonial*, Strasbourg, 1970, p. 125.

[51] J. Gaudemet, *Le mariage en Occident. Les mœurs et le droit*, Paris, 1987, p. 232.

[52] Chassignoles, dép. Indre, arr. La Châtre, c. La Châtre.

[53] Merle vs Bertrand, AN, X 2a 24, fol. 194 r•.

de Sybille del Bals et de Guillaume de Cambefort qui furent mariés «par un certain prestre».[54] Quant au mariage de Perrotine des Sarteaulx, il a, selon ses amis, «esté fait clandestine et ne peut estre dit mariage»[55] parce que le ravisseur s'est satisfait d'une messe et l'a épousée «d'un anel d'argent, sans offrande, sans nopces et sans solennité».[56]

Les demandeurs utilisent d'ailleurs la notion de clandestinité pour condamner tout mariage au caractère irrégulier et non seulement les mariages secrets.[57] Le jeune âge de la fille et l'opposition des parents tout autant que l'absence de rites servent à taxer le mariage de clandestinité, comme le fait le procureur du roi contre les ravisseurs de Jeanne Rabaut en soutenant que «toutefuoies, il est clandestin et n'y avoit que deux bans, et si y avoit opposicion et n'avoit la fille que XI ans».[58] Selon Juliette M. Turlan et Pierre C. Timbal, le Parlement de Paris, qui n'aime pas les mariages clandestins, est sensible à l'argument.[59] Cependant, malgré les tentatives du roi et de sa justice d'intervenir sur le territoire de l'Église, le Parlement n'a pas juridiction.

Car la validité d'un mariage clandestin relève directement du droit canon et des cours ecclésiastiques. L'Église, même si elle condamne la clandestinité, se doit de reconnaître la validité d'un mariage conclu par consentement mutuel. Et les couples amoureux savent bien qu'ils peuvent compter sur le soutien de l'Église qui cherche à libérer le mariage de toute contrainte et à le fonder sur des bases personnelles. C'est ainsi que son droit canon tout comme ses cours ecclésiastiques peuvent servir d'armes aux délinquants matrimoniaux. Comme Robinet de Wastepaste et Jeanne de Cassel, ceux-ci appuient leur argumentation au Parlement sur le droit canon et le consentement des époux et défendent parallèlement leur cause devant une officialité,[60] au grand dam des familles.

---

[54] AN, JJ 148, l. 50.

[55] Paris vs Clamas, AN, X 2 a 14, fol. 106 v•.

[56] *Ibid.*, fol. 106 r•.

[57] Selon Jean Dauvillier, il y a quatre types de clandestinité: l'omission des solennités, l'absence de témoins, la contraction d'un mariage sans la permission de l'évêque, par exemple pour une dispense, et la non publication des bans. J. Dauvillier, *Le mariage dans le droit classique de l'Église depuis le décret de Gratien (1140) jusqu'à la mort de Clément V (1314)*, Paris, 1933, p. 116.

[58] Avaugour vs Cepeaux, AN, X 2a 17, fol. 249 v•.

[59] J. M. Turlan et P. C. Timbal, «Justice laïque et bien matrimonial en France au Moyen-âge», *Revue de droit canonique*, 30/3-4 (1980), p. 361-362. Voir aussi J. M. Turlan, «Recherches sur le mariage dans la pratique coutumière (XIIᵉ-XIVᵉ siècles)», *Revue d'histoire de droit français et étranger*, 35 (1957), p. 511-512.

[60] Les histoires de mariages clandestins foisonnent dans les registres d'officialités, au grand bonheur des historiens qui s'y sont plongés pour tenter de com-

Le mariage clandestin apparait comme une solution souvent adoptée par les couples amoureux du Moyen-âge. Michael M. Sheehan, en constatant le grand nombre de ces mariages qui font fi de l'influence familiale et valorisent le consentement individuel, en conclut que la doctrine consensualiste était bien intégrée par la société anglaise.[61] Frederik Pedersen arrive à la même conclusion à partir des causes de l'officialité de York : «the knowledge of the canon law rules for marriage permeated every level of society from the highest to the low».[62]

*
*　*

Si les amoureux doivent passer par le rapt et le mariage clandestin pour mener à terme leurs projets matrimoniaux, c'est parce qu'ils rencontrent, inexorablement, l'opposition de leurs familles.[63] Car les familles nobles acceptent mal la démarche personnelle du mariage. Comment pourrait-il en être autrement? Cette démarche ne respecte pas les règles du jeu. Basée sur l'amour, elle répond uniquement aux attentes personnelles du couple amoureux. Pour les familles, les enjeux politiques et économiques du mariage sont trop importants pour que le choix d'un conjoint revienne au cœur frivole d'un enfant de quatorze ans. Cette décision cruciale doit se faire avec la tête et non avec le cœur. Les familles ne peuvent tout simplement pas tolérer une démarche matrimoniale basée sur le libre choix. Elles se doivent de combattre la démarche personnelle, soit en la transformant en une démarche familiale lorsque le conjoint sélectionné est convenable, soit en s'opposant de toutes leurs forces aux unions inacceptables. Selon Charles Donahue Jr., cette attitude des familles explique la criminalisation

---

prendre la réalité matrimoniale de la fin du Moyen-âge. Voir entre autres M. M. Sheehan, «The Formation and Stability of Marriage in Fourteenth-Century England: Evidence of an Ely Register», *Mediaeval Studies*, 33 (1971), p. 228-263; F. Pedersen, «Did the Medieval Laity Know the Canon Law Rules on Marriage? Some Evidence from Fourteenth-Century York Cause Papers», *Mediaeval Studies*, 56 (1994), p. 111-152; C. Donahue Jr., «The Policy of Alexander the Third's Consent Theory of Marriage», dans S. Kuttner (édit.), *Proceedings of the Fourth International Congress of Medieval Canon Law*, Vatican, 1976, p. 251-281; C. Donahue Jr., «The Canon Law on the Formation of Marriage and Social Practice in the Later Middle Ages», *Journal of Family History*, 8/2 (1983), p. 144-158.

[61] M. M. Sheehan, «The Formation and Stability...»

[62] F. Pedersen, «Did the Medieval Laity...»

[63] Soulignons qu'Andrew Finch ne croit pas que le degré d'autorité parentale puisse, à lui seul, expliquer l'existence ou l'absence de mariages clandestins. A. J. Finch, «Parental Authority and the Problem of Clandestine Marriage in the Later Middle Ages», *Law and History Review*, 8/2 (1990), p. 189-204.

du mariage clandestin en France: les familles y ont réussi à limiter le choix personnel des époux.[64]

En butte à de telles oppositions, la démarche personnelle demeurera longtemps déviante et marginale, s'inclinant devant de la démarche familiale. Même l'Église reconnaît tacitement la légitimité de cette démarche familiale puisque jamais elle n'intervient au cours de l'étape décisive des pourparlers. Jamais elle ne tente d'influencer les discussions et d'imposer une démarche personnelle. Tout au plus se voit-elle contrainte de reconnaître la validité des unions clandestines. En souhaitant que les enfants adoptent la démarche de leur famille, obéissent à leurs parents et ratifient leur choix, l'Église accepte que le mariage se construise sur les bases traditionnelles de l'alliance politique et économique, et non sur l'amour.

[64] C. Donahue Jr., «The Canon Law...». C. Donahue Jr. souligne d'ailleurs que ce n'est pas le cas en Angleterre où les causes civiles entourant le mariage clandestin sont plus fréquentes que les causes criminelles. Dans un second article, il conclut que le caractère individualiste de la société anglaise–en contraste avec le caractère communautaire de sa contrepartie française–facilitait le mariage clandestin. C. Donahue Jr., «English and French Marriage Cases in the Later Middle Ages: Might the Differences be Explained by Differences in the Property Systems?» dans L. Bonfield (édit.), *Marriage, Property, and Succession*, Berlin, 1992, p. 339-366.

3
Le consentement des parents

La comparaison des deux démarches matrimoniales démontre bien à quel point le mariage de «*consensu amicorum*»[1] constitue la règle. Tout au long de la première étape des pourparlers, les parents, omniprésents, s'assurent de dicter le choix du conjoint, de contrôler les enjeux du mariage, d'imposer le déroulement des discussions et de l'entente. En «faisant» le mariage, ils laissent leur marque sur tout le processus matrimonial.

Selon l'Église, le mariage doit pourtant être libéré de toute influence extérieure. Théoriquement, comme le rapporte Jean Gaudemet, l'Église cherche à écarter le consentement des parents, du seigneur ou de toute autre partie: «Pour les théologiens, comme pour les canonistes, le mariage est créé par la volonté des époux. Cette volonté doit être libre, aussi bien pour la femme que pour l'homme. Chez les théologiens, Pierre Lombard est le premier à déclarer nettement que le consentement paternel n'est pas condition du mariage».[2]

Cependant, cette liberté d'action n'est que théorique. Si l'Église a octroyé à l'individu un pouvoir décisionnel, elle ne fait rien pour libérer les enfants des pressions psychologiques et sociales de la famille et pour extirper le père et les parents de la création du mariage. Comme l'exprime John T. Noonan Jr., l'idée du consentement des époux comme base du mariage va à l'encontre de la réalité et des règles familiales.[3] Le consentement familial, s'il n'est pas obligatoire du point de vue légal,[4] demeure d'une

---

[1] Lalement vs Bruneval, AN, X 2a 17, fol. 113 r°.

[2] J. Gaudemet, *Le mariage en Occident. Les mœurs et le droit*, Paris, 1987, p. 178.

[3] J. T. Noonan Jr. «Marriage in the Middle Ages: Power to Choose», *Viator*, 4 (1973), p. 419-434.

[4] Nous faisons ici référence au droit canon. Dans le droit coutumier, au contraire, l'autorité paternelle pèse fortement sur les actions des enfants. Mais, comme le rapporte Henri Beaune, «la législation féodale ne s'est point occupée du mariage, au point de vue de sa célébration et de sa validité, parce que cette matière relevait uniquement du droit canon». H. Beaune, *Introduction à l'étude historique du droit coutumier français jusqu'à la rédaction officielle des coutumes*, Lyon/Paris, 1880, p. 384. Comme le droit coutumier s'intéresse presque strictement aux questions matérielles comme le douaire ou la communauté conjugale, et que ces questions ne

importance extrême.[5]

L'IMPORTANCE DU CONSENTEMENT PARENTAL

Dans nos documents, autant littéraires que judiciaires, le consentement paternel, parental ou familial va tout simplement de soi,[6] à un point tel que les chroniqueurs jugent souvent inutile de le mentionner. Le passage du Religieux de Saint Denys qui rapporte que l'on attend l'accord de Charles VI avant de célébrer par procuration le mariage de sa fille Isabelle[7] est une rare exception.

Dans les lettres de rémission, l'adoption de formules affirmant, comme Jeanne de Long Gué, que le mariage s'est noué «par l'advis et consentment de sa dicte mere et de ses autres amis»,[8] vient prouver à quel point le consentement familial est normal, voire stéréotypé. En général, l'opinion parentale sert de circonstance atténuante au suppliant qui, tel Renaud le Fauconnier, ravisseur d'Isabeau Morne, a cru «par le langaige du frere de la dicte fille que les amis estoient d'accord dudit mariage».[9] Exceptionnellement, la circonstance atténuante peut relever du fait que l'homme ou le jeune couple se soit heurté au refus de parents entêtés. Dans le cas de Jean Gobert Descanale et Catherine la Prévôte qui s'enfuient pour s'épouser parce qu'ils «doubtoient que les amis de la damoiselle ne fussent pas bien en accort dudit mariage»,[10] l'opposition familiale vient justifier le crime.

Le consentement parental constitue un sujet particulièrement brûlant dans les plaidoiries au Parlement de Paris. Les défendeurs sont conscients de l'importance du consentement parental et s'en servent comme argument lorsque l'occasion se présente. Par exemple, Josseaume Bertrand refuse de se marier sans l'accord familial: lorsqu'on lui mentionne «une fille lui estre bien propice s'il la vouloit espouser (...) Josseaume respondi que n'y enten-

---

font pas vraiment partie des points de friction entre la doctrine ecclésiastique et la pratique matrimoniale noble, nous avons écarté l'utilisation des coutumiers.

[5] Voir J. Brundage, *Law, Sex, and Christian Society in Medieval Europe*, Chicago, 1987, p. 498.

[6] Nous ne considérerons ici que les passages traitant clairement de la présence ou de l'absence du consentement parental. Au total, 30 extraits de chroniques, 33 procès et 22 lettres de rémission le mentionnent, en général parce que l'omission de ce consentement a surpris le narrateur ou entraîné un conflit.

[7] *Chronique du Religieux de Saint-Denys contenant le règne de Charles VI de 1380 à 1422*, M. L. Bellaguet (édit. et trad.), Paris, 1994, t. 2, p. 413.

[8] AN, JJ 154, l. 195.

[9] Morne vs Maleret, AN, JJ 159, l. 173.

[10] Warisonne vs Bezon, AN, JJ 121, l. 216.

droit point sans le sceu des parens».[11] Les défendeurs s'époumonent à affirmer que les parents ont donné leur consentement, comme le ravisseur Foulques de Beauvoir-du-Roure[12] clamant que «avant que l'espousast envoia notables gens devers la mere qui lui rapporterent qu'ele estoit d'accord qu'il espousast sa fille».[13] Au minimum, ils soutiennent que les parents ne se sont pas opposés ouvertement au mariage, qu'il «n'y ot parent de la fille ne autre qui y mist empeschement».[14] Car c'est bien la norme: les parents doivent être consultés. Ignorer leur volonté ou s'y opposer est une offense qui vient aggraver la cause du défendeur. Toute l'énergie consacrée à prouver ce consentement démontre clairement son importance. Juliette M. Turlan souligne d'ailleurs qu'«il est remarquable de constater que cette exigence du consentement des amis et de celui du roi sont mentionnés devant le parlement sur le même plan que les conditions de nubilité ou de publicité».[15] Le portrait du mariage que trace Beatrice Gottlieb fait également ressortir l'importance de l'opinion des parents; dans les causes des officialités de Champagne, l'opposition aux parents est rare et la plupart des mariages sont conclus avec leur approbation.[16]

Si l'opinion des parents a été clairement écartée, les défendeurs peuvent toujours faire référence aux règles du droit canon, à grand renfort de citations latines. Robinet de Wastepaste affirme qu'il n'est pas «de necessitate» d'appeler les parents et amis.[17] Guillebert Dowel déclare qu'il s'est fiancé sans obtenir l'accord des parents de Jeannette, mais qu'il est dans son droit puisqu'elle était «habilis[18] ad contrahendum matrimonium».[19] Toutefois, que valent ces règles canoniques contre les règles tacites de la société? Comme l'affirme le procureur du roi dans la cause entourant le rapt de

[11] Merle vs Bertrand, AN, X 2a 24, fol. 194 v•.

[12] Identifié dans le procès comme Foulques Delroure, il s'agit en fait de Foulques de Beauvoir-du-Roure, seigneur de Beaumont. Fils de Guillaume de Beauvoir-du-Roure, IVe du nom, et de Smaragde de Beaumont, il reçoit par testament de son aïeul maternel, Pons de Beaumont, la terre de Beaumont, à la charge d'en porter le nom. F.-A. Aubert de la Chesnaye-Desbois, *Dictionnaire de la noblesse*, Paris, 1770-1786.

[13] Montbrun vs Beaumont, AN, X 2a 24, fol. 50 v•.

[14] Cassel vs Wastepaste, AN, X 2a 24, fol. 102 v•.

[15] J. M. Turlan, «Recherches sur le mariage dans la pratique coutumière (XIIe-XIVe s.)», *Revue d'histoire de droit français et étranger*, 35 (1957), p. 494-495.

[16] B. Gottlieb, *Getting Married in Pre-Reformation Europe: The Doctrine of Clandestine Marriage and Court Cases in Fifteenth-century Champagne*, Thèse de doctorat, 1974.

[17] Cassel vs Wastepaste, AN, X 2a 24, fol. 105 r•.

[18] MS: habile.

[19] Roi vs Dowel, AN, X 2a 22, fol. 4 v•.

Perrotine des Sarteaulx, «le consentement des amis par raison civile y est necessaire».[20] Même Robinet de Wastepaste reconnaît que «*de honestate* l'en doye appeller les parens et amis»,[21] ce que confirme le procureur du roi qui lui réplique «*circa matrimonia honestas est requirenda et actendenda* et se doit demander la fille aux pere et mere et se n'y sont, aux autres prochains parens».[22] Socialement et juridiquement parlant, le modèle aristocratique, soutenu par les anciennes pratiques, a encore la main haute sur le modèle ecclésiastique lorsqu'il est question de consentement parental.

Même dans le cas du mariage d'un homme, parents et amis sont en droit d'exprimer leur opinion. C'est pour montrer la légitimité de son mariage qu'André de Beaumont[23] affirme en plaidoirie que «les parens et amis de Beaumont se consentirent au mariage de lui et de sa femme».[24] Lorsque l'homme entreprend lui-même une démarche matrimoniale, il est tenu de consulter les membres de sa famille, de les informer de l'union projetée et d'obtenir leur assentiment. Ainsi, Pierre Baut affirme qu'il «a fiancé une femme, mais pour ce qu'il ne vouloit faire ses nopces sans le faire assavoir a sa mere et autres ses amis»,[25] il a retardé la célébration de son union.

Toutefois, c'est surtout le mariage d'une femme qui requiert le consentement parental. La femme doit non seulement consulter ses parents, elle doit également leur obéir. Son consentement doit s'aligner sur le leur. Est-ce un hasard si les procès et les lettres de rémission mettent fréquemment en parallèle les deux consentements, en les liant en une seule et même formule? À titre d'exemple, citons Alain de Kernévénoy et sa femme Jeanne qui «cuidoient que le dit mariaige se feist du consentement de la dicte Perrine et de ses amis».[26] Ces formules tendent à indiquer que la volonté féminine et la volonté parentale concordent régulièrement. En réalité, cette concordance reflète surtout une subordination du consentement féminin à celui des parents.

Les familles sont en droit d'intervenir tout au long du processus matrimonial, en commençant par les pourparlers. Lorsque Gadifer de la Sale veut marier son cousin germain Philippon de Nueil, il parle «dudit

---

[20] Paris vs Clamas, AN, X 2a 14, fol. 105 v•.-106 r•.

[21] Cassel vs Wastepaste, AN, X 2a 24, fol. 105 r•.

[22] *Ibid.*, fol. 103 v•.

[23] Il s'agit d'André de Beaumont, seigneur de Lezay, qui épousa Jeanne de Torsay, fille de Jean de Torsay, sénéchal du Poitou puis grand-maître des arbalé-triers de France. F.-A. Aubert de la Chesnaye-Desbois, *Dictionnaire de la noblesse*...

[24] Arigon vs Beaumont, AN, X 2a 18, fol. 208 r•.

[25] AN, JJ 185, l. 265.

[26] AN, JJ 111, l. 224.

mariage audit feu seigneur de Pousange et a aucuns des amis de la dicte fille de par son pere, les quelz furent d'accort dudit mariage».[27] Le mariage est idéalement une entente entre deux familles, comme l'union de Robert de la Honguerie et de la sœur de Clarin de Sons qui se conclut «du consentement de la mere et des amis d'un coste et d'autre»[28] ou celle de Catherine, fille du duc de Bourgogne, et de Louis, fils du roi de Sicile, qui «du consentement des deulx parties avoit esté traictié».[29] Les parties font même parfois intervenir une longue liste d'amis comme le fait Guiot de Saint-Bonnot qui s'assure d'avoir l'accord de tous les parents d'Agnès de Brulart, «le seigneur de Cernant en la conté de Nevers et (…) Guiot Moreau, Guichart Raffin, Guillaume de Tounnay et Henry de Tounay, son frere, et le bastart du Til, ensemble pluseurs autres, tous cousins et parens de la dicte fille de par son pere».[30] Suite aux pourparlers, les fiançailles et les épousailles seront célébrées, toujours «en la presence de plusieurs, leurs parens et amis».[31]

Juliette M. Turlan relève bien l'importance de la famille dans l'orchestration des mariages: «Il ressort que le consentement des père et mère, s'ils sont encore vivants; le consentement des tuteurs, des amis charnels, si les parents ont disparu, sont de toute évidence requis pour le mariage de la fille au moins jusqu'à sa majorité».[32] Shannon McSheffrey souligne également l'omniprésence de l'accord familial au point que certaines filles londoniennes vont jusqu'à prétexter l'opposition paternelle pour refuser une proposition de mariage.[33]

---

[27] AN, JJ 126, l. 193.

[28] Sons vs Honguerie, AN, X 2a 14, fol. 249 v•.

[29] Jean Le Fèvre, seigneur de Saint-Rémy, *Chronique*, F. Morand (édit.), Paris, 1876 et 1881, t. 1, p. 125.

[30] AN, JJ 112, l. 78.

[31] AN, JJ 178, l. 166

[32] J. M. Turlan, «Recherches...», p. 501-502.

[33] S. McSheffrey, «"I will never have none ayenst my faders will": Consent and the Making of Marriage in the Late Medieval Diocese of London», dans C. M. Rousseau et J. T. Rosenthal (édit.), *Women, Marriage, and Family in Medieval Christendom. Essays in Memory of Michael M. Sheehan*, Kalamazoo, 1998, p. 153-174. Voir aussi M. Korpiola en ce qui concerne la Scandinavie où les familles n'étaient pas prêtes à abandonner leur contrôle des mariages. M. Korpiola (édit.), *Nordic Perspectives on Medieval Canon Law*, Saarijärvi, 1999, p. 125-150 and «Controlling Their Children's Choice: Strategies of Parental Control of Marriage in Medieval Europe and Scandinavia», *Ægteskab i Norden fra Saxo til i dag*, 14 (1999), p. 71-106.

L'OPPOSITION FAMILIALE

Davantage que le consentement des parents, nos documents relatent l'opposition familiale. Certes, celle-ci frappe plus que la routinière approbation. Il est d'ailleurs naturel que des sources de nature judiciaire s'attardent plus longuement aux conflits qu'aux cas normatifs. Quant aux chroniqueurs, ils sont friands de scandales. Ainsi, Enguerrand de Monstrelet ne peut manquer de rapporter que Jacqueline de Luxembourg, veuve du duc de Bedford, a épousé un chevalier d'Angleterre nommé Richard Wydeville et «si en fut, Loys de Luxembourg, archevesque de Rouen, et aultres ses prouchains amis, aulcunement mal contens».[34] Chroniques et procès rapportent ainsi plusieurs exemples de mariages manigancés malgré l'opposition évidente du père ou de la famille. Parmi ces mariages «*sine consensu parentum*»,[35] trois cas se présentent: soit que les parents ont été écoutés après qu'ils aient manifesté leur opposition, soit qu'ils ont exprimé leur désaccord et qu'ils ont été ignorés, soit, enfin, qu'ils ont été tout simplement évincés. La cause de Renaud d'Azincourt et de Jeanne Aymery permet d'illustrer les deux premiers cas: si d'Azincourt est prêt à outrepasser l'opposition paternelle, Jeanne se plie à la volonté de son père. Renaud d'Azincourt commence par faire sa demande au père, «audit Hemery, lequel lui respondi que ce n'estoit pas femme pour lui et qu'il estoit trop grant maistre».[36] D'Azincourt, sachant Jeanne consentante, ignore cette réponse et se présente chez elle pour la fiancer. Celle-ci qui «doubtoit trop son pere»,[37] obéit plutôt à la volonté paternelle et repousse ces fiançailles clandestines. Le cas de Catherine de Montbrun est un exemple du troisième type dans lequel les parents n'ont tout simplement pas été consultés. Selon les demandeurs, «sa mere et ses parens (...) ne furent aucunement appellez audit mariage et oncques n'y donnerent consentement».[38]

Lorsque le consentement des parents est écarté, les chroniqueurs n'hésitent pas à montrer leur désapprobation. Le cas de Louis XI «qui se maria à la fille du duc de Savoye [...] sans le conseil ou plaisir de sondit pere»[39] a frappé plusieurs chroniqueurs. Thomas Basin qui révère Charles VII autant qu'il déteste Louis XI, se montre encore plus dur envers le fils lorsqu'il écrit qu'«il épousa, à l'insu et contre la volonté de son père, la fille du duc de Savoie, sans se soucier le moins du monde ni de l'autorité paternelle ni

[34] Enguerrand de Monstrelet, Chronique, New York, 1966, t. 5, p. 272.

[35] Bois vs Grue, AN, X 2a 35, fol. 72 r°.

[36] Aymery vs Azincourt, X 2a 14, fol. 244 r°.

[37] *Ibid.*, fol. 243 v°.

[38] Montbrun vs Beaumont, AN, X 2a 24, fol. 50 v°.

[39] Olivier de La Marche, *Mémoires*, H. Beaune et J. d'Arbaumont (édit.), Paris, 1883-1888, t. 2, p. 218.

de la révérence et obéissance qu'il devait au roi».[40] En critiquant ainsi son ennemi, Basin se fait le porte-parole des valeurs entourant le consentement des parents.

Le refus parental peut être à l'origine d'une haine tenace qui dégénère en conflit, en paroles menaçantes, en gestes violents et même en meurtre. Ainsi, Waleran de Bailleul reçoit mal la réponse négative de Tassin de Vangon, beau-père de son élue, et n'hésite pas à le férir d'un coup d'épée.[41] De même, Richard de Monchans assassine François Mallem lorsque sa demande en mariage, faite au nom de son frère, lui est refusée.[42] Quant à Jeanne Orseillete, elle s'en prend à elle-même et se suicide parce que son mariage «a ses diz amis desplaisoit».[43]

De telles manifestations violentes sont relativement rares. Les parents ont plutôt recours à la justice lorsqu'ils se sentent lésés. C'est ainsi que les parents de Jeanne Jourdaine y voient la seule riposte possible au rapt commis par Louis Lestang: «après le ravissement ainsi fait par ledit Loys et ladicte Jourdaine, les parens d'icelle se assemblerent pour savoir qu'ilz avoient a faire. Et adviserent ensemble que, pour l'onneur de ladicte damoiselle et le leur garder, il estoit expedient de proceder par voie de justice contre ledit Loys et ses complices».[44] Dans plus de la moitié des procès au Parlement, le consentement familial constitue par conséquent l'argument premier des demandeurs qui affirment à répétition que le rapt, les fiançailles ou le mariage ont eu lieu «sans le consentement des parens et amis».[45]

Par l'entremise des procès, les parents et amis défendent leur droit d'être écoutés et obéis, comme ce bourgeois de Lille dont Georges Chastellain nous raconte l'histoire. Ce riche brasseur de cervoise de Lille avait une fille unique et héritière que convoitait Colinet de la Thieuloye, dit Colinet d'Arras, archer du duc de Bourgogne. Le bourgeois demeurant sourd aux requêtes du duc de Bourgogne, celui-ci fit tout simplement enlever la fille et la mit en sécurité chez le seigneur d'Antoing. Le père riposta avec un procès au Parlement de Paris, n'hésitant pas à poursuivre en justice son puissant seigneur. De guerre lasse, le duc finit par renvoyer la fille à son père, la déclarant indigne d'épouser l'un de ses serviteurs, et cela au moment même où ses parents acceptaient l'union projetée.[46] Qu'un simple

---

[40] Thomas Basin, *Histoire de Charles VII*, S. Samaran (édit. et trad.), Paris, 1964, t. 2, p. 225.

[41] AN, JJ 120, l. 117.

[42] AN, JJ 160, l. 139.

[43] AN, JJ 119, l. 369.

[44] Cathus vs Lestang, AN, X 2a 17, fol. 124 v•.

[45] Chalon vs Bauffremont, AN, X 2a 32, fol. 326 r•.

[46] Georges Chastellain, *Chronique*, M. le baron Kervyn de Lettenhove (édit.),

bourgeois ose s'opposer au duc de Bourgogne sur une question de consentement parental, voilà qui en dit long sur son importance.

Cet exemple oppose parents et seigneur. Les procès peuvent également confronter les familles aux tuteurs ou aux époux eux-mêmes. Les amis charnels d'une jeune fille poursuivent fréquemment son tuteur lorsque ce dernier cherche à marier, souvent à mésallier, sa pupille sans leur consentement. Or, comme l'affirment les amis charnels de Jeanne Jourdaine, «un tuteur ne doit marier une fille pupille sans le consentement de ses amis».[47] Lorsque les tuteurs agissent ainsi, ils le font pour l'une des deux raisons. Ils peuvent chercher à favoriser un des leurs, très souvent leur fils, comme le font Bonne et son époux Colard de Sains qui planifient le mariage de Catherine de Craon,[48] fille de la première, avec Esglet de Sains, fils du second.[49] Ils peuvent aussi tenter de marier la fille pour échapper à la vérification du compte de tutelle comme le fait Gillet Symes, accusé d'avoir manigancé le mariage de sa pupille Jeanne Jourdaine «pour mieulx chevir du compte qu'il avoit a rendre de la dicte tutelle».[50] Pour éviter que le tuteur ne procède au mariage de sa pupille, les familles peuvent aller jusqu'à obtenir une interdiction formelle de la cour ou du roi.

C'est dans les procès pour rapt que l'on retrouve le plus fréquemment parents et époux face à face. Si le ravisseur ou le couple amoureux a eu recours à une mesure aussi dramatique que le rapt, c'est évidemment parce que ses projets de mariage rencontraient des oppositions, en particulier celle des parents. Déterminé, Jacques de Rochedragon «delibera en soy de prendre en mariage Marguerite de Signet (...) du consentement de ses parens et amis ou autrement»,[51] même si cela mène tout droit au crime. En étudiant les registres des tribunaux urbains des villes de Flandre, Myriam Greilsammer a d'ailleurs démontré comment le rapt peut servir à évincer les contraintes parentales et familiales, en risquant toutefois de soumettre le ravisseur et son épouse à la justice et au courroux des parents.[52]

---

dans *Œuvres*, Genève, 1971, t. 3, p. 83-84.

[47] Cathus vs Lestang, AN, X 2a 17, fol. 54 v•.

[48] Il s'agit de Catherine de Craon, fille de Jacques de Craon et de Bonne de Fosseux. F.-A. Aubert de la Chesnaye-Desbois, *Dictionnaire de la noblesse....*

[49] Sains vs Soissons, AN, X 2a 28, fol. 173 v•-300v•. De toute évidence, ce mariage n'a pas réussi; le *Dictionnaire de la noblesse* rapporte en effet que Catherine de Craon a épousé Jean de Waffenaër, seigneur de Lande puis, en deuxièmes noces, Jean de Halwin, chevalier de la Toison d'or. F.-A. Aubert de la Chesnaye-Desbois, *Dictionnaire de la noblesse...*

[50] Cathus vs Lestang, AN, X 2a 17, fol. 83 r•.

[51] Chaussecourte vs Rochedragon, AN, JJ 195, l. 1032.

[52] M. Greilsammer, «Les familles en guerre contre la doctrine consensualiste», dans *L'envers du tableau. Mariage et maternité en Flandre médiévale*, Paris, 1990, p.

LES RAISONS DU DÉSACCORD

Pourquoi les parents s'opposent-ils à certaines alliances, s'entêtant jusqu'à avoir recours à la violence ou à un procès? Certains d'entre eux ont la conviction qu'un bon mariage ne peut se faire que grâce à leur participation.[53] Puisque le mariage est la pièce maîtresse des stratégies familiales et que l'ascension d'un individu vers la noblesse et la richesse entraîne sa famille tout entière, les parents se doivent de superviser et d'acquiescer aux tractations matrimoniales. Cela est aussi vrai pour la noblesse de robe qu'étudie Françoise Autrand[54] que pour la noblesse d'épée.

Les parents ont souvent de solides raisons de refuser leur consentement, comme l'écrit Juliette M. Turlan: «ils ne donnent pas leur consentement *pro forma*, ils examinent les avantages et les inconvénients de l'union projetée, ils veillent à ce qu'elle soit assortie sur le plan des biens et sur le plan social».[55] Il est de leur devoir de s'opposer à une alliance jugée insatisfaisante. À Fremault de Bossles qui l'accuse d'avoir empêché son mariage, Pierre de Coucy répond doucement «que a son povoir, il vouldroit et aussi estoit tenu de conseiller loyaulment sadicte parente, et pour ce pourroit estre qu'il n'en avoit este ne seroit consentant dudit mariage pour qu'il ne lui sembloit pas estre prouffitable pour sadicte parente».[56]

Les familles contribuent au choix d'un époux issu d'une famille dont l'alliance est bénéfique pour des raisons de pouvoir, de richesse ou de statut social. Ainsi, Jeanne de Châtillon a traité le mariage de sa fille Anne «avec Jehan de Montfort qui estoit un bien grant seigneur et noble».[57] Inversement, les parents se doivent de prévenir ou de s'opposer à la mésalliance. C'est parce qu'ils considèrent «le mariage non estre sortable»[58] que le comte et la comtesse de Dammartin refusent l'union de leur fils avec la fille de Charles de Melun. Pour sa part, Jeanne Orseillete a commis une grave erreur en épousant son physicien Pierre Hary «dont les diz amis (...) prindrent grant desplaisir pour ce qu'ilz leur sembloit que le dit maistre

---

65-85 et M. Greilsammer, «Rapts de séduction et rapts violents en Flandre et en Brabant à la fin du moyen âge», *Tijdschrift voor Rechtsgeschiedenis*, 56 (1988), p. 49-84.

[53] C'est ce qu'affirme S. McSheffrey, «"I will never..."», p. 160-161.

[54] F. Autrand, «Le mariage et ses enjeux dans le milieu de robe parisien XIVe-XVe siècle», dans M. Rouche et J. Heuclin (édit.), *La femme au Moyen-âge*, Maubeuge, 1990, p. 407-429.

[55] J. M. Turlan, «Recherches...», p. 496. Notons que le Parlement civil qu'étudie Juliette M. Turlan est plus propice à l'étude des enjeux matrimoniaux.

[56] AN, JJ 172, l. 399.

[57] Laval vs Châtillon, AN, X 2a 17, fol. 252 r°.

[58] *Journal de Jean de Roye connu sous le nom de Chronique scandaleuse*, B. de Mandrot, (édit.), Paris, 1894 et 1896, t. 2, p. 163.

Pierre n'estoit pas souffisant de avoir la dicte damoiselle».[59] Dans ce cas, l'amour s'oppose aux calculs financiers et politiques. La démarche personnelle heurte de plein fouet la démarche familiale.

En exprimant leur accord ou leur opposition à une union, parents et amis énoncent les raisons qui poussent les parties à contracter un mariage. Dans les plus hautes strates de la société, le mariage peut servir à conclure une alliance politique, comme celui «du fils au conte de Pentèvre à la fille du duc de Bretaigne pour mieulx confermer et tenir en amour toutes leurs aliances».[60] Selon Thomas Basin, le duc Charles le Téméraire conclut «un traité d'alliance et d'amitié»[61] avec le roi d'Angleterre en épousant sa sœur Marguerite. L'alliance matrimoniale peut même s'insérer dans un traité de paix. Les mariages des filles de Charles VI, Isabelle et Catherine, en sont des exemples flagrants. De tels mariages peuvent aussi pacifier deux seigneurs français[62] et venir mettre un terme à une guerre, comme le mariage du fils aîné du comte de Vaudemont et de la fille aînée du duc de Bar.[63]

Cette alliance entre le duc de Bar et le comte de Vaudemont se double d'une entente financière. Il ne fait pas de doute qu'une alliance économique avantageuse est une préoccupation pour toutes les strates de la société et en particulier pour la noblesse.[64] On cherche d'abord et avant tout à contracter un mariage profitable matériellement et financièrement. C'est ainsi que de nombreuses victimes de rapt ont comme première qualité d'être de riches héritières. C'est le cas d'Agnès de Brulart. Son père, Gérard de Brulart, est décédé et elle «estoit son heritiere, seule et pour le tout».[65] Guiot de Saint-Bonnot se décide à l'enlever et à l'épouser parce «qu'il ne pourroit

---

[59] AN, JJ 119, l. 369.

[60] Jean Froissart, *Chroniques*, dans M. le baron Kervyn de Lettenhove (édit.), *Œuvres de Froissart*, Osnabrück, 1967, t.15, p. 214.

[61] Thomas Basin, *Histoire de Louis XI*, S. Samaran (édit. et trad.), Paris, 1963, p. 293.

[62] Sur les origines de ces mariages pacificateurs et leur relatif succès, voir J. T. Rosenthal, «Marriage and the Blood Feud in 'Heroic' Europe», *British Journal of Sociology*, 17 (1966), p. 133-144. Dans un second article qui traite d'une époque beaucoup rapprochée de la nôtre, Rosenthal apporte d'autres témoignages indiquant que les mariages pouvaient servir à sceller une paix entre deux lignages. J. T. Rosenthal, «Aristocratic marriage and the English peerage, 1350-1500: social institution and personal bond», *Journal of Medieval History*, 10 (1984), p. 181-194.

[63] Enguerrand de Monstrelet, *Chronique...*, t. 5, p. 49.

[64] En ce qui concerne la paysannerie, voir par exemple C. Clark, «The Decision to Marry in XIIIth and XIVth Century Norfolk», *Mediaeval Studies*, 49 (1987), p. 496-516.

[65] AN, JJ 112, l. 78.

mieulx faire».[66] Jean-Louis Kupper, en étudiant les mariages de Mathilde de Boulogne et de sa fille démontre également l'importance des alliances matrimoniales et les enjeux, surtout politiques et économiques, entourant l'union d'une fille héritière.[67]

Des questions d'ordre financier font souvent obstacle à la réalisation d'une union. Avant de se réaliser, le mariage du comte Charles de Charolais et d'Isabelle de Bourbon doit affronter l'opposition du duc de Bourbon qui hésite pour des raisons financières. Après avoir donné un premier assentiment, il se rétracte parce qu'il ne veut «pour nulle rien condescendre à la donison de ceste terre»,[68] c'est-à-dire de la seigneurie de Chinon, enclavée en Bourgogne, que le duc de Bourgogne exige comme dot. Plus bas dans la hiérarchie sociale, Robert de Braquemont[69] s'oppose à l'union de sa cousine Isabelle Meurdac avec Robin de Saint-Denis parce que «ou quel mariage la dicte fille eust esté grandement deceue et fraudee, consideré que tant du sien propre et des biens de sa mere et dudit sire de Piron, elle estoit et est taillié a tenir bien XVc livres de terre et le dit filz par la coustume du pais ne succederoit pas a son pere car l'aisné filz auroit tout».[70]

L'inégalité entre les fortunes des époux soulève l'indignation des parents. Jean Gartet expose bien le problème lorsqu'il avoue, dans sa lettre de rémission, avoir enlevé Jacquette Courau parce qu'il «se doubtoit que s'il la faisoit demander que elle ne lui feust reffusee, tant par ce qu'elle n'estoit pas encores bien en aage de marier comme pour ce que ledit Courau estoit et est de plus grant chevance que n'est ledit exposant».[71] L'extravagance des demandes matérielles ou financières de la partie adverse peut aussi pousser certains parents à refuser un mariage. C'est en particulier le cas de l'alliance entre Catherine de France et Henry V. Si les négociations de mariage se sont étirées pendant sept ans, c'est d'abord parce que le roi et la reine, tout comme les princes de France, ne peuvent accepter les exigences outran-

---

[66] *Ibid.*

[67] J.-L. Kupper, «Mathilde de Boulogne, duchesse de Brabant (†1210)», dans *Femmes. Mariages–Lignages XIIe-XIVe siècles. Mélanges offerts à Georges Duby*, Bruxelles, 1992, p. 133-155.

[68] Georges Chastellain, *Chronique...*, t. 3, p. 9.

[69] S'agit-il de Robert de Braquemont, chevalier, conseiller du roi et chambellan-amiral de France en 1417, fils de Renaud de Braquemont? Ou plutôt de Robert de Braquemont, seigneur de Traversain, fils de Richard de Braquemont? Nos documents ne nous permettent pas de le dire. F.-A. Aubert de la Chesnaye-Desbois, *Dictionnaire de la noblesse...*

[70] Saint-Denis vs Braquemont, AN, X 2a 10, fol. 57 r•.

[71] AN, JJ 156, l. 372.

cières d'Henry V qui veut obtenir la couronne de France avec la main de Catherine.[72]

Des terres, des biens, une pension ou de l'argent sont parmi les demandes les plus fréquemment stipulées lors des pourparlers de mariage. Pour attirer le comte de Saint-Paul dans son camp, le roi Louis XI lui promet un mariage avantageux où «il lui donneroit sa belle-sœur, la sœur de la reyne, très-belle damoiselle, et quarante mille couronnes d'or comptant et six mille francs de rente; le feroit gouverneur de Normandie, à haute et grande pension, et vingt-six mille francs de pension pour son office de connestablie».[73] De même, Bernard de Chaumont, bourgeois de Périgueux, marie sa fille Jeannette à un écuyer anglais, Henry Champaigne, «parmi ce qu'il bailleroit a la dicte Jehannette et à son dit feu pere, certains somme d'argent dont ledit feu Bernart se peust deschargier des grans rentes et debtes qu'il devoit et recouvrer aucuns heritaiges qu'il avoit alienez et engaigiez pour avoir et assembler sa raencon».[74]

Les parents et amis peuvent avoir d'autres raisons, plus personnelles, de refuser ou de favoriser un mariage. Par exemple, les parents de Jeannette ne consentent pas à son mariage avec Guillebert Dowel parce qu'il est anglais.[75] Une union peut également réparer un tort passé. Il semble que Jeanne d'Oiselet ait planifié le mariage de Marguerite de Chauvirey avec Vauthier d'Oiselet[76] «voulant recompenser a Gauchier le dommage de son œil que lui blessa le filz d'icelle dame».[77] Enfin, le désir de vengeance dicte certains mariages. Si Philippe le Bon intrigue tant pour qu'Henry V épouse Catherine de France, c'est bien pour venger le meurtre de son père et pour punir le dauphin Charles. Beaucoup plus bas dans l'échelle sociale, la dame de Quiquempoix utilise le mariage de Perrotine des Sarteaulx pour nuire à Thibaut de Saint-Rémy, oncle de Perrotine, qu'elle hait: «pour fere desplaisir a Thiebaut et grever le lignage, s'advisa la formarier a Hutin qui est bastart *spurius* et pour mectre l'eritage de Perrotine en estranges mains et adegast afin qu'il ne peust venir aux enfants de Thiebaut».[78]

---

[72] Voir par exemple *Abrégé françois des grandes chroniques*, A. Vallet de Viriville (édit.), dans *Chronique de Charles VII roi de France*, Neudeln, Liechtenstein, 1979, t. 3, p. 217-218.

[73] Georges Chastellain, *Chronique...*, t. 5, p. 225.

[74] AN, JJ 154, l. 388.

[75] Roi vs Dowel, AN, X 2a 22, fol. 4 r•-4 v•.

[76] Vauthier d'Oiselet, que nos documents appellent plutôt Gaucher d'Oiselier, était chevalier, fils d'Étienne V[e] du nom, seigneur d'Oiselet, Clervans et la Villeneuve, et de Marie de Frolois. F.-A. Aubert de la Chesnaye-Desbois, *Dictionnaire de la noblesse...*

[77] Pontallier vs Oiselet, AN, X 2a 14, fol. 252 v•.

[78] Paris vs Clamas, AN, X 2a 14, fol. 106 r•.

L'historiographie contient plusieurs exemples de stratégies matrimonia-les permettant d'acquérir des terres, de cimenter de vieilles alliances ou de créer de nouvelles amitiés, d'asseoir l'influence et le prestige de la famille. Parmi tant d'autres exemples, celui des comtes de Toulouse étudiés par Hélène Débax démontre comment une famille de la haute noblesse tente par ses mariages «d'acquérir des terres nouvelles et d'élargir la zone d'influence de la maison de Toulouse, mais aussi de conclure des alliances. Les comtes de Toulouse, comme tous les grands seigneurs territoriaux, se sont servi de leurs mariages comme d'autant d'arguments politiques».[79]

Le mariage noble représente bel et bien un outil pour les familles no-bles avides de richesse, de pouvoir et d'ascension sociale. Il se conclut d'abord et avant tout pour des raisons profanes, politiques et économiques, car du mariage découle la succession des biens et la perpétuation du nom et de la fortune familiale. Nous n'avons fait ici qu'effleurer ces enjeux que d'autres sources, comme les registres du Parlement civil, les coutumiers ou encore les archives notariées, permettent de mieux explorer.[80] Ces enjeux posent les fondations du modèle matrimonial aristocratique et ne font peu ou pas de place aux motifs personnels, malgré les pressions de l'Église qui préconise un mariage basé sur le choix et le consentement des époux. La persistance de stratégies matrimoniales fondées sur de tels enjeux continue de présenter un obstacle à l'application complète du modèle ecclésiastique. Si l'Église ne semble pas parvenir à imposer son modèle de création du mariage, c'est d'abord et avant tout parce qu'elle n'a pas réussi à écarter les enjeux fondamentaux du mariage aristocratique.

LE CONSENTEMENT DU SEIGNEUR

Les parents ne sont pas les seuls à influencer les alliances matrimoniales. Arrêtons-nous brièvement sur un autre acteur puissant, le seigneur.[81] Nous le voyons s'impliquer dans les négociations matrimoniales et aller jusqu'à marier hommes et femmes. S'il le fait, c'est d'abord pour «distribuer des grâces et (…) répandre des bienfaits autour de lui»[82] comme le rappelle le

---

[79] H. Débax, «Stratégies matrimoniales des comtes de Toulouse (850-1270)», *Annales du Midi*, 100/182 (1988), p. 139.

[80] Dans la perspective où notre but est de confronter le modèle aristocratique du mariage au modèle ecclésiastique du mariage, il est important de faire ressortir la prépondérance de ces enjeux, mais pas nécessaire de développer l'analyse davantage.

[81] L'implication d'un seigneur est notée pour 71 mariages; 9 des 71 seigneurs consentent et 11 s'opposent explicitement à une union.

[82] *Chronique du Religieux de Saint-Denys...*, t. 2, p. 65.

Religieux de Saint-Denys. Mais c'est aussi pour asseoir son pouvoir sur ses sujets. C'est ainsi que le roi tout autant que le seigneur local noue et dé-noue les mariages. Ici, un «gentilhomme de povre maison nommé Gouffier (fut) marié par volenté du roy à la fille d'un noble baron nommé le seigneur de Chaumont sur Loire».[83] Là, le seigneur d'Hemeries obtient la main d'une belle jeune femme, riche héritière d'un changeur de Valencien-nes, pour «ung sien escuier, noble homme, qui longuement l'avoit servy, nommé Jehan de Pourleing».[84]

Les seigneurs ont le droit de se prononcer, de donner ou de refuser leur consentement au moment du mariage. Les quelques cas de nos documents démontrent que le pouvoir seigneurial est encore bien implanté à la fin du Moyen-âge et représente un obstacle de plus à l'intégration du modèle ecclésiastique de mariage. Dans les chroniques, ce sont surtout les princes de la très haute noblesse qui soumettent leur mariage à l'approbation roya-le. Lorsque se planifie le mariage d'Isabelle de Bourbon et du comte Charles de Charolais, les parties «conclurrent de envoyer devers le Roy Charles, pour savoir si en icellui traictié metteroit son consentement, et se ce seroit bien son plaisir».[85] Heureusement, «le Roy eut tout ce qui avoit esté fait en ceste matière bien pour aggreable, et y mist son consentement; dont chas-cun fut moult joieux».[86] C'est aussi «par la voulenté du roy»[87] que se noue le mariage du duc d'Alençon et de Jeanne, fille unique du duc d'Orléans.

Ces consultations, justifiées en cette époque troublée de la guerre de Cent ans, témoignent de l'accroissement du pouvoir royal sur l'aristocratie. Un mariage conclu avec l'ennemi anglais sans consultation royale est même traité comme un crime de lèse-majesté. Comme au comte Jean d'Armagnac qui «sans conseil, ne adveu du roy, traita de sa fille avecques le roy anglès, en grant préjudice des Françoys»,[88] à Waleran, comte de Saint-Paul, on «faisait un crime d'avoir épousé, sans consulter le roi, la sœur de Richard,

---

[83] Georges Chastellain, *Chronique...*, t. 3, p. 294. Chaumont-sur-Loire, dép. Loire-et-Cher, arr. Blois.

[84] Georges Chastellain, *Chronique*, J.-C. Delclos, (édit.), dans *Chronique. Les fragments du livre IV révélés par l'Additional Manuscript 54156 de la British Library*, Genève, 1991, p. 106.

[85] Mathieu d'Escouchy, *Chronique*, G. du Fresne de Beaucourt (édit.), Paris, 1863-1864, t. 2, p. 264.

[86] *Ibid.*, t. 2, p. 264.

[87] *Fragments de la geste des nobles françois ou Chronique de G. Cousinot*, A. Vallet de Viriville (édit.), dans *Chronique de la Pucelle ou Chronique de Cousinot suivie de la Chronique normande de Pierre Cochon relatives aux règnes de Charles VI et de Charles VII*, Paris, 1859, p. 194.

[88] Georges Chastellain, *Chronique...*, t. 2, p. 168.

roi d'Angleterre».[89] Ces mariages qui s'opposent aux intérêts royaux auront de lourdes conséquences pour le comte d'Armagnac comme pour le comte de Saint-Paul.[90]

En raison des lourds enjeux politiques, le roi est en droit de donner son avis sur le mariage de ses grands féodaux. Mais le roi et les grands seigneurs se préoccupent également des mariages de la petite noblesse. À preuve, Jeanne de Long Gué est obligée de demander une lettre de rémission au roi de France pour se faire pardonner son mariage avec un Anglais.[91] Autre exemple, le roi de Sicile a voulu marier Jeanne Boudeau, fille d'un écuyer, à son barbier.[92] Le procureur du roi de Sicile le nie cependant: «a ce que la partie dit que le roy de Secile a voulu marier une de ses filles a son barbier, dit que *nichil est* et ne daigneroit le roy de Secile se mesler de si petiz personnages».[93]

Dans le même procès, le défendeur rapporte que le mariage d'Agnette Boudeau, sœur de Jeanne, n'a pas fait pas le bonheur du seigneur de Nesle: «a este mal content le seigneur de Neelle qui la vouloit marier avec ung sien serviteur, pour ce que la terre de la fille est joignant des siennes».[94] Cet exemple démontre que les seigneurs de moindre importance savent aussi jouer de leur influence. En est-il toujours ainsi? Il est difficile de répondre à cette question, les chroniques ne se préoccupant pas de la petite noblesse et les sources judiciaires abordant peu le droit des seigneurs. Il est toutefois probable qu'au niveau de leur seigneurie, les petits seigneurs comme les grands aient exigé que leurs vassaux les consultent au moment de conclure un mariage.

En s'impliquant dans les pourparlers de mariage, en faisant valoir leur droit d'être consultés, en s'imposant aux familles ou aux époux, certains seigneurs se servent du mariage comme d'un instrument de pouvoir. Le comportement des ducs de Bourgogne est à cet égard très représentatif.[95]

---

[89] *Chronique du Religieux de Saint-Denys...*, t. 1, p. 37.

[90] C'est ainsi que lors du procès intenté par le roi de France au comte d'Armagnac pour trahison, le mariage planifié entre sa fille et l'héritier de la couronne anglaise revient fréquemment sur la sellette comme preuve de son alliance avec l'Angleterre. Convaincu et emprisonné en 1444, le comte d'Armagnac n'est gracié que deux ans plus tard, perdant en l'affaire le comté de Comminges. Waleran, comte de Saint-Pol, a épousé Mathilde de Courtenai, sœur utérine de Richard II; de plus, il a passé un traité avec les Anglais. On l'a donc accusé du crime de lèse-majesté. À la longue, le roi Charles VI lui a pardonné sa faute.

[91] AN, JJ 154, l. 195.

[92] Sicile vs Hamelin, AN, X 2a 35, fol. 164 v•.

[93] *Ibid.*, fol. 169 v•.

[94] *Ibid.*, fol. 164 v•.

[95] L'article de C. A. J. Armstrong, «La politique matrimoniale des ducs de Bour-

Philippe le Bon utilise les mariages de ses sœurs et de ses nièces pour mener une politique matrimoniale avantageuse, comme le confirme C. A. J. Armstrong:

> En effet, il se comportait volontiers en chef de sa dynastie. Il s'occupait effectivement de marier les membres des deux rameaux Bourgogne-Brabant et Bourgogne-Nevers, issus tous les deux de son propre aïeul; mais c'était surtout les enfants de ses sœurs, Marie, duchesse de Clèves et Agnès, duchesse de Bourbon, dont il se servait pour sa diplomatie matrimoniale.[96]

Il se sert également de son influence pour jouer un rôle décisif dans le mariage de Catherine de France et d'Henry V puisque après le meurtre de son père, il manipule Charles VI afin d'atteindre ce but.

Enfin, le duc de Bourgogne échafaude les mariages de ses sujets et serviteurs. Ainsi, il fait avoir «au fiz du seigneur d'Arcy par mariage»[97] la fille unique de Baudoin de Boussut. Il apporte son secours à Philippe de Bourbon qui «estoit en pourchas d'avoir par mariage la fille du seigneur de Dours».[98] Ses démarches échoueront toutefois puisque le roi accordera la main de l'héritière à son propre serviteur, le seigneur de l'Île-Adam, prévôt de Paris. Lorsqu'il n'est pas consulté, Philippe le Bon s'en offusque. À preuve, lorsque le duc de Bedford épouse Jacqueline de Luxembourg, fille aînée du comte de Saint-Paul, le duc Philippe le Bon «n'en fut point bien content dudit conte de Saint-Pol, pour ce que sans son sceu et conseil il avoit ainsy allié sadicte fille».[99]

Bien «qu'une diplomatie matrimoniale ait manqué à Charles le Téméraire»,[100] celui-ci, comme son père, continue à faire du mariage un instrument politique. C. A. J. Armstrong fait bien ressortir à quel point tous les aspects de sa politique matrimoniale sont subordonnés à sa politique militaire:

> les projets de mariage que le duc se proposait pour lui-même et ceux, beaucoup plus nombreux, qu'il tramait pour le mariage de sa fille ont été dictés surtout par la situation militaire. En demandant la main d'une princesse pour lui-même ou en offrant la main de sa

---

gogne de la maison de Valois», *Annales de Bourgogne*, 40/1 (1968), p. 5-58; 40/2 (1968), p. 1-139 étudie en long et en large les tractations matrimoniales des ducs de Bourgogne.

[96] *Ibid.*, p. 15.

[97] Georges Chastellain, *Chronique*, dans *Chronique. Les fragments...*, p. 237.

[98] Georges Chastellain, *Chronique...*, t. 5, p. 97.

[99] Enguerrand de Monstrelet, *Chronique...*, t. 5, p. 55-56.

[100] C. A. J. Armstrong, «La politique matrimoniale...», p. 27.

fille à un prétendant, le duc voulait atteindre un objectif straté-
gique ou consolider une alliance militaire.[101]

Dans cette perspective, son mariage et celui de sa fille Marie lui servent à
manipuler ses contemporains, l'empereur Frédéric, le roi Louis XI, son frère
le duc de Guyenne et de nombreux autres. Les manœuvres entourant le
mariage de sa fille ne constituent qu'une «série de négociations et de fiançailles (...) des démarches diplomatiques calculées pour en tirer le maximum d'avantages passagers».[102] Voilà pourquoi Charles le Téméraire n'a
probablement jamais eu l'intention de marier sa fille de son vivant, comme
le rapporte une interpolation de la *Chronique scandaleuse*:

> Et devez sçavoir que Mons. de Bourgoigne ne vouloit point mettre
> si legierement sa fille hors de ses mains, pour ce qu'il entendoit
> bien que c'estoit le meilleur baston qu'il eust. Et, ung jour que ledit
> duc de Bourgoigne estoit en quelque lieu secret, l'un des princes et
> seigneurs du royaulme luy demanda quant il marieroit sa fille. Le-
> quel duc luy fist response que ce seroit mais qu'il fust rendu corde-
> lier de l'Observance.[103]

Ce phénomène du «seigneur marieur» a piqué la curiosité d'historiens
comme Philippe Contamine qui a étudié les mésalliances imposées à la noblesse par un Louis XI voulant favoriser ses serviteurs.[104] Toutefois, c'est le
cas du roi d'Angleterre qui a surtout attiré les historiens. Dans ses nombreux articles, Sue Sheridan Walker explique les grandes lignes du système
par lequel le roi, pour contrôler le gouvernement de ses terres, organisait
lui-même ou vendait à d'autres seigneurs le mariage des héritiers ou des
veuves. Elle démontre que le contrôle du seigneur n'était toutefois pas total
puisque la veuve ou l'héritier avait la possibilité de racheter son propre
mariage et de choisir librement son conjoint, alors que les familles avaient
recours à l'enlèvement pour tenter de contrôler le mariage de leurs héritiers.[105] Scott L. Waugh s'est également penché sur les avantages et les dé-

---

[101] *Ibid.*, p. 27-28.

[102] *Ibid.*, p. 29.

[103] *Journal de Jean de Roye...*, t. 2, p. 280.

[104] P. Contamine, «Un aspect de la "tyrannie" de Louis XI. Variations sur le
thème du "roi marieur"», dans M. Rouche et J. Heuclin (édit.), *La femme au Moyen-
âge*, Maubeuge, 1990, p. 431-442. Pour sa part, Pierre Petot a tenté de retracer
l'origine de la coutume et conclut qu'elle est issue de la volonté du seigneur de
contrôler l'homme en charge de sa terre: P. Petot, «Le mariage des vassales», *Revue
historique de droit français et étranger*, 56 (1978), p. 29-47.

[105] S. S. Walker, «The Marrying of Feudal Wards in Medieval England», *Studies
in Medieval Culture*, 4/2 (1974), p. 209-224; S. S. Walker, «Feudal Constraint and

savantages du *lordship* en illustrant comment ce système pouvait à la fois présenter une menace et un bienfait pour les familles nobles.[106]

De toute évidence, les «seigneurs marieurs» existent encore à la fin du Moyen-âge. Ils sont actifs lors de la planification des mariages et demandent à être consultés et à donner leur consentement aux unions planifiées. Si leur implication est moins automatique, moins obligatoire que celle des familles, elle témoigne à nouveau de la survie d'un modèle aristocratique de mariage.

*
* *

Quand vient le temps de conclure un mariage, les parents surtout, les seigneurs à un degré moindre, jouent un rôle essentiel. Dans une société où la famille constitue le noyau de base, où les enfants doivent obéissance à leurs parents, où les parents ont un grand pouvoir décisionnel, il paraît tout à fait normal que les parents soient ceux qui décident du mariage, ceux qu'on consulte obligatoirement, malgré le droit canon et les discours des ecclésiastiques qui voudraient laisser le libre choix aux époux.

Cette omniprésence des parents révèle une survie tenace du modèle aristocratique du mariage. Ce ne sont pas les époux et leur consentement qui occupent le premier plan. Ce sont les familles, leur démarche et leurs stratégies matrimoniales. Or les familles ne sont pas dans le camp de l'Église. Les tensions entre l'idéal ecclésiastique et la réalité laïque demeurent tout aussi fortes. Juliette M. Turlan l'exprime fort justement lorsqu'elle écrit que «le consentement des père et mère reste la pièce maîtresse du

---

Free Consent in the Making of Marriages in Medieval England: Widows in the King's Gift», *Historical Paper– Communications historiques*, (1979), p. 97-111; S. S. Walker, «Free Consent and Marriage of Feudal Wards in Medieval England», *Journal of Medieval History*, 8 (1982), p. 123-134; S. S. Walker, «Common Law Juries and Feudal Marriage Customs in Medieval England: The Pleas of Ravishment», *University of Illinois Law Review*, (1984), p. 705-718. S. S. Walker a également écrit un autre article où elle analyse les différents procès entourant le *wardship*: «The Feudal Family and the Common Law Courts: The Pleas Protecting Rights of Wardship and Marriage, c. 1225-1375», *Journal of Medieval History*, 14 (1988), p. 13-31. Elle n'y fait pas une étude du mariage, mais de l'utilité de sa source.

[106] Cet auteur a produit un article et un livre sur le sujet: S. L. waugh, «Marriage, Class, and Royal Lordship in England under Henry III», *Viator*, 16 (1985), p. 181-207 et *The Lordships of England. Royal Wardships and Marriages in English Society and Politics, 1217-1327*, Princeton, 1988. Voir aussi C. Clark, «La réalité du mariage aristocratique au XIIᵉ siècle: Quelques documents anglais et anglo-normands», dans D. Buschinger et A. Crépin (édit.), *Amour, mariage et transgresssions au Moyen-âge*, Göppingen, 1984, p. 17-24. Elle y démontre comment les mariages, en particulier ceux des veuves et des orphelins, étaient souvent orchestrés par le roi qui joue le rôle d'un père.

système: c'est pourquoi, malgré tout son désir d'en rester au pur consensualisme, l'Église est bien obligée de recommander aux enfants de solliciter le consentement de leurs père et mère. (...) Sur ce point, les tensions entre le droit canonique et la pratique coutumière restent irréductibles».[107]

Tout au long du processus matrimonial, les familles resteront les grandes défenderesses de la tradition laïque. Comme lors des pourparlers et des démarches préliminaires, elles seront toujours présentes, prêtes à intervenir, à exprimer leur opinion, à s'assurer que le processus matrimonial se déroule selon leurs intérêts et selon les traditions aristocratiques.

---

[107] J. M. Turlan, «Recherches...», p. 502.

4
Les fiançailles

C'est avec les fiançailles que l'Église s'introduit enfin dans le processus matrimonial. Célébrées à l'issu des pourparlers, au moment de la signature du contrat, les fiançailles scellent l'entente négociée par les parents et amis. Accompagnées de célébrations religieuses et profanes, elles viennent, par leur caractère public, annoncer le mariage à venir en engageant les époux et leur famille toute entière. Elles servent également de promesse, de garantie que l'alliance se réalisera. Les fiançailles jouent donc un double rôle qui leur confère une place centrale au sein du processus matrimonial de la fin du Moyen Âge.

En s'impliquant dans les fiançailles, l'Église est venue s'insérer dans un rite issu de la tradition laïque.[1] En effet, les fiançailles ont une longue histoire ancrée dans les deux cultures fondatrices de l'Europe médiévale. Au point de départ, les fiançailles étaient une création romaine. Dans le droit romain classique, elles précédaient normalement le mariage, parfois de plusieurs années. Conclues le plus souvent pour de jeunes enfants par le père ou celui qui avait la puissance paternelle sur eux, ces *sponsalia* s'accompagnaient de cérémonies familiales, sociales et religieuses. Sans grande conséquence juridique, elles pouvaient être rompues.[2] Dans le droit romain tardif, leur bris devint plus difficile car l'Église voulait assurer leur solidité et ne tolérait plus leur rupture que pour un motif sérieux. Les fiançailles s'accompagnaient de la remise d'un anneau, de cadeaux et, depuis le IVe siècle, d'arrhes de fiançailles qui confirmaient la promesse et servaient de gage de mariage.[3]

Pour sa part, le monde germanique ne connaissait pas vraiment les fiançailles. Le terme *desponsatio*, proche de *sponsalia*, en usage du VIe au XIIe siècle, était principalement utilisé pour décrire la première des deux

---

[1] M. M. Sheehan retrace quelque peu cette intégration des fiançailles dans le rituel ecclésiastique en étudiant les statuts diocésains anglais. M. M. Sheehan, «Marriage Theory and Practice in the Conciliar Legislation and Diocesan Statutes of Medieval England», *Mediaeval Studies*, 40 (1978), p. 425-431.

[2] J. Gaudemet, *Le mariage en Occident. Les mœurs et le droit*, Paris, 1987, p. 32-33.

[3] *Ibid.*, p. 57-58.

étapes du mariage germanique.[4] Cette étape était plus qu'une promesse de mariage; elle constituait le premier geste fondateur de l'union matrimoniale. Accompagnée du versement d'une somme d'argent, la *desponsatio* créait un *matrimonium initiatum*. Elle impliquait le consentement au mariage et donnait à l'homme l'autorité sur sa femme.[5] Ce n'est qu'ensuite, parfois après un intervalle très long, que le mariage était complété par la *traditio puellae* et que la femme était remise à son époux, le mariage consommé et la vie commune établie.[6] Durant tout le haut Moyen-âge, ce mariage par étapes continua à dominer la pratique. Jusqu'au XIIe siècle, les canonistes n'utilisaient même pas l'expression *sponsalia*. Ils se référaient plutôt au terme équivoque de *desponsatio*, sans que l'on sache s'ils la considéraient comme la promesse d'un mariage futur ou la conclusion d'un accord matrimonial.[7]

C'est au XIIe siècle que, dans leur élaboration de la doctrine matrimoniale, les théologiens français renouèrent avec les *sponsalia* à la romaine. Ces simples promesses de mariage, baptisées *verbo de futuro* par Pierre Lombard, ne créaient plus de *matrimonium iniatum*; elles ne représentaient que l'annonce d'un mariage. En incorporant ces fiançailles au rituel ecclésiastique, les théologiens français ne sanctionnaient donc plus le mariage par étapes. Ils considéraient plutôt qu'une union se nouait par le seul échange des *verba de presenti* au moment des épousailles. D'abord rejetée par les théologiens italiens, leur conception des fiançailles finit par s'imposer au XIIIe siècle.[8]

À la fin du Moyen-âge, les fiançailles, simple engagement vers la voie du mariage, ne sont désormais plus obligatoires du point de vue juridique. Théorie et réalité divergent toutefois. Les fiançailles conservent en effet une place centrale dans le processus matrimonial puisqu'elles représentent l'aboutissement de négociations qui peuvent avoir duré des mois, voire des années, et qu'elles préparent le terrain pour les épousailles et l'établissement de la vie commune. Partie intégrante du processus matrimonial,[9] ces fiançailles s'accompagnent de rites ecclésiastiques qui viennent assurer

[4] *Ibid.*, p. 61.

[5] *Ibid.*, p. 97.

[6] *Ibid.*, p. 103-105.

[7] *Ibid.*, p. 166.

[8] *Ibid.*, p. 167-168.

[9] Nous en trouvons 97 mentions, dans 48 extraits de chroniques, 23 lettres de rémission et 26 procès. Dans les cas normatifs des chroniques, elles sont le plus souvent signalées au passage, par exemple lorsqu'il est question d'un couple fiancé ou de la signature d'un traité, ce qui prouve leur normalité. Pour leur part, les lettres de rémission et les procès mentionnent presque toujours les fiançailles lorsqu'il est question de la planification ou de la formation d'un mariage.

leur publicité et consacrer le caractère sacré et exécutoire que leur réserve la tradition laïque.

LES RITES DES FIANÇAILLES

Lorsqu'au XIIe siècle l'Église intègre la tradition romaine des fiançailles à sa doctrine du mariage, elle la dote de rites religieux. Comme le rapporte Jean Gaudemet, l'Église préfère que les fiançailles soient marquées du sceau ecclésiastique: «les fiançailles sont parfois conclues de façon solennelle (*affidiationes*): fiançailles conclues à l'église et accompagnées d'une bénédiction. L'Église conseille ces formes, qui donnent plus de poids à l'engagement en le mettant sous la protection divine».[10] Dans nos documents, les témoignages les plus éloquents décrivent de telles fiançailles ecclésiastiques, célébrées à l'église en présence d'un prêtre, comme celles d'Isabeau Morne et de Philippot Baudet qui furent «fianciez en face de saincte eglise bien et solennelement et par main de prestre».[11] Ces formules, fréquentes dans les sources judiciaires soucieuses de prouver la validité d'un mariage, font des fiançailles une formalité ecclésiastique et attestent du lien qui les unit à la religion.

Malheureusement, ces formules stéréotypées renseignent peu sur le déroulement même des fiançailles. Impossible de savoir si la formule «en face de Sainte Église» vise à désigner le lieu de célébration ou, plus globalement, le respect des normes de l'Église. Deux extraits de chroniques attestent toutefois du déroulement des fiançailles dans un lieu ecclésiastique. C'est ainsi que, selon le Religieux de Saint-Denis, Richard II et Isabelle de France se fiancèrent d'abord à la Sainte-Chapelle à Paris, puis renouvelèrent leurs promesses à l'église Saint-Nicolas de Calais.[12] De même, selon Pierre de Fénin, Henry V fiança Catherine de France au «grant moustier de Troies».[13]

Dans nos documents, il est plus fréquent de retrouver la mention d'un prêtre que celle d'une église. Les chroniqueurs mettent en scène des personnages officiant les fiançailles, comme le patriarche d'Alexandrie,[14] l'évê-

---

[10] J. Gaudemet, *Le mariage...*, p. 169.

[11] Morne vs Maleret, AN, X 2a 14, fol. 224 r•.

[12] *Chronique du Religieux de Saint-Denys contenant le règne de Charles VI de 1380 à 1422*, M. L. Bellaguet (édit. et trad.), Paris, 1994, t. 2, p. 413 et p. 471.

[13] Pierre de Fénin, *Mémoires* (1407-1422), Mlle Dupont (édit.), Paris, 1837, p. 135-136.

[14] Jean Froissart, *Chroniques*, M. le baron Kervyn de Lettenhove (édit.), dans *Œuvres de Froissart*, Osnabrück, 1967, t. 10, p. 316.

que de Salisbury[15] ou l'archevêque de Reims,[16] lorsque ces personnages contribuent au faste et au prestige de l'événement. De telles mentions permettent de supposer que cette présence ecclésiastique constitue la norme lorsque se fiance la haute noblesse. Tel semble également être le cas de la petite et moyenne noblesse comme en fait foi le cas de Perrinet Le Mason et d'Alice de Courtignon qui se retrouvent dépourvus lorsque le curé de leur village refuse de les fiancer:

> le dit Perrinet et icelle Alips se efforcerent de avoir et fiancier l'un l'autre par mariage en la main du curé dudit Anthenay,[17] disans que au vivant dudit pere, ils avoient eu entre eulx deux ensemble convenances de mariage. A quoy le dit curé ne les volt recevoir.[18]

De même, Jeanne de Cassel et Robinet de Wastepaste, trouvant nécessaire de faire renouveler leurs fiançailles clandestines par un prêtre, «s'en alerent au curé de sainte Katherine,[19] lequel informé que estoient fiancez par paroles de futur, les fianca par paroles de present».[20] Cette formulation fautive, car il s'agit bien de fiançailles et non du mariage qui s'accomplira ensuite à Liège, suggère même que la participation du prêtre contribue à rendre plus concrètes les promesses de mariage.

Si les parties des plaidoiries s'entendent sur la nécessité de faire célébrer les fiançailles par un prêtre,[21] les demandeurs cherchent souvent à dénigrer et à discréditer le curé afin d'ôter toute valeur aux promesses échangées. Ce faisant, ils nous renseignent sur les fiançailles idéales. La cause opposant la mère d'Isabeau Morne à son ravisseur, Renaud le Fauconnier, et à son complice, Jean de Maleret, permet même d'établir une gradation parmi les officiants des fiançailles. Alors que le défendeur affirme avoir fait appel à un prêtre, la demanderesse répond:

> ilz lui parlerent qu'elle fiancast Regnaut mais tousiours le refusoit. Le landemain, jour de jeudi, disdrent a la fille: or ca il fault fere les nopces. Et la fut un hospitalier auquel fut dit qu'il faloit qu'il fiancast Regnaut et Ysabel. Si demanda a Ysabel s'elle vouloit Re-

---

[15] Olivier de La Marche, *Mémoires*, H. Beaune et J. d'Arbaumont (édit.), Paris, 1883-1888, t. 3, p. 105.

[16] Jean Le Fèvre, seigneur de Saint-Rémy, *Chronique*, F. Morand (édit.), Paris, 1876 et 1881, t. 2, p. 91.

[17] Anthenay, dép. Marne, arr. Reims, c. Châtillon-sur-Marne.

[18] AN, JJ 116, l. 37.

[19] Il s'agit de l'église de Sainte-Catherine de Lille.

[20] Cassel vs Wastepaste, AN, X 2a 24, fol. 102 v•.

[21] Par exemple, les défendeurs affirment: «le prestre les fianca». Cathus vs Lestang, AN, X 2a 17, fol. 55 r•.

gnaut et, pour ce qu'elle respondi que non, ne s'en voult entremettre et dist que ceulx qui s'en entremettoient estoient escommeniez. Si fut mande un religieux de Citeaux qui dist qu'il n'estoit prestre. Et Maleret, ce veant, prist la main de Regnaut et la main de Ysabeau et frappa de l'une a l'autre, et dit qu'il les tenoit pour fianciez.[22]

À défaut de s'adresser au curé de la paroisse, les fiancés peuvent se tourner vers un Hospitalier, un Cordelier ou un Augustin. En dernier recours, ils peuvent se résigner à faire appel à un moine et pire, à un laïc. En cherchant par tous les moyens à contester la validité des fiançailles, les demandeurs nous apprennent que s'il est possible de conclure des fiançailles sans église et sans prêtre, ces pratiques sont condamnables.

Dans ces quelques exemples, les nobles apparaissent soucieux d'adopter les rites de l'Église. Est-ce toujours le cas? Des rites liturgiques accompagnent-ils toujours les fiançailles? Même l'Église ne les exige pas. Dans le droit canon, aucune forme n'est imposée aux fiançailles.[23] C'est ce que confirment Jean-Baptiste Molin et Protais Mutembe: «Si (...) les fiançailles sont obligatoires avant le mariage, elles n'ont pas lieu nécessairement à l'église, ni même en présence du prêtre; la seule chose requise étant toujours le caractère public de la promesse faite».[24] Dans les registres des officialités champenoises étudiés par Beatrice Gottlieb, les fiançailles formelles, célébrées par un prêtre à l'église et confirmées par une cérémonie religieuse, ne constituent que l'un de deux types de fiançailles. Le second, de nature informelle, implique les deux jeunes gens et leurs témoins. Ces fiançailles se scellent par l'échange de paroles, de cadeaux, d'un repas, de baisers ou d'une poignée de mains.[25]

S'il ne fait aucun doute que la noblesse ait dû parfois adopter ce type de fiançailles privées, sans intervention ecclésiastique, il demeure difficile d'en évaluer l'importance. Nos documents gardent trop souvent le silence sur les rites matrimoniaux sans que cela signifie que les fiançailles aient été

[22] Morne vs Maleret, AN, X 2a 14, fol. 224 v•.

[23] J. Gaudemet, *Le mariage...*, p. 169.

[24] J.-B. Molin et P. Mutembe, *Le rituel du mariage en France du XIIᵉ au XVIᵉ siècle*, Paris, 1974, p. 52. J. Dauvillier rapporte d'ailleurs que si l'Église a tendance à encourager la solennisation des fiançailles, les législations locales ont rarement exigé leur célébration *in facie ecclesiae*. J. Dauvillier, *Le mariage dans le droit classique de l'Église depuis le décret de Gratien (1140) jusqu'à la mort de Clément V (1314)*, Paris, 1933, p. 135.

[25] B. Gottlieb, *Getting Married in Pre-Reformation Europe: The Doctrine of Clandestine Marriage and Court Cases in Fifteenth-century Champagne*, Thèse de doctorat, 1974, p. 321.

exemptes de tout rituel. Ce silence peut même paraître significatif: nos sources ne jugent-elles pas inutile de s'étendre sur un détail aussi banal? À preuve, elles rompent le silence pour commenter des fiançailles hors normes, fiançailles exemptes de rites dans les sources judiciaires, fiançailles aux rites prestigieux dans les chroniques. Autant de témoignages qui attestent que la norme est bel et bien l'inclusion de rites ecclésiastiques dans la célébration des fiançailles de la noblesse française.

L'importance des rites dans la publicité du mariage est telle que la noblesse a adopté sans difficulté les nouveaux rites solennels ecclésiastiques. Ce sceau officiel vient tout bonnement donner plus de poids et de visibilité aux fiançailles. Noblesse et Église s'entendent pour reconnaître la nécessité de souligner les fiançailles par des rites religieux.

LE CARACTÈRE SACRÉ DES FIANÇAILLES

C'est davantage au chapitre de la signification des fiançailles que la noblesse et l'Église ne s'accordent pas. Dans le droit canon, les fiançailles ne sont guère qu'une annonce de mariage alors que dans le modèle aristocratique, elles représentent une étape importante dans la conclusion du mariage, une étape fondatrice inaugurant le processus matrimonial et menant directement aux épousailles.

Socialement, les fiançailles constituent un serment. Leur respect lie l'honneur des fiancés et de leur famille, tout comme leur violation y porte atteinte. C'est la raison pour laquelle Guillaume de Piquange s'en prend à la fiancée de Philippe de Valles: «<u>pour</u> <u>vilener</u> <u>ledit</u> <u>exposant</u>, eust, de fait et d'aguet appensé, prins et ravi la dicte fiancee dudit exposant et icelle emmenee sur un cheval et la congnueue charnelment par force et violence et contre son gré et voulenté».[26] De même, la puissance du serment est telle que les fiançailles sont souvent considérées comme un empêchement à un autre mariage, comme une union quasi-indissoluble. Ainsi, Bernard de Castelbajac affirme qu'il «n'eust espousé la fille Terride se il eust sceu que il eust fiancé au filz du seigneur d'Anding».[27]

En honorant les fiançailles, les parties respectent les valeurs d'une société qui s'oppose à la révocation d'un contrat. Même l'Église semble reconnaître aux fiançailles ce rôle exécutoire. Selon Gérard Fransen, celle-ci ne s'autorise pas à dispenser les fiancés de leur serment et les force même

---

[26] AN, JJ 108, l. 6.

[27] Castelbajac vs Terride, AN, X 2a 14, fol. 279 r•. Il s'agit de Bertrand de Terride, sire de Terride et de Gimoez. F.-A. Aubert de la Chesnaye-Desbois, *Dictionnaire de la noblesse*, Paris, 1770-1786.

à respecter leur engagement.[28] Anne Lefebvre-Teillard le fait bien ressortir dans son analyse des procès devant les officialités: «C'est au niveau des fiançailles que se conclut socialement l'engagement matrimonial. Étant donné le rôle que joue, dans les relations sociales médiévales, le respect de la parole donnée, aucune personne de bonne foi ne saurait revenir, sans motif grave, sur la parole donnée. Ce principe peut à lui seul expliquer la force des fiançailles».[29]

C'est surtout lorsqu'une union tarde à se compléter que le serment des fiançailles prend toute son importance. Il contraint les parties à tenir leur promesse, malgré les mois ou les années qui peuvent s'écouler entre les fiançailles et les épousailles. Diverses raisons peuvent expliquer ce retard. Il peut s'agir de fiançailles par procuration avec un étranger, avec le roi d'Angleterre par exemple,[30] alors que le mariage ne sera complété qu'à la suite d'un long voyage. Le processus du mariage peut également être suspendu dans l'attente d'une dispense papale[31] ou d'un accord royal.[32]

La cause de retard la plus fréquente est liée au trop jeune âge des fiancés qui ne peuvent contracter légalement un mariage, comme c'est le cas de «monseigneur Charles, comte de Ponthieu, (qui) fut fiancé à la fille du roi de Sicile, sa cousine, qui n'était encore qu'un enfant».[33] En effet, si l'Église tolère la célébration des fiançailles dès l'âge de sept ans, elle n'autorise la conclusion du mariage qu'à la puberté, fixée à douze ans pour les filles et à quatorze ans pour les garçons.[34] Plusieurs années peuvent donc s'écouler entre les deux étapes, d'autant plus qu'il est parfois difficile pour les parents, surtout ceux de la haute aristocratie, d'attendre l'âge de la puberté pour conclure une alliance profitable. Les futurs époux doivent patienter, comme le font les enfants du duc de Bretagne promis à la fille du roi de France et au fils de Jean de Bretagne: «Les mariages concordés et aliés, et les seigneurs jurés et obligiés pour procéder avant en temps advenir, quant les enffans auroient un peu plus de eage».[35] Il est d'autant plus

---

[28] G. Fransen, «La formation du lien matrimonial au Moyen-âge», dans R. Metz et J. Schlick (édit), *Le lien matrimonial*, Strasbourg, 1970, p. 109.

[29] A. Lefebvre-Teillard, «Règle et réalité dans le droit matrimonial à la fin du Moyen-âge», *Revue de droit canonique*, 30 (1980), p. 44.

[30] Jean Maupoint, *Journal parisien*, G. Fagniez (édit.), Paris, 1878, p. 31.

[31] *Chronique du Religieux de Saint-Denys...*, t. 2, p. 443 et p. 551.

[32] Mathieu d'Escouchy, *Chronique*, G. du Fresne de Beaucourt (édit.), Paris, 1863-1864, t. 2, p. 242.

[33] *Chronique du Religieux de Saint-Denys...*, t. 5, p. 231.

[34] Sur l'âge au mariage, voir J. Dauvillier, *Le mariage...*, p. 137-139. Nous reviendrons sur l'âge au mariage lorsque nous traiterons des empêchements.

[35] Jean Froissart, *Chroniques...*, t. 14, p. 367.

nécessaire de garantir la réalisation future de l'entente matrimoniale par le serment des fiançailles.

Dans l'intervalle, les jeunes fiancés sont parfois élevés ensemble. C'est le cas de Philippe de Croy et de Jacqueline de Luxembourg, fille du comte de Saint-Paul[36] ou celui de Catherine de Bourgogne et de Louis d'Anjou, fils du roi de Sicile: «Comme les deux fiancés étaient encore enfants, il fut réglé et convenu entre leurs pères qu'ils seraient élevés ensemble jusqu'à ce qu'ils eussent atteint l'âge de puberté».[37] Les parents prennent cependant un risque considérable en fiançant leurs enfants impubères car l'union peut être rompue avant que la consommation ne vienne ratifier et souder le lien matrimonial. Ainsi, Catherine de Bourgogne sera répudiée après trois ans de vie commune. C'est sans doute pour renforcer le lien des fiançailles et s'assurer de la conclusion du mariage que le duc de Bourgogne avait accepté qu'elle soit élevée avec son futur époux. Ce fut peine perdue.

À plusieurs reprises, nos documents font apparaître des promesses qui ne seront jamais respectées, le processus de mariage ayant été interrompu à cause du désaccord des parents,[38] de la séquestration de la fille[39] ou d'un revers dans le contexte politique ou le statut familial. C'est ainsi qu'Isabelle de France, d'abord fiancée au fils de Jean de Bretagne, est par la suite mariée à Richard II d'Angleterre, un parti plus prestigieux.[40] De même, les fiançailles du fils de Jean Coustain et de la fille du seigneur de Boussu, un baron de Hainaut, sont rompues lorsque les enfants arrivent en âge de consommer le mariage car Jean Coustain a été exécuté et l'alliance ne sert plus les intérêts du seigneur de Boussu.[41]

Si ces histoires figurent dans les récits des chroniqueurs ou font l'objet de procès au Parlement, c'est parce que la rupture des fiançailles constitue un événement inattendu, voire inacceptable, dans le déroulement du mariage. Parce qu'elles sont sacrées, parce que l'Église n'autorise leur dissolution que pour un motif sérieux, les fiançailles peuvent difficilement être rompues. Un cas de fiançailles criminelles conclues entre un Anglais, Guillebert Dowel, et une jeune Française, Jeannette, cas dont s'est saisi le Parlement de Paris, est explicite. Le principal argument de Dowel porte sur

---

[36] Georges Chastellain, *Chronique*, J.-C. Delclos, (édit.), dans *Chronique. Les fragments du livre IV révélés par l'Additional Manuscript 54156 de la British Library*, Genève, 1991, p. 80-81.

[37] *Chronique du religieux de Saint-Denys...*, t. 4, p. 315.

[38] Par exemple, Merle vs Bertrand, AN, X 2a 24, fol. 194 v•.

[39] Par exemple, Cathus vs Lestang, AN, X 2a 17, fol. 124 v•.

[40] Jean Froissart, *Chroniques...*, t. 16, p. 230.

[41] Georges Chastellain, *Chronique*, M. le baron Kervyn de Lettenhove (édit.), dans *Œuvres*, Genève, 1971, t. 4, p. 268.

l'impossibilité de rompre des fiançailles, même nouées avec l'ennemi, et le procureur du roi parvient difficilement à prouver le contraire.[42]

Le bris des fiançailles est perçu comme un affront par la partie lésée et, comme le souligne Claude Gauvard, est mal toléré dans une société très attachée aux exigences de l'honneur.[43] La rupture, manquement à la parole donnée, devient cause de conflit. Ainsi, le renvoi de Catherine de Bourgogne est à l'origine de la haine tenace du duc de Bourgogne envers la maison d'Anjou et le roi de Sicile.[44] La rupture peut même justifier le recours au meurtre pour venger le fiancé bafoué ou au rapt pour forcer le mariage à se conclure malgré tout.

Bien souvent, la violence éclate avant même la rupture des fiançailles. Qu'une des parties repousse la célébration du mariage ou qu'elle fasse mine de se rétracter suffit à déclencher les hostilités,[45] comme l'illustrent bien deux procès au Parlement. Ils suivent le même scénario: les fiançailles ont été conclues, mais l'un des deux fiancés tarde à compléter le mariage. Dans le premier cas, Jean Rouault doute de sa fiancée Michelette;[46] dans le second, le frère de la fiancée, Clarin de Sons, ne voit plus d'un bon œil le mariage de sa sœur avec Robert de la Honguerie.[47] Il s'ensuit un procès devant l'officialité puis des coups infligés par la partie lésée. Une autre lettre de rémission rapporte même comment Jean de Ponces en vient à tuer le père de sa fiancée, Hugues le Potier, qui s'opposait à leur mariage malgré une sentence positive de l'officialité.[48]

En général, les parties se satisfont du verdict de l'official et n'en viennent pas aux coups. Le recours à l'officialité peut même constituer une tactique pour imposer un mariage, que les fiançailles aient été réellement célébrées ou non. Marguerite de L'Églantier affirme ainsi que son soi-disant fiancé, Pierre de Luilly, a fabriqué fiançailles et témoins afin de l'induire à accepter l'union projetée: «premierement, publia en plusieurs lieux qu'il l'avoit affiancee. Et depuis ce, la fist citer en cas de mariage devant l'official

---

[42] Roi vs Dowel, AN, X 2a 22, fol. 4 r•-4 v•.

[43] C. Gauvard, «De grace especial»: crime, état et société en France à la fin du Moyen-âge, Paris, 1991, p. 579.

[44] Journal d'un bourgeois de Paris (1405-1449), A. Tuetey (édit.), Paris, 1881, p. 48.

[45] Beatrice Gottlieb a relevé, dans les officialités de Troyes et de Châlons-sur-Marne, de nombreux cas de longues fiançailles menant à une rupture. B. Gottlieb, Getting Married..., p. 361.

[46] Pecoul vs Prevost, AN, X 2a 25, fol. 254 v•.

[47] Sons vs Honguerie, AN, X 2a 14, fol. 249 v•. Clarin de Sons affirme au contraire que Robert de la Honguerie, le fiancé de sa sœur, aurait trop tardé à achever le mariage.

[48] AN, JJ 115, l. 112.

d'Amiens ou il produit certains faulx tesmoins».[49] Les registres d'officialité
étudiés par Anne Lefebvre-Teillard portent la trace de ces procès. Les affaires de fiançailles y sont nombreuses puisqu'elles comptent pour 60% des
causes présentées devant l'officialité archidiaconale de Paris entre 1499 et
1503. Elles mettent souvent en scène des individus qui se servent d'un
procès ecclésiastique pour faire aboutir leur mariage aux dépens du fiancé
indécis. A. Lefebvre-Teillard souligne d'ailleurs qu'«aucun ne semble véri-
tablement gêné à l'idée que l'official va pouvoir utiliser la force pour obliger
des fiancés à contracter mariage».[50]

Comme le recours à l'officialité, le rapt peut aussi imposer la conclusion
d'un mariage. Le ravisseur, impatient, exacerbé par l'attente prolongée,
enlève sa fiancée pour l'épouser, même si elle a changé d'avis et rompu sa
promesse. C'est ainsi que lorsque Marguerite Seulette nie avoir fiancé Jean
Gobin, ce dernier commence par obtenir une sentence de l'officialité puis,
ce moyen de pression ne suffisant pas, il ravit la demoiselle.[51]

Ces conflits, meurtres, procès, rapts démontrent bien que les nobles
considèrent les fiançailles comme étant suffisamment sacrées pour risquer
leur vie et leur honneur à les défendre et à les faire respecter. Ce faisant,
ils s'assurent évidemment de conserver leur bon parti. Mais ils se considèrent dans leur droit puisque, une fois le contrat signé et les fiançailles
célébrées, ils s'attendent à ce que les promesses de mariage s'accomplissent.
Ils se conforment ainsi aux valeurs de la société qui rendent obligatoire le
respect d'un serment.

Ce sont toutefois les règles sociales qui font des fiançailles une première étape inviolable du mariage. Si l'Église s'y conforme, par exemple dans
ses jugements d'officialité, en théorie elle ne considère pas les fiançailles
aussi liantes qu'un mariage par *verba de presenti*. Dans la doctrine ecclésiastique, les fiançailles ne fondent pas un mariage et n'entraînent pas nécessairement sa conclusion.[52] Selon la conception de Pierre Lombard,
«même «jurées», c'est-à-dire accompagnées d'un serment (...) les fiançailles
ne créent pas un lien. Elles sont révocables. La rupture entraînera des
sanctions religieuses, mais un autre mariage reste possible».[53]

Bien que la noblesse reconnaisse la valeur sociale de la parole donnée
et bien qu'elle attribue aux fiançailles un pouvoir fondateur dans le processus matrimonial, elle n'ignore pas les règles de la doctrine ecclésiastique
et n'hésite pas à s'en prévaloir lorsqu'elles lui sont profitables. Voilà en

---

[49] L'Églantier vs Auxy, AN, X 2a 12, fol. 163 v•.

[50] A. Lefebvre-Teillard, «Règle...», p. 45-46.

[51] Mes vs Gobin, AN, X 2a 14, fol. 100 r•.

[52] J. Gaudemet, *Le mariage...*, p. 167.

[53] *Ibid.*

partie pourquoi les officialités regorgent de cas de fiançailles. Car les parties se servent tout autant de la cour ecclésiastique pour annuler des promesses de mariage, comme le fait Jeanne de Châtillon qui conteste les allégations de fiançailles de sa fille, Anne de Laval, avec Guion Turpin: «Turpin se vantoit a Paris et ailleurs qu'il avoit fiancee Anne et l'auroit en mariage qui que le voulsist veoir. Et aprés, fut conseillee Jehenne de faire citer Jehenne (sic) devant l'official du Mans».[54] La noblesse sait fort bien exploiter l'ambivalence de la pratique ecclésiastique et particulièrement celle des officialités qui ont recours tantôt au droit canon pour défaire les fiançailles, tantôt aux règles tacites de la société pour les maintenir. C'est également la connaissance du droit matrimonial qui pousse Robert de Braquemont à enlever sa nièce Isabelle Meurdac[55] car il sait bien qu'il est encore temps, après la conclusion des fiançailles mais avant la célébration des épousailles, de prévenir un mariage. Dans ce cas, les fiançailles remplissent leur fonction annonciatrice du mariage et la violence vise non pas à les imposer, mais bien à les défaire.

LE MARIAGE PAR *VERBA DE FUTURO, CARNALI COPULA SUBSECUTA*

Dans la pratique, les fiançailles ont un tel pouvoir fondateur que les chroniqueurs ont parfois de la difficulté à distinguer un couple fiancé d'un autre dûment marié. Dans l'exemple de Catherine de Bourgogne cité ci-dessus, le Bourgeois de Paris écrit que «ledit Loys avoit ung filx, lequel avoit espousé une des filles audit duc de Bourgongne».[56] Les deux enfants ne sont que fiancés mais les chroniqueurs, comme le duc de Bourgogne lui-même, traitent cette alliance comme un mariage accompli et qualifient la rupture de répudiation. La distinction n'est pourtant pas futile puisque légalement, les fiançailles peuvent être rompues et le mariage non.

La survie du mariage par *verba de futuro, carnali copula subsecuta* constitue une preuve supplémentaire du rôle central des fiançailles dans la conclusion du mariage laïque. Certains couples des XIVe et XVe siècles considèrent en effet les fiançailles assez liantes pour les faire suivre immédiatement de relations sexuelles et ainsi consommer le mariage, sans passer par l'étape des épousailles. C'est donc dire qu'ils jugent que les fiançailles suffisent à fonder un mariage et la vie commune.

---

[54] Laval vs Châtillon, AN, X 2a 17, fol. 252 r•. Cet exemple est également discuté dans J. M. Turlan et P. C. Timbal, «Justice laïque et bien matrimonial en France au Moyen-âge», *Revue de droit canonique*, 30/3-4 (1980), p. 359.

[55] Saint-Denis vs Braquemont, AN, X 2a 10, fol. 57 r•.

[56] *Journal d'un bourgeois...*, p. 48.

Même la doctrine de l'Église admet la possibilité d'une telle démarche matrimoniale puisque son droit canon stipule que des relations sexuelles à la suite de fiançailles viennent transformer les promesses de mariage en une union indissoluble. En tentant de concilier les textes entourant la formation du mariage, Gratien avait mis l'accent sur l'importance de la *copula carnalis* qui, conjuguée au consentement des époux, venait créer un *matrimonium ratum*.[57] Sous l'influence des théologiens français du XIIe siècle, la doctrine finit par rejeter officiellement le mariage par étape et la consommation comme acte fondateur du mariage pour ne conserver que l'échange des consentements. L'Église continua toutefois à reconnaître l'importance des fiançailles et de la consommation en reconnaissant les mariages formés *per verba de futuro, carnali copula subsecuta*.

Selon Anne Lefebvre-Teillard, la tradition de Gratien influence trop encore le droit et la pratique à la fin du Moyen-âge pour qu'il soit possible de supprimer ce type de mariage. Par conséquent, l'Église laisse subsister les mariages *per verba de futuro, carnali copula subsecuta* tout en tentant de les justifier juridiquement.[58] L'ancienne coutume germanique, *desponsatio* suivie de *traditio puellae* qui vient consommer l'union et instaurer la vie conjugale, apparaît encore bien vivace. De fait, le registre de l'officialité de Cerisy, étudié par Jean-Luc Dufresne, rapporte pour les XIVe et XVe siècles de nombreux cas de fiançailles suivies de consommation. L'auteur va même jusqu'à affirmer que la *copulatio carnalis* succède traditionnellement aux fiançailles et qu'il s'agit là d'une pratique encore très répandue et attestée au XVe siècle.[59]

Nos documents font état de quelques témoignages prouvant la ténacité de cette tradition. C'est ainsi que se serait formé le mariage de Fremin de Châtillon, dit le Grand Bâtard de Dempré, et de la fille de Robert Rogier puisqu'il «furent fiancez ensemble, d'ilec s'en alerent ensemble, après esjournerent et consummerent le mariage»,[60] sans plus de formalités. Dans un autre procès, Catherine Eschalarde affirme que son union avec son ravisseur Hector des Essars est nulle car celui-ci a déjà contracté un mariage en

---

[57] J. Gaudemet, *Le mariage...*, p. 175-176. Aussi G. Le Bras, «Le mariage dans la théorie et le droit de l'Église du XIe au XIIIe siècle», *Cahiers de civilisation médiévale*, 11, (1968), p. 198.

[58] *Journal d'un bourgeois...*, p. 48.

[59] J.-L. Dufresne, «Les comportements amoureux d'après le registre de l'officialité de Cerisy», *Bulletin philologique et historique du Comité des travaux historiques et scientifiques*, (1976), p. 135. J. Toussaert suggère par ailleurs que les fiancés entament parfois leur vie commune sans procéder au mariage parce que le coût des épousailles est trop élevé. J. Toussaert, «Le sacrement du mariage», dans *Le sentiment religieux en Flandre à la fin du Moyen-âge*, Paris, 1963, p. 235.

[60] Offay vs Châtillon, AN, X 2a 32, fol. 210 r•.

connaissant charnellement une femme à laquelle il était fiancé: «si ne voul-droit le mariage car long temps par avant, Hector avoit fiancé une damoi-selle nommé Margarite et aprés les fiancailles, eu sa compaignie charnelle et enfans, par quoy le mariage d'entre eulx deux *ipso facto* fut consommé[61] et encoures vu ladicte Margarite[62]».[63] Ces deux cas suggèrent qu'au XVe siècle encore, les fiançailles peuvent entraîner la consommation du mariage sans que l'on juge nécessaire de passer par les épousailles.[64] Certains nobles considèrent toujours les fiançailles comme un *matrimonium initiatum* que viennent ratifier des relations sexuelles, dans la meilleure tradition du ma-riage germanique par étapes.

L'analyse du caractère sacré des fiançailles comme celle du mariage par *verba de futuro, carnali copula subsecuta* démontre bien que la conception laïque des fiançailles domine à la fin du Moyen Âge. Non seulement les fiançailles inaugurent-elles le mariage mais elles peuvent également le fon-der. Et malgré sa doctrine qui voudrait accorder aux fiançailles une place accessoire dans la création du mariage, l'Église finit par sanctionner l'im-portance des fiançailles dans sa pratique.

*

* *

Les fiançailles marquent un temps fort dans la formation du mariage, une étape sacrée qui annonce un mariage et enclenche sa conclusion. Église et tradition noble reconnaissent toutes deux leur importance. C'est d'ailleurs la seule occasion où l'Église s'implique dans les préliminaires du mariage, venant ainsi apposer un sceau officiel aux tractations et aux accords matri-moniaux des familles. L'implication religieuse semble bien réalisée sur le plan du rituel liturgique, rituel que la noblesse a adopté car il vient valider les fiançailles et contribuer au prestige et à la visibilité de leur célébration.

En revanche, la théorie de l'Église et la tradition laïque ne s'accordent pas sur la signification des fiançailles. Pour l'Église, en théorie du moins, elles annoncent le mariage à venir, ne créent aucune obligation et n'en-traînent pas automatiquement une union indissoluble. Pour la noblesse, au contraire, les fiançailles représentent la première étape fondatrice du ma-riage. Prenant la forme d'un serment, elles viennent ratifier et confirmer les promesses de mariage consignées dans le traité. Avec elles, le mariage est

---

[61] MS: consemme.

[62] MS: Maragarite.

[63] Eschalard vs Aubigni, AN, X 2a 18, fol. 244 v•.

[64] Il pourrait s'agir d'une tradition visant à vérifier la fécondité de la femme avant la célébration officielle de l'union. Beatrice Gottlieb aborde la question dans son livre: B. Gottlieb, *The Family in the Western World from the Black Death to the Industrial Age*, New York/Oxford, 1993, p. 62-64.

déjà conclu et ne peut être que difficilement révoqué. Il est clair que le caractère inviolable des fiançailles et la difficulté de les rompre relèvent davantage de la survie du mariage germanique par étapes, de l'importance de la *desponsatio* et de la parole donnée au moment des pourparlers, que du caractère religieux des fiançailles. Il en résulte des fiançailles en apparence ecclésiastiques, bien intégrées au processus matrimonial noble, qui continuent à remplir leur rôle d'antan, celui de jurer que l'alliance conclue se réalisera et d'enclencher irrémédiablement le processus matrimonial.

5
Les empêchements au mariage

Les fiançailles représentent un temps d'arrêt dans le processus matrimonial. Dans la tradition noble, elles marquent la fin des pourparlers et le début de la célébration du mariage. Dans la doctrine ecclésiastique, elles permettent d'annoncer l'union afin d'assurer qu'aucun empêchement ne vienne ultérieurement l'invalider.

La doctrine de l'Église limite fortement le choix d'un partenaire. Impossible d'épouser un cousin, un religieux ou un païen. Le choix doit s'établir en accord avec une longue liste d'empêchements qui peuvent entraver la création d'un mariage ou l'annuler s'il a déjà été noué. Au nombre de ceux-ci, on retrouve l'inceste, c'est-à-dire un lien de parenté, d'affinité ou de parenté spirituelle entre les époux, la non consommation du mariage après trois ans de vie commune et des preuves d'incapacité ou d'incompatibilité sexuelle, l'erreur sur la personne, dans le cas par exemple d'une personne libre épousant un serf par ignorance, l'existence d'un premier mariage non dissout pour l'un des deux conjoints, un consentement invalide parce qu'obtenu par fraude ou par force, le défaut d'âge lorsque l'un des conjoints n'a pas atteint la puberté, l'appartenance à un ordre religieux et la différence de religion.[1]

Il arrive que ces empêchements fassent l'objet de dispenses et que le mariage se forme malgré leur existence. Dans le droit canon, la dispense est définie comme «une exception au droit légitime»,[2] une grâce consentie par le Saint-Siège.[3] Accordée avant ou après la conclusion du mariage, elle s'applique à l'impuberté, au mariage mixte, au vœu solennel, à l'ordre sacré, à la clandestinité, au rapt, à la consanguinité, à la parenté spirituelle, à l'adoption, à l'affinité, à l'honnêteté publique et au crime. Bref, «tout em-

---

[1] Sur les différents empêchements et autres causes de nullité, voir J. Gaudemet, *Le mariage en Occident. Les mœurs et le droit*, Paris, 1987, p. 184-185, 197-215. Voir aussi l'ouvrage très complet de J. Dauvillier, *Le mariage dans le droit classique de l'Église depuis le décret de Gratien (1140) jusqu'à la mort de Clément V (1314)*, Paris, 1933, p. 137-278.

[2] C. Lefebvre, «Les exceptions à la norme dans le domaine du droit matrimonial canonique», *Revue de droit canonique*, 28/1 (1978), p. 34.

[3] Sur la dispense, voir en particulier J. Dauvillier, *Le mariage...*, p. 201-276.

pêchement peut faire l'objet d'une dispense—plus ou moins facilement il est vrai—sauf l'impuissance et certains cas d'impuberté».[4]

En étudiant le respect que portent les nobles de nos sources judiciaires et de nos chroniques à ces empêchements, nous tenterons d'évaluer à quel point cet aspect de la doctrine a été intégré par la noblesse. Quatre types d'empêchements retiendront notre attention: l'inceste sous forme de consanguinité, d'affinité ou de parenté spirituelle, le mariage préalable, l'appartenance à un ordre religieux et l'âge.[5] Ce sont ceux qu'abordent nos documents.

LA PARENTÉ

L'inceste occupe une place prépondérante dans nos documents. L'Église ayant beaucoup insisté sur la nécessité d'éviter les mariages consanguins, cela n'est guère étonnant. Dès le haut Moyen-âge, elle a fait du refus des mariages consanguins une arme dans sa lutte contre l'aristocratie, s'immisçant ainsi lentement dans les stratégies matrimoniales nobles et imposant sa juridiction et son contrôle sur le mariage.[6]

Les limites de l'inceste avaient d'abord été fixées au septième degré selon le comput germanique, mais ces règles s'appliquaient difficilement dans une société à la mémoire généalogique trop courte. Elles ouvraient toute grande la porte aux époux qui désiraient divorcer et qui trouvaient facilement un ancêtre commun leur permettant de déclarer leur mariage incestueux et nul. C'est le Concile de Latran IV en 1215 qui ramena l'inceste au quatrième degré germanique, venant ainsi mettre un terme aux abus. Désormais, un individu ne pouvait pas s'unir aux descendants du grand-père de son grand-père. Cette règle causa toutefois maints problèmes à l'aristocratie car elle contrevenait aux stratégies des familles riches et régnantes qui se mariaient entre cousins pour conserver la fortune dans la famille.[7]

---

[4] *Ibid.*, p. 41.

[5] Les sources judiciaires font référence à l'un des trois premiers types d'empêchements à 11 reprises et les chroniques à 39 reprises; 19 des 48 procès, 22 des 62 lettres de rémission et 54 extraits de chroniques signalent l'âge de l'un ou de l'autre des époux.

[6] En particulier, l'interdiction des mariages consanguins a été à l'origine de beaucoup de conflits entre l'Église et la noblesse. Voir par exemple J. Fleury, *Recherches historiques sur les empêchements de parenté dans le mariage canonique des origines aux fausses décrétales*, Paris, 1933.

[7] P. Stafford analyse les stratégies matrimoniales de cette aristocratie dans son chapitre «The Bride to Be», dans *Queens, Concubines, and Dowagers. The King's Wife in the Early Middle Ages*, Athens, 1983, p. 32-50.

Les luttes entre la papauté et certains rois, Philippe 1ᵉʳ de France par exemple, attestent des conflits que pouvaient soulever les mariages incestueux.

Cet aspect de la doctrine ecclésiastique a fortement piqué la curiosité des historiens qui se sont questionnés sur les raisons d'être d'une politique exogame si outrancière. Dans son ouvrage écrit dans une perspective anthropologique, *L'évolution de la famille et du mariage en Europe*, Jack Goody a tenté de comprendre les motivations de l'Église.[8] Il y écrit que l'Église occidentale a cherché à imposer des pratiques limitant le nombre d'héritiers afin que les biens des hommes décédés sans succession lui reviennent. Comme l'interdiction de l'adoption, du divorce et du remariage, la prohibition de l'endogamie serait l'une de ces pratiques restrictives.

Cette explication de J. Goody a suscité de nombreuses réactions. Pour David Herlihy, il n'est pas réaliste de penser que l'Église du haut Moyen-âge, ni forte, ni centralisée, ait pu avoir une politique aussi organisée.[9] Comme elle avait autant besoin de personnel que de richesses, il n'était pas dans son intérêt de réduire la progéniture de ses ouailles; sa politique s'expliquerait plutôt par un désir de conserver la paix au sein des ménages par le biais de la monogamie et de distribuer les femmes également dans la société par l'exogamie. Pour D. L. D'Avray, cette politique avait pour but de favoriser l'amitié et l'alliance entre les familles et les clans.[10] Enfin, Michael Mitterauer lie la prohibition à des causes religieuses puisque un tabou de l'inceste très fort existe également dans la religion juive. Par contre, dans la religion juive, l'endogamie est également recherchée alors que chez les Chrétiens, un tel impératif n'est jamais venu équilibrer le désir d'exogamie.[11]

L'inceste peut relever de trois types de parenté: la consanguinité créée par la naissance, l'affinité créée par les relations sexuelles et la parenté spirituelle créée par le baptême. La parenté naturelle, qu'elle soit consanguine ou affine (nos documents distinguent mal l'une de l'autre), constitue l'empêchement le plus répandu. Elle ne semble pas troubler les chroniqueurs,

---

[8] J. Goody, *L'évolution de la famille et du mariage en Europe*, Paris, 1985.

[9] D. Herlihy, «Making Sense of Incest: Women and the Marriage Rules of the Early Middle Ages», dans B. S. Bachrach et D. Nicholas (édit.), *Law, Custom, and the Social Fabric in Medieval Europe. Essays in Honor of Bryce Lyon*, Kalamazoo, 1990, p. 1-16.

[10] D. L. D'Avray, «Peter Damian, Consanguinity and Church Property», dans L. Smith et B. Ward (édit.), *Intellectual Life in the Middle Ages. Essays Presented to Margaret Gibson*, London/Rio Grande, 1992, p. 71-80.

[11] M. Mitterauer, «Christianity and Endogamy», *Continuity and Change*, 6/3 (1991), p. 295-333. Voir aussi M. H. Gelting, «Marriage, Peace and the Canonical Incest Prohibitions: Making Sense of an Absurdity», dans M. Korpiola (édit), *Nordic Perspectives on Medieval Canon Law*, Saarijärvi, 1999, p. 93-124.

du moins lorsque le mariage unit des cousins germains ou issus de germains. Preuve de la banalité de l'inceste, certains chroniqueurs oublient fréquemment de mentionner les liens de parenté qui existent entre deux époux. C'est le cas du mariage de Louis, duc d'Orléans, avec Valentine, fille du duc de Milan. Enguerrand de Monstrelet, le Religieux de Saint-Denys et Pierre de Fénin nous apprennent que les mariés sont cousins germains, fait que Jean Froissart et la *Chronique des quatre premiers Valois* n'ont pas jugé utile de rapporter.[12]

Pour Georges Chastellain, la proche parenté entre le duc Jean de Brabant et sa femme, Jacqueline de Bavière, loin de causer problème, peut même contribuer à resserrer les liens entre les deux époux.[13] Pratique ancienne qui existait chez les Romains et chez les peuples germaniques, le mariage consanguin survit toujours à la fin du Moyen-âge, à l'instar des cultures méditerranéennes étudiées par Jack Goody où «le mariage dans la parenté sert à renforcer les liens «de famille». (... Ils) empêchent de plus les héritières de transférer des biens hors de la «famille» et combattent le problème de l'absence de fils».[14]

Contrairement au haut Moyen-âge, cette coutume se perpétue toutefois sous le regard bienveillant de l'Église qui se satisfait de superviser ces mariages incestueux en attribuant des dispenses. Bien que nécessaires, celles-ci sont monnaie courante dans les cas de parenté au deuxième, troisième ou quatrième degré. À la suite de ses recherches dans les registres d'officialité, Anne Lefebvre-Teillard rapporte même qu'«à la fin du Moyen-âge, la dispense du 4e degré particulièrement, est devenue automatique».[15] Nos sources le confirment puisqu'elles témoignent de l'attribution d'une telle dispense à plusieurs reprises. Nul besoin d'ailleurs pour le chroniqueur d'élaborer. Il lui suffit de dire, à l'instar d'Olivier de La Marche, que «furent par dispense les deux germains mariez enssamble».[16] Ces dispenses pour

---

[12] Enguerrand de Monstrelet, *Chronique*, New York, 1966, t. 1, p. 167; *Chronique du Religieux de Saint-Denys contenant le règne de Charles VI de 1380 à 1422*, M. L. Bellaguet (édit. et trad.), Paris, 1994, t. 1, p. 609; Pierre de Fénin, *Mémoires (1407-1422)*, Mlle Dupont (édit.), Paris, 1837, p. 7; Jean Froissart, *Chroniques*, M. le baron Kervyn de Lettenhove (édit.), dans *Œuvres de Froissart*, Osnabrück, 1967, t. 10, p. 374; t. 14, p. 18, 292, 369; t. 15, p. 221, 257, 260; *Chronique des quatre premiers Valois (1327-1393)*, S. Luce (édit.), Paris, 1862, p. 317.

[13] Georges Chastellain, *Chronique*, M. le baron Kervyn de Lettenhove (édit.), dans *Œuvres*, Genève, 1971, t. 1, p. 210.

[14] J. Goody, *L'évolution ...*, p. 56.

[15] A. Lefebvre-Teillard, «Règle et réalité: les nullités de mariage à la fin du Moyen-âge», *Revue de droit canonique*, 32/1 (1982), p. 152.

[16] Olivier de La Marche, *Mémoires*, H. Beaune et J. d'Arbaumont (édit.), Paris, 1883-1888, t. 1, p. 146.

parenté sont à ce point habituelles que le *Livre des trahisons de France* ne juge même pas utile de clarifier la nature des liens de parenté qui existent entre Philippe le Bon et sa nouvelle épouse, Bonne d'Artois, la veuve de son oncle Philippe, comte de Nevers. La chronique se contente de rapporter que «en cel an espousa-il par dispense madame de Nevers».[17]

Il revient au Pape le pouvoir de concéder une «dispensa[cion] de pape»[18] ou «dispensacion apostolique».[19] Idéalement, avant de négocier une alliance matrimoniale, un père ou un époux s'adresse au souverain pontife et lui demande une dispense; cette dispense obtenue, il a en main tous les outils nécessaires à la planification et à la conclusion du mariage. Ainsi, le duc Philippe le Bon qui espérait fortement unir Isabelle de Bourbon à son fils le comte de Charolais «déjà en avoit obtenu secrètement la dispense de nostre Saint-Père pour ce que la fille estoit sa niepce».[20]

Il arrive que le Pape hésite à attribuer une dispense, comme dans le cas de Jean de Bretagne et de Jeanne de France rapporté par le Religieux de Saint-Denys: «mais comme les deux enfants étaient parents au troisième degré du côté de la femme du duc, le Pape Benoît avait jusqu'alors différé d'accorder la dispense».[21] Il finit toutefois par se plier au désir des familles puisque le même chroniqueur revient plus loin sur cette même union et rapporte que «le Pape eut accordé la dispense pour le degré de parenté des deux parties».[22] L'obtention de la dispense ne semble aucunement troubler cet ecclésiastique.

Pareillement, les nobles figurant dans nos procès ont tôt fait de présenter une dispense lorsque fuse l'accusation de consanguinité. Ainsi, aux demandeurs qui affirment «qu'il y a grant lignage et *in gradu prohibito* entre la dicte Jourdaine et messire Regné et ses enfans»,[23] René Jousseaume et son fils Guillaume répondent «pour ce que la mere de la dicte damoiselle avoit nom Josseaume, envoierent a court de Romme et obtindrent dispensacion».[24] Et que dire de la réponse automatique du procureur d'Anne de Laval à l'accusation de consanguinité: «dit que il ne scet s'ilz sont *in gradu*

---

[17] *Le livre des trahisons de France*, M. le baron Kervyn de Lettenhove (édit.), dans *Chroniques relatives à l'histoire de la Belgique sous la domination des Ducs de Bourgogne*, Bruxelles, 1880, p. 171.

[18] Jean Le Fèvre, seigneur de Saint-Rémy, *Chronique*, F. Morand (édit.), Paris, 1876 et 1881, t. 2, p. 90.

[19] Enguerrand de Monstrelet, *Chronique...*, t. 4, p. 209.

[20] Georges Chastellain, *Chronique...*, t. 3, p. 21.

[21] *Chronique du Religieux de Saint-Denys...*, t. 2, p. 443.

[22] *Ibid.*, t. 2, p. 551.

[23] Cathus vs Lestang, AN, X 2a 17, fol. 123 v•.

[24] *Ibid.*, fol. 124 r•.

prohibito, sed quidquid sit en ont dispensacion»?[25] Voilà la preuve que la consanguinité représente un délit mineur qui peut être balayé du revers de la main.

En fait, nos documents ne condamnent la consanguinité des époux que lorsqu'elle atteint un degré tabou. C'est le cas de la tentative du comte Jean d'Armagnac d'épouser sa sœur Isabelle, mère de ses trois enfants. Cette affaire a laissé des traces dans les chroniques de Georges Chastellain et de Mathieu d'Escouchy et dans un procès débattu au Parlement de Paris. Tous ces documents témoignent de l'impossibilité d'une union entre frère et sœur. C'est ainsi que le procureur du roi affirme qu'«Armignac n'est point si ignorant qu'il ne sache bien que ne povoit contracter mariage avec sa seur et scet bien que ce est defendu».[26]

Le comte d'Armagnac est conscient de l'opposition à son projet. C'est pourquoi il se procure une «dispense du souverain pasteur de l'église pour l'avoir en mariage (...) povrement toutesvoyes à son honneur, mais sagement à son salut».[27] Or cette dispense se révèle fausse.[28] Le Pape excommunie le comte, sa sœur et toutes les personnes impliquées dans la rédaction de la fausse dispense car il ne peut tout simplement pas accepter un tel écart de conduite. Comme l'affirme H. A. Kelly dans son analyse du mariage incestueux de Richard III et de sa nièce Elizabeth d'York, les canonistes et théologiens ont maintenu, tout au long du Moyen-âge, que le Pape n'avait pas le pouvoir d'accorder une dispense pour une consanguinité interdite par le Lévitique.[29] Les mariages fraternels étant parmi les premiers cités dans le Lévitique, le Pape ne peut ignorer la loi divine.[30]

La tentative de mariage du comte d'Armagnac se termine en procès au Parlement de Paris et ultimement, «toute ladicte comté d'Erminac, villes, chasteaux et forteresses, dont il avoit XVII places à pont levis, furent touttes mises en l'obeissance dudit Roy Charles, et ledit d'Erminac contraint de soy

---

[25] Laval vs Châtillon, AN, X 2a 17, fol. 255 r•.

[26] Roi vs Armagnac, AN, X 2a 28, fol. 235 v•.

[27] Georges Chastellain, *Chronique...*, t. 2, p. 168.

[28] Mathieu d'Escouchy, *Chronique*, G. du Fresne de Beaucourt (édit.), Paris, 1863-1864, t. 2, p. 291. Le comte d'Armagnac a fait fabriquer des fausses bulles de la main d'un docteur en droit canon, Ambroise de Cambray. Voir Thomas Basin, *Histoire de Louis XI*, S. Samaran (édit. et trad.), Paris, 1963, t. 2, p. 282.

[29] H. A. Kelly, «Canonical Implications of Richard III's Plan to Marry his Niece», *Traditio*, 23 (1967), p. 306.

[30] Voir H. Gilles, «Mariages de princes et dispenses pontificales», dans *Mélanges offerts au Professeur Louis Faletti. Annales de la Faculté de droit et des sciences économiques de Lyon*, 2 (1971), p. 307. L'auteur y étudie les problèmes qui se présentent lorsque Charles VII demande une dispense afin de permettre à son fils Louis d'épouser l'une des sœurs de Marguerite d'Écosse, dont ce dernier est veuf.

en aler rendre en ung aultre petit pays qu'il avoit sur les marches d'Arragon».[31] Même s'il ne fait pas de doute que le roi de France a saisi cette occasion pour écraser un puissant rival, il appert que le comte d'Armagnac a franchi les limites permises.

Aux XIVe et XVe siècles, la consanguinité n'est clairement plus à l'origine de conflits entre l'Église et la noblesse.[32] La doctrine est bien connue, bien appliquée et bien intégrée aux mœurs.[33] Les officialités ne portent presque plus de traces d'affaires en nullité de mariage pour consanguinité ou affinité.[34] Certes, les mariages consanguins existent toujours, mais ils sont facilement dispensés. La noblesse consent à consulter l'Église, en la personne de son représentant le Pape, pour obtenir son approbation. Pour sa part, le Pape octroie généreusement et fréquemment des dispenses. Les deux parties sont ainsi satisfaites. Les nobles continuent à fonder des alliances matrimoniales au sein de leur famille et l'Église conserve son pouvoir, supervisant les mariages tout en se réservant la possibilité de refuser une union. L'Église n'a pas réussi à imposer strictement ses règles entourant la consanguinité, mais elle a su faire respecter son autorité.

Dans la définition de l'Église, l'empêchement d'inceste ne touche pas uniquement les individus liés par le sang et l'alliance. Elle s'applique aussi à ceux que le baptême a uni, les parrains et marraines et leur filleul, bien entendu, mais également les compères et commères et leurs enfants.[35] La parenté spirituelle revêt donc une triple forme soit «*paternitas, compaternitas et fraternitas*».[36]

---

[31] Mathieu d'Escouchy, *Chronique...*, t. 2, p. 296-297.

[32] Selon Constance Bouchard, dès les Xe et XIe siècles, la noblesse évitait les mariages consanguins. C. Bouchard, «Consanguinity and Noble Marriages in the Tenth and Eleventh Centuries», *Speculum*, 56/2 (1981), p. 268-287.

[33]En étudiant une cause de l'officialité de York, Frederik Pedersen arrive à la même conclusion: «they were not only aware of the canon law rules of consanguinity when they married but were also aware of how to challenge them and how to circumvent them». F. Pedersen, «Did the Medieval Laity Know the Canon Law Rules on Marriage? Some Evidence from Fourteenth-century York Cause Papers», *Mediaeval Studies*, 56 (1994), p. 140.

[34] Voir A. Lefebvre-Teillard, «Règle ...».

[35] On qualifie de commère et de compère les parrains et marraines du même enfant, mais aussi les parents naturels et spirituels de l'enfant. De même, l'interdiction frappe un homme dont le père est parrain de la femme qu'il convoite, et vice-versa, c'est-à-dire les frères et sœurs spirituels. Notons que dans le droit de l'Église, l'empêchement de parenté spirituelle s'applique également aux individus liés par la confirmation, mais nos documents n'en traitent aucunement. Voir J. Dauvillier, *Le mariage...*, p. 153-155.

[36] A. Lefebvre-Teillard, «Règle ...», p. 152.

Dans nos documents, l'empêchement pour affinité spirituelle est plus rare que la consanguinité/affinité, mais il apparaît beaucoup plus contraignant. Ainsi, la parenté spirituelle suscite systématiquement la désapprobation, aussi bien des chroniqueurs que du peuple, comme en témoigne Mathieu d'Escouchy:

> Le jœudy IIIe jour d'avril de cest an cinquante quatre, jour de jœudy absolut, en la ville de Bruges, fiancha Jehan, duc de Clèves, Ysabel, fille de Jehan de Bourgoingne, comte d'Estampes (...) dont le pœuple fut moult esmerveillié, pour ce que icellui duc de Clèves avoit tenu sur fons ladicte Ysabel, par quoy estoit son parrain; mais ne savoient pas que icelle alliance se faisoit par la licence de nostre saint Père, qui en avoit baillé ses bulles.[37]

Dans le cas du mariage de Charles d'Orléans et d'Isabelle de France, c'est l'épouse elle-même qui s'émeut de cette parenté, à en croire *Le livre des trahisons de France* qui écrit que le duc d'Orléans «fist tant, par sa haulteur, qu'elle fut mariée à son aisné fils, combien que par pluiseurs fois elle le refusast et en feist grand dangier et contredit, car c'estoit son cousin germain et son fillœul qu'elle avoit levé des sains fons».[38] Le Pape ne semble pas partager cette appréhension puisqu'il accorde une dispense qui s'applique à la fois à la consanguinité et à la parenté spirituelle: «laquelle Ysabel estoit cousine germaine d'icellui Charles, et si l'avoit levée et tenue sur fons, mais ce non obstant par dispensacion apostolique fut ledit mariage parachevé».[39]

Selon Charles Lefebvre, l'Église éprouva à l'origine une certaine répugnance à accorder des dispenses pour parenté spirituelle.[40] Est-ce pour cela que de telles dispenses sont rares dans nos documents? En plaidoirie, la dispense n'est jamais utilisée comme argument. Dans le seul procès où il est fait mention d'un lien spirituel, les défendeurs ne font que le démentir et disent «qu'il n'est riens du comperage».[41] Le silence des sources, les rares cas de dispense pour parenté spirituelle, les fortes réactions des chroniqueurs doivent-ils nous pousser à conclure que l'Église et la société sont plus sourcilleuses face aux mariages de parents spirituels qu'à ceux de parents consanguins ou affins? Devons-nous au contraire lire dans ce silence

---

[37] Mathieu d'Escouchy, *Chronique...*, t. 2, p. 279-280.

[38] *Le livre des trahisons...*, p. 49-50. Notons cependant que le Religieux de Saint-Denys ne s'en offusque pas. *Chronique du religieux de Saint-Denys...*, t. 3, p. 395.

[39] Enguerrand de Monstrelet, *Chronique...*, t. 1, p. 129.

[40] C. Lefebvre, «Les exceptions...», p. 40.

[41] Laval vs Châtillon, AN, X 2a 17, fol. 255 r•.

documentaire un désintérêt de l'Église et de la société pour la parenté spirituelle? Ignorent-elles la parenté spirituelle au point de ne pas rechercher de dispense et de ne pas en arguer en cours?

Il faut probablement distinguer entre les degrés de parenté spirituelle. Pour Anne Lefebvre-Teillard, la parenté spirituelle, sous sa triple forme, a «dépassé la mesure du raisonnable et presque atteint celle du ridicule».[42] Les officialités ne jugent donc pas sévèrement l'inobservance de cet empêchement, surtout lorsqu'il concerne l'union du filleul et de l'enfant d'un individu. A. Lefebvre-Teillard note aussi «le rôle modérateur des dispenses qui, de plus en plus facilement accordées, devaient amener les Pères du Concile de Trente à diminuer considérablement l'importance de cet empêchement en supprimant la notion de *fraternitas* et en réduisant celle de *compaternitas*».[43]

De fait, c'est presque uniquement lorsque se présentent des cas de *paternitas* que les chroniqueurs jugent utile de les noter. Comme dans le cas de la parenté naturelle, il existe donc pour la parenté spirituelle un degré tabou difficilement transgressé. C'est ainsi qu'une union entre un parrain/marraine et son filleul est interdite, au point que la société tolère mal une dispense ecclésiastique pour un tel mariage. Les autres cas de parenté spirituelle plus éloignée, entre commère et compère ou entre leurs enfants, ne semblent pas avoir soulevé de réprobation, ni même d'intérêt.

L'infraction des règles religieuses entourant le choix d'un conjoint apparenté suscite donc des réactions diverses de la part des laïques et des ecclésiastiques. Ce n'est que lorsque le niveau interdit est franchi, comme dans le cas des mariages entre parrains et filleuls ou entre parents au premier degré, que tous répondent avec indignation. Il en va de même pour les mariages bigames.

LA BIGAMIE

Les Évangiles rapportent que Jésus Christ avait souhaité que les mariages soient indissolubles, rompus uniquement par la mort et, dans l'Évangile de Mathieu, par l'adultère.[44] L'indissolubilité ne trouvait pourtant d'équivalent dans aucune des sociétés, hébraïque, romaine ou germanique, dont était issue la culture médiévale. Il importait aux hommes, dans ces sociétés comme dans celle du Moyen-âge, de disposer des femmes comme ils l'entendaient, de renvoyer celles qui ne leur convenaient plus, en raison de leur comportement, de leur stérilité ou de toute autre raison, ne serait-ce que

---

[42] A. Lefebvre-Teillard, «Règle...», p. 152.

[43] *Ibid.*, p. 152.

[44] J. Gaudemet, *Le mariage...*, p. 45-46.

la venue d'une autre femme plus jeune et plus jolie. Par conséquent, l'Église eut longtemps à combattre répudiations, divorces et remariages. Les temps carolingiens et féodaux sont riches en luttes opposant rois et puissants seigneurs au courroux de la papauté qui refusait de reconnaître la seconde épouse choisie après une répudiation. Il suffit de citer en exemple l'empereur Lothaire ou le roi de France Philippe-Auguste.[45]

Lorsqu'en 1422, Jacqueline de Bavière répudie Jean, duc de Brabant, et se remarie avec Humphrey, duc de Gloucester, elle s'inscrit donc dans une longue lignée d'époux nobles bigames. Elle vient aussi démontrer que la bigamie n'est toujours pas chose du passé. Ce remariage est la cause de bigamie la plus discutée par les chroniqueurs, sans doute parce que, comme l'écrit Pierre de Fénin, la «chose sembla mout estrange et mal raisonnable contre Dieu et le monde, et sainte Église»,[46] d'autant plus que Jacqueline de Bavière avait vécu plusieurs années avec le duc de Brabant avant de le quitter. Pour justifier son alliance avec Humphrey de Gloucester, elle argue de sa double parenté par consanguinité au deuxième degré et par *fraternitas* avec son premier époux et feint d'avoir obtenu une dispense du Pape.[47] Le cas est finalement tranché par le Pape Martin V «par lequel fut ordonné et déclairé que le mariage qui estoit fait du duc de Glocestre et de la duchesse Jaqueline de Bavière estoit de nulle valeur».[48] Le Pape ne peut aucunement approuver un tel écart de conduite, d'autant plus que son acteur principal est une femme.

Deux sagas judiciaires exceptionnelles viennent aussi démontrer qu'il existe encore au XV⁰ siècle des individus aveuglés par la passion ou mus par un esprit de calcul qui tentent d'ignorer la règle de l'indissolubilité. Le premier cas concerne Jeanne Jourdaine. Pendant que sa mère, Jeanne Jousseaume, et son beau-père, Hugues Cathus, intentent un procès à son ravisseur Louis Lestang, elle est une seconde fois enlevée et épousée par Guillaume Jousseaume. Louis Lestang devient alors demandeur contre le nouveau ravisseur, arguant de la bigamie de Jeanne Jourdaine.[49] Guillaume Jousseaume et les autres demandeurs contestent plutôt la validité du premier mariage, conclu contre la volonté de la jeune fille. Cas complexe, la bigamie de Jeanne Jourdaine témoigne de l'imbroglio qui peut entourer les

---

[45] À ce sujet, voir les ouvrages de G. Duby, *Le chevalier, la femme et le prêtre. Le mariage dans la France féodale*, Paris, 1981 et *Medieval Marriage. Two Models from Twelfth-Century France*, Baltimore/London, 1978 et celui de J. Gaudemet, *Le mariage...*, p. 246.

[46] Pierre de Fénin, *Mémoires...*, p. 228.

[47] «par dispensation pappale et du vivant d'icellui print à mariaige ung duc de Clocestre». *Le livre des trahisons...*, p. 179.

[48] Enguerrand de Monstrelet, *Chronique...*, t. 4, p. 270.

[49] Cathus vs Lestang, AN, X 2a 17, fol. 54 v•-213 v•.

mariages déviants. Dans le second cas, Antoine de Merle, premier époux d'Antoinette de Cravant, poursuit son ravisseur et second mari, Josseaume Bertrand. Si Merle dénonce la bigamie, Bertrand taxe le premier mariage de nullité en arguant que les époux «estoient ilz *in proximo gradu consanguinitatis*».[50] Les parties jouent donc un empêchement contre l'autre. Comme dans le cas de Jacqueline de Bavière, la consanguinité du premier mariage est un prétexte pour le déclarer nul et valider le deuxième mariage.

Les raisons permettant d'invalider et d'ignorer une première union semblent nombreuses. La découverte d'empêchements en est une, les circonstances clandestines peuvent en être une autre. Dans les registres des officialités étudiés par Anne Lefebvre-Teillard, la bigamie est d'ailleurs la première cause de nullité de mariage.[51] Et le nombre de mariages annulés est même très inférieur au nombre de mariages bigames existant réellement, dissimulés à travers la pratique des mariages clandestins.[52] Cette pratique permet en effet à un individu de se remarier en secret ou de passer sous silence une première union clandestine au moment de convoler en secondes noces. La preuve de ces unions clandestines étant difficile à établir, il suffit au conjoint fautif de nier l'existence d'un mariage conclu dans la clandestinité. Sa partie adverse aura beaucoup de mal à prouver le mariage et à imposer le respect d'une union en théorie indissoluble.[53] Il est par ailleurs possible d'alléguer un mariage clandestin préalable pour taxer une seconde union de bigamie et de nullité. Le mariage clandestin menace donc directement la règle de l'indissolubilité comme le conclut A. Lefebvre-Teillard:

la facilité avec laquelle les fidèles de l'époque médiévale peuvent tenir en échec la règle de l'indissolubilité peut paraître surpre-

---

[50] Merle vs Bertrand, AN, X 2a 24, fol. 195 r•.

[51] A. Lefebvre-Teillard, «Règle...», p. 145-155. Si très peu de mariages sont annulés par les cours ecclésiastiques, ils le sont d'abord pour bigamie causée par un mariage clandestin.

[52] Sur la position de l'Église face aux mariages clandestins, voir J. Gaudemet, *Le mariage...*, p. 232-237. Évidemment, le mariage clandestin peut également servir à imposer un mariage d'amour auquel s'opposent les familles des mariés.

[53] J. Gaudemet, *Le mariage...* p. 181, démontre à quel point la preuve d'un mariage présumé et clandestin est difficile à établir. L'article de M. M. Sheehan, «The Formation and Stability of Marriage in Fourteenth-Century England: Evidence of an Ely Register», *Mediaeval Studies*, 33 (1971), p. 228-263 examine également des procès pour mariage clandestin et leur implication. L'étude des registres des cours épiscopales de Troyes et de Châlons-sur-Marne entreprise par B. Gottlieb démontre enfin la fréquence des mariages clandestins: «The Meaning of Clandestine Marriage», dans R. Wheaton et T. K. Hareven (édit.), *Family and Sexuality in French History*, Philadelphia, 1980, p. 49-83.

nante. Elle s'explique néanmoins assez bien si l'on tient compte (...) d'une mobilité de la population plus importante qu'on ne le croit communément, enfin de l'absence d'un véritable état-civil qui rend la preuve d'un mariage antérieur difficile et donc les fraudes d'autant plus faciles.[54]

La désinvolture avec laquelle Josseaume Bertrand et Guillaume Jousseaume, comme le duc de Gloucester, choisissent d'ignorer le premier mariage de l'épouse démontrerait-elle que le principe de l'indissolubilité est moins bien implanté que ne le voudrait l'Église?

Outre Jacqueline de Bavière, trois autres cas de bigamie apparaissent dans les chroniques. Ils concernent tous des hommes qui, comme le comte de Tonnerre «égaré par une passion criminelle pour une fort belle fille du sire de Ponce, dit Périlleux, illustre chevalier d'Aragon, (...) a porté l'audace jusqu'à l'épouser, bien que sa femme vécût encore».[55] Contrairement au mariage de Jacqueline de Bavière et du duc de Gloucester, ces trois unions ne semblent toutefois pas avoir été rompues. Le Pape a-t-il simplement fermé les yeux? Robert de Veer, duc d'Irlande et comte d'Oxford, qui a répudié la fille du seigneur de Coucy, petite-fille du roi Édouard III, «pour prendre une autre femme, laquelle estoit de Bœsme et des damoiselles de la royne d'Angleterre»,[56] obtient même une dispense du «Pape Urbain VIe qui lors se tenoit à Romme et qui se nommoit Pape».[57] C'est la seule dispense pour bigamie que nous ayons retrouvée et, fait significatif, elle est attribuée par le Pape de l'autre obédience, en ces temps perturbés du Grand Schisme. Aux yeux de Français obéissant au Pape d'Avignon, cette dispense, attribuée «sans nul title de raison, fors à mauvaise et trahiteuse temptation et déception»,[58] n'a pas de valeur.

Le silence ou l'approbation du Pape ne reflète pas la réaction de la société. Ces unions bigames sont souvent la cause de violents conflits entre l'époux et la famille de la première épouse répudiée. Dans le cas du duc d'Irlande, Richard II est le seul à approuver la répudiation et le remariage alors que la propre mère du duc d'Irlande s'en offusque et prend sous son aile sa bru rejetée. Elle n'est pas seule car «toutes bonnes gens parmy Angleterre estoient moult esmervelliés et condempnoient du tout ce duc».[59] Cette réaction s'explique en partie parce que le duc a répudié une femme de sang royal pour épouser une roturière aux mœurs douteuses. Il a également-

---

[54] A. Lefebvre-Teillard, «Règle...», p. 148.

[55] *Chronique du Religieux de Saint-Denys...*, t. 4, p. 473.

[56] Jean Froissart, *Chroniques...*, t. 14, p. 33.

[57] *Ibid.*, t. 12, p. 239.

[58] *Ibid.*, t. 14, p. 33.

[59] *Ibid.*, t. 12, p. 261.

ment transgressé la règle la plus fondamentale, celle de l'indissolubilité. Mais surtout, le bris du mariage insulte l'honneur familial et perturbe les politiques matrimoniales. Par conséquent, les oncles de la femme répudiée, le duc d'York et le duc de Gloucester, sont prêts à partir en guerre contre le coupable. Pour sa part, le beau-père du duc d'Irlande, le sire de Coucy, lui voue une haine éternelle.

Même si elle est beaucoup plus grave d'un point de vue canonique, la répudiation peut être comparée à la rupture des fiançailles. Dans les deux cas, il s'agit d'un bris de serment, d'une injure, d'une incitation à la violence. Mais dans le cas d'un mariage, la rupture est criminelle et impardonnable puisqu'elle va à l'encontre du droit de l'Église et des mentalités. Comme les fiançailles, plus solidement encore, l'existence d'un mariage sert d'argument aux parties pour invalider un second mariage. Prenons le cas de Guiot de Saint-Bonnot, coupable d'avoir ravi et épousé Agnès de Brulart.[60] Quelques huit mois plus tard, la mère de la fille et le comte d'Armagnac la reprennent pour la marier à un des écuyers du comte «non obstant que la dicte fille deist bien tousiours tant au moustier quant on le remarioit comme ailleurs que elle estoit paravant mariee».[61] Ce mariage bigame, plus criminel que le sien, sert de circonstance atténuante à Guiot de Saint-Bonnot dans sa lettre de rémission. Même formé dans des conditions anormales, un mariage est indissoluble.

La société accepte mal la bigamie et les chroniqueurs y réagissent toujours fortement. La bigamie apparaît surprenante, voire inacceptable, heurtant de plein fouet l'un des fondements ecclésiastiques du mariage. Les individus qui tentent de faire fi de la règle de l'indissolubilité semblent constituer des exceptions. Les chroniqueurs se font l'écho de la société qui ne peut manquer de manifester sa surprise, voire son mécontentement, face à une telle désinvolture.

Malgré les transgressions, le principe d'indissolubilité est bien connu de la société noble et même bien intégré. Ceux qui se hasardent à répudier leur premier époux et à se remarier ne passent pas inaperçus. Ils sont réprimandés par les chroniqueurs et attaqués en cours. Et il ne s'agit pas d'une façade. La noblesse a profondément assimilé la règle d'indissolubilité et accepte mal qu'elle soit transgressée. Voilà pourquoi les bigames prennent des moyens détournés, commettent des rapts et des mariages clandestins. Voilà pourquoi Jacqueline de Bavière doit s'enfuir en Angleterre. L'indissolubilité constitue désormais une des bases du mariage, qu'il soit noble ou ecclésiastique.

---

[60] AN, JJ 112, l. 78.
[61] *Ibid.*

Bien que menacée par les mariages clandestins, l'indissolubilité semble avoir été le trait doctrinal le mieux intégré aux coutumes matrimoniales de la fin du Moyen-âge.[62] C'est que, même si elle ne permet pas aux hommes de remplacer leur épouse selon les changements de fortune, d'alliance ou en l'absence d'une progéniture, elle comporte certains avantages. Elle apporte une plus grande stabilité aux mariages et garantit la légitimité de la descendance, si importante à la perpétuation du nom, de la race et du patrimoine.[63] Le nombre de frères de différents lits étant moindre, elle réduit également la fréquence des luttes fratricides. Enfin, les filles sont ainsi casées sans retomber à la charge de la parenté au gré des répudiations; si la femme devient veuve, le douaire assure sa survie et lui évite de devenir un fardeau pour sa famille d'origine. Pour toutes ces raisons, la société de la fin du Moyen-âge semble avoir bien assimilé la notion d'indissolubilité et ce d'autant plus qu'il est possible de faire chambre à part en cas d'incompatibilité, qu'une séparation peut toujours être obtenue et que de nombreuses autres ouvertures sexuelles s'offrent hors du cadre conjugal.

LES VŒUX DE RELIGION

Le procès entourant le rapt d'Antoinette de Cravant cumule les empêchements car il y est non seulement question de bigamie et de consanguinité, mais aussi d'appartenance à un ordre religieux. En effet, les défendeurs accusent Antoine de Merle d'avoir «esté par l'espace de XIII ans prieur»[64] et d'avoir vendu sa charge pour se marier. Or, il est interdit aux ecclésiastiques de contracter un mariage en vertu des deux empêchements de vœu solennel et d'ordre sacré. Le premier s'applique aux hommes et aux femmes qui ont revêtu l'habit monastique et prononcé des vœux. Le deuxième ne concerne que les ordres majeurs. Aux XIVᵉ et XVᵉ siècles, ces empêchements sont relativement nouveaux puisque c'est au moment de la réforme grégorienne que l'Église a intensifié sa campagne contre le nicolaïsme dans le but d'interdire le mariage des prêtres et de restaurer les anciennes lois prônant le célibat.[65]

---

[62] M. M. Sheehan fait également remarquer que le plus grand danger pour la stabilité des mariages ne vient pas des infractions au niveau de la consanguinité, mais de la découverte d'un mariage préalable, souvent conclu clandestinement. M. M. Sheehan, «Formation and Stability...», p. 263.

[63] C. N. L. Brooke l'affirme dans le chapitre «Marriage in Law and Practice» de son ouvrage *The Medieval Idea of Marriage*, Oxford, 1989, p. 119-172.

[64] Merle vs Bertrand, AN, X 2a 24, fol. 195 r•.

[65] Voir entre autres J. Gaudemet, *Le mariage...*, p. 199-200 et J. Dauvillier, *Le mariage...*, p. 162-169.

Les rares exemples de nos documents tendent à prouver que ces principes sont entrés dans les mœurs. Certes, les écarts de conduite existent toujours. Il arrive même que des évêques tentent d'échapper à cette règle, se soumettant toutefois à la désapprobation de leurs ouailles. Ainsi, Jean de Bavière «nonobstant qu'il fust évesque de Liège, il se vouloit marier; mais la plus grant partie de ceux de Liège ne le vouloient souffrir».[66] Il le fait tout de même, en rendant son évêché au Pape et en délaissant l'Église.[67]

Dans deux procès, il ne s'agit pas d'un homme qui a abandonné l'état ecclésiastique mais d'une fille qui en a été extraite. Catherine Rouaude[68] et Jeanne de Bauffremont ont été retirées du couvent où les avaient placées leurs parents, enlevées et mariées. Dans les deux cas, les défendeurs se justifient en affirmant que la fille «fut seulement mise pour aprandre ses heures»[69] ou pour être écartée de la succession paternelle. En tout état de cause, elle n'avait ni donné son consentement, ni prononcé de vœux, ni pris le voile, comme Catherine Rouaude qui «estant in *etate nubili*, fut amonestee d'estre religieuse. Ne s'y voult consentir et dist publiquement a ses parens en la presence de ladicte abbesse qu'elle ne le seroit point».[70] Les défendeurs sont contraints de présenter autant d'arguments, preuve que la soustraction d'une femme du couvent est un geste suspect qui doit être expliqué et justifié. Ils ne proposent cependant jamais de dispense pour appartenance religieuse.

De même, dans les registres des officialités étudiés par Anne Lefebvre-Teillard, le vœu solennel et les ordres majeurs ne sont jamais cause d'annulation.[71] Les défendeurs doivent tout simplement convaincre la cour que la fille «n'a esté receue par la religion, ainsy n'y a sacrilege».[72] Dans les chroniques, les vœux de religion représentent aussi un lien sacré. Lorsque Charles VI veut marier sa fille Marie, religieuse à Poissy,[73] celle-ci fait échouer les plans paternels en rappelant son vœu de religion: «Mon très redouté

---

[66] Pierre de Fénin, *Mémoires...*, p. 8-9.

[67] Enguerrand de Monstrelet, *Chronique...*, t. 3, p. 174; Jean Le Fèvre, seigneur de Saint-Rémy, *Chronique*, F. Morand (édit.), Paris, 1876 et 1881, t. 1, p. 290-291; *Extrait d'une chronique anonyme pour le règne de Charles VI, 1400-1422*, L. Douët-D'arcq (édit.), dans *Chronique d'Enguerrand de Monstrelet*, New York, 1966, t. 6, p. 292.

[68] Il s'agit de Catherine Rouaude, fille de Renaud Rouault, seigneur de la Motte. Il semble que ce mariage ait tenu puisque le *Dictionnaire de la noblesse* la rapporte comme étant mariée à Pierre de la Grue. F.-A. Aubert de la Chesnaye-Desbois, *Dictionnaire de la noblesse*, Paris, 1770-1786.

[69] Chalon vs Bauffremont, AN, X 2a 32, fol. 339 v•.

[70] Bois vs Grue, AN, X 2a 35, fol. 71 r•-71 v•.

[71] A. Lefebvre-Teillard, «Règle...», p. 155.

[72] Chalon vs Bauffremont, AN, X 2a 32, fol. 357 v•.

[73] Poissy, dép. Yvelines, ch.-l. c.

seigneur et père, j'ai accepté l'époux que vous m'avez donné, lorsque je suis entrée dans cette sainte maison; je me suis vouée à lui, et de ma vie je ne le quitterai, si vous ne m'en trouvez un autre meilleur ou plus puissant».[74]

Les religieuses semblent davantage visées par cet empêchement que les membres du clergé. Du moins, c'est de leurs unions dont il est question dans nos documents. Ces projets de mariage sont à mettre en parallèle avec la bigamie. Tous deux interdits par l'Église, tous deux condamnés par la société, ces deux types de mariage constituent une tentative de s'approprier un individu déjà lié par serment. Faut-il y voir une volonté de la société de protéger la femme, qu'elle soit mariée ou religieuse? Certes. Mais ce tabou relève également d'un désir de protéger l'honneur de son époux, humain ou divin. C'est la raison pour laquelle le rapt d'une femme intouchable, religieuse ou mariée, constitue un crime capital comme l'affirme le procureur du roi déclarant que «est defendu n'actempter ne atoucher a une religieuse et qui le fait y a peine capitale».[75] En protégeant ainsi l'honneur des époux et leur union, la société noble accepte d'appliquer entièrement un autre des principes ecclésiastiques.

*
* *

La doctrine des empêchements ecclésiastiques au mariage semble bien connue et bien appliquée par la société en général, et par la noblesse en particulier. Mais les empêchements ne sont pas d'égale importance. Premièrement, il y a l'inceste par consanguinité ou affinité, sauf au premier degré, et la parenté spirituelle aux deuxième et troisième degrés. Si les nobles sont conscients de l'existence de ces empêchements, les chroniqueurs comme les parties des procès les prennent toutefois à la légère. Les nobles ne cherchent pas à les éviter car il leur est facile d'obtenir une dispense papale. En attribuant ces dispenses, l'Église sanctionne la pratique des mariages entre cousins, tout en se donnant une illusion de contrôle.

La consanguinité devient inacceptable lorsqu'elle atteint le niveau tabou du premier degré. C'est le cas du comte Jean d'Armagnac et de sa sœur qui touche aux limites interdites. Cet inceste fraternel appartient à une deuxième catégorie d'empêchements. Avec la *paternitas*, la bigamie et les vœux de religion, il constitue un empêchement très grave qu'il est difficile, voire impossible d'ignorer et d'outrepasser. La dispense est alors inconcevable. Lorsque la papauté s'y plie, comme dans le cas du remariage du duc d'Irlande, c'est la société qui s'en offusque.

---

[74] *Chronique du Religieux de Saint-Denys*..., t. 3, p. 351; Pierre Cochon, *Chronique normande*, dans A. Vallet de Viriville (édit.), *Chronique de la Pucelle ou Chronique de Cousinot suivie de la Chronique normande de Pierre Cochon relatives aux règnes de Charles VI et de Charles VII*, Paris, 1859, p. 374.

[75] Bois vs Grue, AN, X 2a 35, fol. 72 r•.

L'Église n'a plus à combattre pour faire accepter son point de vue sur le choix du conjoint. Elle fait sentir son poids et son autorité. La société s'y soumet et veille désormais à imposer le respect des empêchements les plus sacrés. Au niveau des empêchements, du moins des plus importants, au niveau des règles d'inceste, d'indissolubilité, de monogamie et de respect de la vocation religieuse, la société noble semble avoir fort bien intégré les principes de la doctrine ecclésiastique.

L'ÂGE AU MARIAGE

L'âge au mariage est un dernier empêchement qu'abordent nos documents. Selon la règle ecclésiastique, l'âge minimum au mariage est de douze ans pour les filles et de quatorze ans pour les garçons. Bien qu'ils puissent être fiancés à sept ans, l'Église considère qu'ils ne possèdent pas suffisamment de maturité avant la puberté pour consentir au mariage.

L'âge au mariage, souvent commenté dans nos documents, y apparaît rarement comme une question d'ordre ecclésiastique. Le seul chroniqueur qui lie l'âge au mariage aux prescriptions religieuses est le Religieux de Saint-Denys lorsqu'il signale l'unique dispense pour défaut d'âge que nous ayons trouvée. Cette dispense concerne le mariage de Jeanne de France et Jean, fils du duc de Bretagne.[76] Selon Jean Dauvillier, ces «dispenses de l'*impedimentum aetatis*, afin que des impubères puissent dès maintenant contracter mariage» sont pourtant fréquentes.[77] Comment se fait-il alors que les chroniqueurs ne prennent pas le temps de les signaler dans leurs récits? Pourquoi les parties ne s'en servent-elles pas dans leurs plaidoiries?

Les infractions à la règle ne manquent pas. Il arrive même que les nobles ne résistent pas à la tentation de marier leurs enfants dès le berceau. Dans le cas du mariage entre France et Bretagne, on comprend mieux le recours à une dispense lorsqu'on connaît l'âge de «Jeanne, fille du roi de France, à peine âgée de trois ans, et (de) Jean, fils du duc de Bretagne, âgé de cinq ans».[78] Ce mariage, comme celui que Charles de Melun espérait faire «du filz du conte de Dampmartin, qui n'avoit que deux ans, à la fille dudit de Meleun»[79] va à l'encontre des règles canoniques. Semblablement, l'historiographie nous livre l'exemple de la famille Neville d'Angleterre qui

---

[76] *Chronique du Religieux de Saint-Denys...*, t. 2, p. 551.

[77] J. Dauvillier, *Le mariage...*, p. 141.

[78] *Chronique du Religieux de Saint-Denys...*, t. 2, p. 443. Lorsqu'on parle de mariages d'enfants de deux ou trois ans, il peut s'agir de fiançailles mais les chroniqueurs ne distinguent pas toujours bien entre mariage et fiançailles.

[79] *Journal de Jean de Roye connu sous le nom de Chronique scandaleuse*, B. de Mandrot, (édit.), Paris, 1894 et 1896, t. 2, p. 163.

a noué entre 1412 et 1436 onze mariages dans lesquels sont impliqués treize enfants de moins de seize ans, dont huit n'ont pas atteint l'âge canonique et dont le plus jeune, Richard Neville, n'a que six ans.[80]

Un mariage prépubère semble mieux toléré au niveau de la royauté qu'à celui des écuyers et des chevaliers. On comprend que les intérêts du royaume dépendent souvent de la capacité du roi à se servir de ses enfants, même tout petits, pour souder des alliances politiques. Dans le droit classique de l'Église, en effet, «les mariages impubères (sont) en principe interdits (...) à moins que le bien de la paix ne le demande».[81] Plus bas dans l'échelle sociale, les mariages infantiles sont loin de constituer la norme. L'écuyer Jean Gartet qui désire épouser Jacquette Courau âgée de neuf à dix ans, ne se fait pas d'illusions. Se doutant qu'elle lui sera refusée en raison de son jeune âge, il ne tente même pas sa chance et a recours au rapt.[82] L'âge au mariage dépend donc de plusieurs facteurs dont le premier est le niveau social.

Il existe clairement un âge idéal au mariage[83] comme en témoignent les nombreux cas de filles «en aage competant»[84] ou d'époux «encoires trop jeune».[85] Quel est-il? L'âge idéal et convenable pour le mariage d'une fille noble semble se situer entre douze et vingt ans. Une lettre de rémission met en scène une «fille a marié de l'aage de xii ans»[86] alors qu'une autre traite de deux sœurs qui sont «filles a marier de l'aage de quinze a vint ans ou environ».[87] Au moment des pourparlers de son mariage avec le roi Lancelot de Hongrie et de Bohème, Madeleine de France a dix-huit ans selon Jean Maupoint.[88] Or, tous considèrent qu'elle «estoit dès lors en aage de marier».[89]

---

[80] J. R. Lander, «Marriage and Politics in the Fifteenth Century: The Nevilles and the Wydevilles», *Bulletin of the Institute of Historical Research*, 36/94 (1963), p. 121.

[81] J. Dauvillier, *Le mariage...*, p. 141.

[82] AN, JJ 156, l. 372.

[83] Il ne saurait être question de calculer l'âge moyen au mariage car les âges de tous les époux ne sont pas systématiquement rapportés. L'âge n'est donné que lorsqu'il a une signification particulière et qu'il est utile au récit.

[84] Merle vs Bertrand, AN, X 2a 24, fol. 194 r•.

[85] Jean Froissart, *Chroniques...*, t. 13, p. 282.

[86] AN, JJ 112, l. 78.

[87] AN, JJ 154, l. 388.

[88] Jean Maupoint, *Journal parisien*, G. Fagniez (édit.), Paris, 1878, p. 38.

[89] Mathieu d'Escouchy, *Chronique...*, t. 2, p. 405; Georges Chastellain, *Chronique*, J.-C. Delclos, (édit.), dans *Chronique. Les fragments du livre IV révélés par l'Additional Manuscript 54156 de la British Library*, Genève, 1991, p. 202.

En reconnaissant l'âge de douze ans comme l'âge minimum au mariage, la société respecte certes la doctrine canonique. Mais cet âge est davantage lié à la puberté qu'aux règles ecclésiastiques, comme le note également Claude Gauvard: «dès l'âge nubile, la fille est considérée comme une mariée éventuelle».[90] Ce n'est pas un hasard si l'âge minimum concorde avec la maturité sexuelle. Pour la noblesse, l'âge idéal au mariage est d'abord et avant tout une question de consommation. La consommation vient ratifier l'union et mettre un terme au processus matrimonial. Or, seule la puberté rend possible la consommation. Voilà pourquoi il est important pour les ravisseurs, comme ceux de Marguerite de Chauvirey, d'affirmer «que la fille avoit des lors XII ans accomplis et si estoit *dolicapax* et malicieuse et se besoing estoit *malicia supplet etatem*».[91] Elle est, canoniquement et physiquement, capable d'avoir des relations sexuelles.

En mariant ses filles dès qu'elles sont physiquement capables de relations sexuelles, la noblesse réussit non seulement à conclure au plus tôt des alliances profitables, mais elle réussit également à écarter un double danger: le déshonneur que peut entraîner la convoitise des hommes pour une fille nubile et la possibilité que, dans l'attente du mariage, la jeune fille choisisse elle-même un époux contre les intérêts de sa famille.

C'est bien la nubilité de l'enfant qui importe et non son âge réel, comme l'expriment les ravisseurs de Perrotine des Sarteaulx en déclarant que «lors avoit Perrotine XII ans, au moins XI ans, qui souffist et estoit *dolicapax*»;[92] ils rajoutent même «et assez femme (...) et tient on au pays que les filles sont aagees a XI ans».[93] L'Église reconnaît également l'importance de la maturité sexuelle puisqu'elle «admet que la limite d'âge (...) est seulement une présomption, que les faits peuvent démentir, *malitia supplet aetatem*».[94] Le Pape Alexandre III ira jusqu'à affirmer que la consommation du mariage annule le défaut d'âge et que les couples qui ont échangé leurs consentements et consommé leur mariage avant l'âge canonique sont liés par un mariage valide.[95]

Toutes les filles ne sont évidemment pas mariées à douze ans. John Carmi Parsons, dans son étude des mariages de la haute aristocratie an-

---

[90] C. Gauvard, *«De grace especial»: crime, état et société en France à la fin du Moyen-âge*, Paris, 1991, t. 2, p. 587.

[91] Pontallier vs Oiselet, AN, X 2a 14, fol. 251 v•.

[92] Paris vs Clamas, AN, X 2a 14, fol. 106 v•.

[93] *Ibid.*, fol. 107 r•.

[94] G. Le Bras, «Le mariage dans la théologie et le droit de l'Église du XIᵉ au XIIIᵉ siècle», *Cahiers de civilisation médiévale*, 11 (1968), p. 195.

[95] J. Brundage, *Law, Sex, and Christian Society in Medieval Europe*, Chicago, 1987, p. 335 et 434.

glaise, démontre que si une fille peut être mariée à la puberté, il est fréquent qu'on attende qu'elle ait quinze ans accomplis.[96] Il semble toutefois préférable qu'une fille prenne mari avant d'atteindre la vingtaine. Ainsi nos sources ne font jamais état d'une «fille à marier» de plus de vingt ans. Une fois ce chiffre magique dépassé, ses chances de mariage semblent diminuer ou, du moins, ne représente-t-elle plus un parti idéal. Notons que la même obligation ne s'applique pas aux jeunes hommes. Ce n'est qu'au seuil de la vieillesse qu'ils se voient contraints de fonder une famille comme le comte de Nevers qui «estoit venu jà à hault eage sans femme».[97] Pour l'homme, la nécessité de laisser une descendance beaucoup plus que son âge dicte l'heure de son mariage.

Un homme vert constitue cependant un meilleur parti qu'un vieillard déclinant. Il est clair que la société noble préfère les mariages bien assortis en âge. Jean Froissart décrit cet idéal matrimonial lorsqu'il parle d'Édouard, duc de Guerles, et de la fille du duc Aubert de Bavière qui «etoient euls deux aucques d'un eage, pour quoy le mariage en estoit plus bel».[98] De même, les filles de Perrin d'Aveneres, Marguerite et Agnès, âgées de douze et quatorze ans, sont destinées à Huguet de Macon et Guillaume Eschaloux, âgés de quatorze ans et de seize ans respectivement.[99] Dans cette lettre de rémission, la concordance des âges des conjoints semble constituer une circonstance atténuante.

L'inverse est peu recommandable. Le déséquilibre d'âge entre Marie de Caix et Nicolas de Bruneval est même un prétexte pour discréditer, voire invalider le mariage qui «n'est pas mariage valable car elle n'a que XII ans et Bruneval en a pres de LX».[100] Pour ce mariage, comme pour celui unissant une jeune princesse de sept ans, Isabelle de France, à Richard II âgé de 30 ans, «bien des gens étaient frappés de cette disproportion d'âge».[101] Même le roi de France se moque du projet de mariage de son oncle, le duc de Berri, avec Jeanne, fille du comte de Boulogne: «Beaulx oncles, que ferés-vous de une si jeune femme? Elle n'a que douze ans, et vous en avés soixante. Par ma foy, c'est grant folie pour vous de penser à telle besoigne.

---

[96] J. C. Parsons, «Mothers, Daughters, Marriage, Power: Some Plantagenet Evidence, 1150-1500», dans J. C. Parsons (édit), *Medieval Queenship*, Stroud, 1994, p. 63-78, 206-209. L'auteur suggère que l'on attend que la fille ait atteint un degré de maturité physique suffisant pour supporter sans danger la grossesse et l'accouchement.

[97] Georges Chastellain, *Chronique...*, t. 3, p. 452.

[98] Jean Froissart, *Chroniques...*, t. 13, p. 14-15.

[99] AN, JJ 152, l. 110.

[100] Lalement vs Bruneval, AN, X 2a 17, fol. 73 r•.

[101] *Chronique du Religieux de Saint-Denys...*, t. 2, p. 415.

Faittes-en parler pour Jehan beau cousin vostre fils qui est jeune et à venir».[102]

La société noble nourrit donc deux idéaux reliés à l'âge au mariage: une fille est mariée préférablement entre la puberté et la vingtaine avec un époux de son âge ou de quelques années son aîné. Ces idéaux contrastent avec les tendances étudiées par David Herlihy et Christiane Klapisch-Zuber pour l'Italie marchande où le mari a fréquemment le double de l'âge de son épouse.[103] Ils contrastent également avec le «modèle européen de mariage» déjà en place dans les classes populaires de l'Angleterre de la fin du Moyen-âge où hommes et femmes attendent d'avoir bien entamé la vingtaine avant de fonder un foyer.[104] Sans doute les motifs économiques qui poussent les bourgeois italiens ou les paysans anglais à retarder leur mariage, en attente d'avoir obtenu un héritage, accumulé une dot, appris un métier ou acquis une place dans l'entreprise familiale, ne s'appliquent-elles pas à la noblesse française.

Au premier coup d'œil, les nobles respectent donc l'empêchement canonique de l'âge au mariage puisque leurs enfants ne sont idéalement mariés que lorsqu'ils atteignent la puberté, comme le stipule l'Église. Cette nécessité d'attendre la puberté a-t-elle cependant les mêmes motivations pour la noblesse que pour l'Église? En faisant de l'âge de la puberté celui du mariage, l'Église reconnaît, comme la noblesse, l'importance des relations sexuelles. Mais pour elle, ce n'est pas uniquement parce qu'il est impubère qu'un enfant ne peut contracter un mariage, c'est également parce qu'il n'a pas la capacité intellectuelle à consentir à un tel engagement. Selon le droit canon, un mariage conclu avant la puberté ne saurait être valide car les époux n'ont pas atteint la maturité qui leur permet de donner leur consentement à l'union et aux relations sexuelles qui en découlent.

C'est donc dire que l'âge au mariage doit être dicté par la maturité intellectuelle de l'enfant et par sa capacité à comprendre les événements. Ce n'est pas le cas de Marie de Caix qui «ne puet consentir tel cas car elle

---

[102] Jean Froissart, *Chroniques...*, t. 13, p. 305.

[103] Voir D. Herlihy et C. Klapisch-Zuber, «Le mariage: motivations et conséquences», dans *Les Toscans et leur famille. Une étude du catasto florentin de 1427*, Paris, 1978, p. 412-419 et C. Klapisch-Zuber, «Le catasto florentin et le modèle européen du mariage et de la famille», dans J.-L. Biget, J.-C. Hervé et Y. Thébert (édit.), *Les cadastres anciens des villes et leur traitement par l'informatique*, Rome, 1989, p. 21-31.

[104] Pour le Moyen-âge, voir R. M. Smith, «Some Reflections on the Evidence for the Origin of the «European Marriage Pattern» in England», dans C. Harris (édit.), *The Sociology of the Family. New Directions for Britain*, New Jersey, 1979, p. 74-112 et «Hypothèse sur la nuptialité en Angleterre aux XIIIᵉ-XIVᵉ siècles», *Annales. Économies, Sociétés, Civilisations*, 38/1 (1983), p. 107-136.

n'a que VII ans».[105] L'argument est rarissime dans nos documents. Comme le cas de Marie de Caix, celui de Jeannette, fiancée de Guillebert Dowel, fait exception. En arguant que «la fillette, qui est jeune, a esté induite frauduleusement audit mariage»,[106] le procureur du roi cherche à rompre les fiançailles en invalidant le consentement d'une enfant naïve et irresponsable.

La seule autre instance, celle de Jeanne de Cassel, est particulière car il y est beaucoup question du consentement de la jeune fille. Son oncle, Husson de Cassel, lie son incapacité à contracter un mariage à son incapacité à en comprendre les implications. Il affirme que «n'avoit lors la fille eage ne entendement raisonnable pour consentir a mariage».[107] L'époux, Robinet de Wastepaste, se sert au contraire de son âge pour justifier sa capacité à contracter mariage et rétorque que «au temps dudit mariage Jehanne estoit en l'eage de XIII ans et estant de son droit, par quoy vault son consentement».[108] Toutefois, si ce cas discute autant de consentement et d'âge, c'est parce que Husson de Cassel cherche à prouver que Jeanne, en acquiesçant au mariage, a enfreint les privilèges de Lille contre le rapt de séduction, privilèges qui déshéritent celle qui consent au mariage avec son ravisseur et attribuent ses biens à son plus proche parent. La capacité de la jeune fille à consentir à son mariage importe grandement et son âge est d'abord et avant tout un argument juridique.

Hors du contexte juridique, il appert que l'argument importe guère. Si l'Église sanctionne le jugement d'une fillette à peine nubile, il n'en va pas de même dans la société. Celle-ci est prête à accepter un mariage dès le moment où la jeune fille est capable de le consommer mais elle ne lui accorde pas pour autant la possibilité de choisir son époux lorsqu'elle atteint la puberté. En fait, elle ne se soucie guère de savoir si elle comprend réellement la portée de son acte.

*
*   *

Il est difficile de conclure que le défaut d'âge comme empêchement au mariage est un élément bien assimilé de la doctrine ecclésiastique. Les références à l'âge ne sont presque jamais liées aux règles ecclésiastiques ou à la nécessité d'une dispense. D'ailleurs, malgré les règles canoniques, les nobles continuent à nouer les mariages de très jeunes enfants. Ces mariages ne soulèvent pas un tollé général car le mariage impubère continue à être profondément ancré dans les mentalités nobles. Au même titre que les

---

[105] Lalement vs Bruneval, AN, X 2a 14, fol. 380 v•.
[106] Roi vs Dowel, AN, X 2a 22, fol. 4 v•.
[107] Cassel vs Wastepaste, AN, X 2a 24, fol. 104 v•.
[108] *Ibid.*, fol. 103 r•.

mariages consanguins, il constitue un élément des stratégies matrimoniales. L'Église ayant moins combattu ce type de mariage que les mariages entre cousins, les nobles ont continué à marier leurs enfants fort jeunes.

Et pourtant, idéal laïque et doctrine ecclésiastique finissent par se rencontrer. Ils s'accordent sur l'âge de la puberté comme âge minimum au mariage. Si la noblesse reconnaît la puberté comme la condition du mariage, elle ne le fait toutefois pas pour les mêmes motifs que l'Église. Elle semble beaucoup moins préoccupée par l'immaturité intellectuelle de la jeune fille que par son incapacité à consommer son mariage. Car tant qu'il n'est pas consommé, le mariage est plus facilement dissout. Les mariages impubères, hasardeux et incertains, représentent donc un danger pour la stabilité des politiques familiales.

Il est difficile de parler d'assimilation du concept de l'âge canonique au mariage par la noblesse. Il faudrait peut-être parler d'un cas d'adoption des pratiques laïques par la doctrine ecclésiastique. Sinon, comment expliquer que l'Église n'ait pas fixé une limite d'âge plus élevée? Croit-elle vraiment qu'une jeune fille de douze ans soit consciente des implications du mariage? Croit-elle vraiment qu'elle puisse donner librement et sciemment son consentement? L'Église semble suivre la société en admettant que la puberté marque l'entrée dans la vie. Sa notion d'âge minimum s'aligne donc sur l'âge idéal de la noblesse. Sur ce terrain, elle tolère les pratiques matrimoniales de la noblesse, même les plus déviantes comme les mariages impubères. Il en résulte une situation où, comme pour les autres empêchements de consanguinité, de bigamie et de vœux, le défaut d'âge n'est pas un sujet de discorde entre l'Église et la noblesse.

6
Les rites ecclésiastiques du mariage

Les pourparlers se sont soldés par une entente familiale confirmée par les fiançailles. Lorsque aucun n'empêchement n'a été signalé, tout est en place pour que se noue finalement le mariage. Se célèbrent alors les épousailles. À cette occasion, les rites ecclésiastiques viennent envelopper le moment crucial de la formation du mariage, assurer sa publicité, clamer sa validité et accroître sa solennité.

Les épousailles n'ont pourtant pas toujours comporté des rites ecclésiastiques.[1] Pendant le premier millénaire chrétien, l'Église reconnaissait comme valide tout mariage effectué selon des rites laïcs, qu'ils aient été romains ou germaniques, se contentant de s'impliquer discrètement par l'entremise de gestes comme la bénédiction des époux ou la célébration d'une messe nuptiale. Jusqu'au XVIe siècle, le mariage continuera à être «normalement accompagné de cérémonies religieuses, mais celles-ci ne (seront) pas requises pour sa validité».[2] Cependant, les exigences de l'Église se définirent petit à petit car, pour régulariser la forme du mariage et pour distinguer les mariages respectables des mariages déviants, l'Église dut s'impliquer et imposer ses propres rites. C'est ce qu'elle fit au Concile de Latran IV en 1215 en décrétant que le mariage devait désormais se conclure à l'église paroissiale, en présence du prêtre, après publication des bans, sans quoi, bien que valide, il était illicite et les époux pouvaient être punis.[3] Ces nouveaux rites ne remplacèrent pas les anciens rites nuptiaux profanes ou

---

[1] Les rites ecclésiastiques du mariage sont désormais bien connus, en particulier grâce à l'ouvrage de J.-B. Molin et P. Mutembe, *Le rituel du mariage en France du XIIe au XVIe siècle*, Paris, 1974. J.-B. Molin a également publié un article intitulé «La liturgie nuptiale en Alsace», dans *Les pays de l'entre-deux au Moyen Age: Questions d'histoire des territoires d'Empire entre Meuse, Rhône et Rhin*, Paris, 1990, p. 263-277. Voir aussi J. Huard, «La liturgie nuptiale dans l'Église romaine», *Les questions liturgiques et paroissiales*, 38 (1957), p. 197-205 et R. Béraudy, «Le mariage des chrétiens», *Nouvelle revue théologique*, 114/104 (1982), p. 50-69.

[2] J. Gaudemet, *Le mariage en Occident. Les mœurs et le droit*, Paris, 1987, p. 223.

[3] Voir entre autres, J. Dauvillier, *Le mariage dans le droit classique de l'Église depuis le décret de Gratien (1140) jusqu'à la mort de Clément V (1314)*, Paris, 1933, p. 105.

ecclésiastiques. Ils ne firent que s'y superposer. Leur adoption par la noblesse permet cependant de juger de l'infiltration de la doctrine ecclésiastique dans les pratiques matrimoniales nobles.

Quand vient le temps de juger de la place de l'Église dans le rituel matrimonial, le problème se pose d'abord en termes de vocabulaire. On est
tenté de voir dans l'utilisation de certaines formulations—en particulier les
mots épousailles et solennités—le témoignage de l'existence de rites ecclésiastiques. Tant de mariages ne sont que notés par l'emploi de l'une d'entre
elles. Or, comment distinguer la part des rites ecclésiastiques dans cet
extrait de la lettre de rémission attribuée à Pierre de Bernean: «ledit de
Lezenet et la dicte Tiphaine se partirent pour aler en Bretaigne (...) afin de
espouser l'un l'autre et faire les solempnitez et noces comme acoustume est
de faire en tel cas»?[4]

Il est probable que l'utilisation du nom épousailles ou du verbe épouser
sous-entende des rites religieux, en particulier lorsqu'ils sont conjugués
avec l'expression «en face de sainte-Église». Épouser est cependant le verbe
le plus fréquemment utilisé pour signaler toute création de mariage,[5] sans
que le lien avec l'Église ne soit explicite et ne permette d'affirmer caté-
goriquement le caractère ecclésiastique de la cérémonie nuptiale. L'emploi
de l'expression solennité et de ses dérivés, solennel, solenniser, solennellement, est encore plus trompeur. Lorsqu'il est question des «bans faiz et
autres solempnitez en ce requise»,[6] ce terme semble désigner les éléments
religieux des célébrations. Toutefois, lorsqu'il est question de la «solempnité des espousailles»,[7] l'expression semble qualifier davantage le caractère cérémonieux et grandiose que l'aspect religieux des célébrations nuptiales. Qui plus est, lorsque l'expression est conjuguée avec les noces, par
exemple des «nopces moult grandes et solempnelles»[8] ou des «noces faittes
(...) à grand sollempnité»,[9] elle semble glorifier le mariage tout entier sans
en isoler les rites liturgiques. Le mariage du comte de Charolais et d'Isabelle de Bourbon que le duc de Bourgogne «fit espouser le premier dimence
de quaremme, faire toutes les solempnités des noces, sans nullui y évo-

---

[4] Fou vs Bernean, AN, JJ 153, l. 188.

[5] Dans les chroniques et les lettres de rémission, épouser est le verbe utilisé
pour souligner la création de la moitié des mariages.

[6] Paris vs Clamas, AN, X 2a 14, fol. 106 v•.

[7] Jean Froissart, *Chroniques*, M. le baron Kervyn de Lettenhove (édit.), dans
Œuvres de Froissart, Osnabrück, 1967, t. 10, p. 311.

[8] Jean Le Fèvre, seigneur de Saint-Rémy, *Chronique*, F. Morand (édit.), Paris,
1876 et 1881, t. 2, p. 36.

[9] *Le livre des trahisons de France*, M. le baron Kervyn de Lettenhove (édit.),
dans *Chroniques relatives à l'histoire de la Belgique sous la domination des Ducs de
Bourgogne*, Bruxelles, 1880, p. 237.

quer»[10] fait toutefois exception. Il ne peut guère s'agir d'une fête somptueuse puisque le mariage est secret. L'auteur adopte-t-il simplement une formule répandue ou lie-t-il les solennités aux rites ecclésiastiques? Cette citation démontre, une fois pour toutes, la confusion du vocabulaire et la difficulté d'interprétation qu'il présente pour l'historien des rites ecclésiastiques.

Il semble donc impossible de se fier à ces diverses expressions, trop vagues et trop globales, pour déterminer le caractère religieux des célébrations nuptiales. Il est préférable d'examiner, un à un, les différents éléments du rituel ecclésiastique: publication des bans, présence à l'Église, implication du prêtre, messe nuptiale et remise de l'anneau.[11]

LES BANS

Une fois les fiançailles conclues, les futurs mariés doivent faire publier les bans pendant trois jours de fête consécutifs. C'est en 1215 que le Concile de Latran IV rend obligatoire cette publication à l'église paroissiale dans le but d'annoncer tout mariage et de rechercher les empêchements avant la conclusion de l'union, en particulier les empêchements de consanguinité qui ont tant été prétexte à divorce avant le XIIIe siècle.[12]

Nos sources font peu état de cette formalité imposée par l'Église. En particulier, aucune chronique n'en porte la trace. Les chroniqueurs les auraient-ils jugés indignes d'être rapportés? Il semblerait plutôt, comme le note Hostiensis (?-1271), que les mariages très publics de la haute noblesse en aient été exemptés.[13] Par ailleurs, une seule lettre de rémission en signale l'existence.[14] Les courtes lettres de rémission ne se consacrent qu'à l'essentiel, et de toute évidence, les bans ne le sont pas. Dans leur plaidoirie,

---

[10] Georges Chastellain, *Chronique*, M. le baron Kervyn de Lettenhove (édit.), dans *Œuvres*, Genève, 1971, t. 3, p. 24-25.

[11] On fait allusion aux rites ecclésiastiques dans 65 cas répartis dans 19 lettres de rémission, 19 procès et 27 extraits de chroniques.

[12] J. Gaudemet, *Le mariage...*, p. 231. Michael M. Sheehan discute en détail de l'imposition des bans par le Concile de Latran IV, en s'attardant en particulier sur les répercussions en Angleterre. «Marriage Theory and Practice in the Conciliar Legislation and Diocesan Statutes of Medieval England», *Mediaeval Studies*, 40 (1978), p. 432-440. Voir aussi J. M. Turlan, «Recherches sur le mariage dans la pratique coutumière (XIIe-XIVe s.)», *Revue d'histoire de droit français et étranger*, 35 (1957), p. 506-508 et J. Dauvillier, *Le mariage...*, p. 105 et 111.

[13] J. Gaudemet, *Le mariage...*, p. 116.

[14] AN, JJ 112, l. 78.

David d'Auxy[15] et Pierre de Luilly contestent même leur utilité et affirment que «n'estoit necessité de fere bans puis que le consentement des parties y estoit».[16] Selon le Concile de Latran IV, l'absence des bans, si elle rend le mariage illicite, ne l'invalide pas.[17] Il est donc facile de s'en passer, en particulier lorsque le temps presse et qu'on ne peut s'offrir le luxe d'attendre quelques semaines la publication des bans qui risque de révéler des oppositions. C'est sans doute le cas de la majorité des mariages figurant dans nos procès.

Dans certaines causes de rapt, la publication des bans sert toutefois de preuve à la validité d'une union douteuse. C'est ainsi que les ravisseurs Guiot de Saint-Bonnot et Robert Damas affirment dans leur lettre de rémission que «le dit Guiot (...) la fianca de son gré et aprés fist ses bans ainsi qu'il est acoustume et l'espousa».[18] En proclamant la publication des bans pour des mariages déviants, forcés ou secrets, les procès démontrent à quel point ces bans sont coutumiers et réglementaires, du moins pour la petite noblesse. Les bans prouvent, tout simplement, la régularité du mariage. Ils remplissent ainsi leur rôle publicitaire, annonçant à tous l'union prévue, celle de Robinet de Wastepaste et de Jeanne de Cassel par exemple dont «les bancs en ont esté faiz avant les espousailles et que y a eu declaracion solennelle appellez les parens et amis».[19] En insistant sur la solennité de ce rite ecclésiastique, les parties insistent sur la valeur d'une alliance créée selon les normes. C'est le cas de Marie de Cepeaux lorsqu'elle déclare que sa bru, Jeanne Rabaut, «fut menee en belle compaignie en l'ostel de Cepeaux, les bans precedens et solennitez gardees».[20]

Pour leur part, les demandeurs démontrent l'invalidité d'un mariage conclu «sans fere bans et les solempnitez ordenees en sacrement de mariage»[21] dans la peur de la réprobation et du refus familial. Parfois, les bans n'ont été publiés que de façon incomplète, comme dans le cas du mariage de Jeanne Rabaut et Charles de Cepeaux pour lequel «n'y avoit que deux bans».[22] Il est par ailleurs possible aux défendeurs d'alléguer l'obtention

---

[15] Il doit s'agir de David, sire et ber d'Auxy, en Picardie, qui, selon le *Dictionnaire de la noblesse*, fut fait chevalier à Azincourt par Charles VI avant d'y mourir. F.-A. Aubert de la Chesnaye-Desbois, *Dictionnaire de la noblesse*, Paris, 1770-1786.

[16] L'Églantier vs Auxy, AN, X 2a 12, fol. 166 r•.

[17] Voir J. Gaudemet, *Le mariage...*, p. 231.

[18] AN, JJ 112, l. 78.

[19] Cassel vs Wastepaste, AN, X 2a 24, fol. 105 r•.

[20] Avaugour vs Cepeaux, AN, X 2a 17, fol. 249 r•.

[21] L'Églantier vs Auxy, AN, X 2a 12, fol. 165 r•.

[22] Avaugour vs Cepeaux, AN, X 2a 17, fol. 249 v•.

d'une dispense,[23] comme le font Jean d'Aubigni[24] et Hector des Essars qui affirment que «le premier ban fut fait solennellement[25] en l'eglise d'Essireul et sur les autres deux, orent dipsensacion de l'evesque».[26] Pourtant, pour le demandeur Pierre de Bauffremont, comte de Charny,[27] la dispense ne suffit pas:

> envoya querir dispensacion de bans a l'evesque de Besancon, adre-cans au curez de Soye[28] et de Bauvilliers[29] pour faire mariage clan-destin des dessusdis, et si obtint du curé de Borbonne[30] certif-ficacion par laquelle il certiffioit avoir fait ung ban des dessusdis, et donnoit congié au curé de Soye de les marier après le xxvie jour dudit mois de novembre. Le seigneur de Soye les fit espouser par un autre curé et faisant mariage clandestin.[31]

L'absence des bans entraîne l'accusation de clandestinité. C'est ce que note également Juliette M. Turlan dans son analyse des arrêts civils du Parlement au XIVe siècle: «Certains des arrêts qui invoquent, pour une raison quelconque, la clandestinité du mariage, déclarent que ces unions ont été faites sans la publication des bans».[32] Cas extrême, Catherine Rouaude et Pierre de la Grue se retrouvent même «pour les bans qui ne furent faiz (...) en proces par devant l'evesque d'Angers».[33] Cette cause, présentée au Parlement en 1470, traite amplement des bans, les demandeurs se faisant sévères face à leur absence. Doit-on conclure que les bans ont acquis leurs lettres de noblesse au cours du XVe siècle? L'Église parviendrait-elle de mieux en mieux à imposer ses exigences?

Dans les rares témoignages des sources judiciaires, les bans remplissent exactement le rôle de publicité et d'approbation que leur a assigné l'Église. S'ils sont parfois mentionnés dans ces mariages conclus rapidement et

---

[23] À partir du XIIIe siècle, l'évêque peut dispenser les bans. Voir J. Dauvillier, *Le mariage...*, p. 111.

[24] Il s'agit de Jean de Vivonne, seigneur d'Aubigni et de Faye, fils de Renault de Vivonne. F.-A. Aubert de la Chesnaye-Desbois, *Dictionnaire de la noblesse...*

[25] MS: selennement.

[26] Eschalard vs Aubigni, AN, X 2a 18, fol. 246 r•.

[27] Il s'agit de Pierre de Bauffremont, dit le Jeune, sénéchal du duché de Bourgogne et chevalier de la Toison d'Or, qui obtint la seigneurie de Charny, érigée en comté. F.-A. Aubert de la Chesnaye-Desbois, *Dictionnaire de la noblesse...*

[28] Soye, dép. Doubs, arr. Montbéliard, c. L'Isle-sur-le-Doubs.

[29] Peut-être Beauvilliers, dép. Yonne, arr. Avallon, c. Quarré-les-Tombes.

[30] Peut-être Bourbonne-les-Bains, dép. Haute-Marne, ch.-l. c., arr. Moulins.

[31] Chalon vs Bauffremont, AN, X 2a 32, fol. 326 r•.

[32] J. M. Turlan, «Recherches...», p. 512.

[33] Bois vs Grue, AN, X 2a 35, fol. 71 v•.

clandestinement, toujours contre l'avis de certains membres de la famille, imaginons à quel point ils devaient être employés dans le cadre des mariages planifiés et approuvés de la petite noblesse. Leur mention, même peu fréquente, démontre que l'Église a réussi à faire adopter cet élément de son rituel matrimonial.

LES ÉPOUSAILLES

Les bans proclamés, il reste à célébrer religieusement le mariage au jour des épousailles. Les chroniqueurs s'arrêtent à décrire les rites liturgiques lorsque leur prestige rejaillit sur le mariage raconté. Évêques et archevêques célèbrent les mariages royaux, delphinaux ou princiers, comme «Messire Regnault de Chartres, archevesque de Rains et chancellier de France»[34] qui unit le dauphin Louis de France et Marguerite d'Écosse. Pour donner plus d'éclat à l'événement, la *Chronique de Jean II et Charles V* rapporte que «L'an mil CCC LXIX dessus dit, le XIXe jour du mois de juing, le mariage de monseigneur Phelippe, frere du roy de France et duc de Bourgoingne, et de Marguerite, fille de messire Loys, conte de Flandres, fu fait et celebré, en l'abbaye de Saint-Bavon de Gand, par l'evesque de Tournay».[35]

Pour que les rites ecclésiastiques des mariages de la haute noblesse soient notés dans une chronique, ils doivent s'être fait remarquer par leur ampleur ou par leur caractère inusité. C'est doublement le cas du mariage d'Henry V et de Catherine de France. Certaines chroniques, comme *Le livre des trahisons*,[36] le *Journal de Clément de Fauquembergue*[37] ou les *Chronicques de Normendie*,[38] l'abordent de façon conventionnelle, en faisant intervenir évêque et église. Trois chroniqueurs bourguignons, Monstrelet, Le Fèvre et Chastellain, sont plutôt frappés par le fait que le mariage se soit déroulé à l'église paroissiale et écrivent que le «lendemain du jour de la Trinité l'espousa en l'église parrochiale, soubz laquelle il estoit logié».[39] Ces trois

[34] Jean Chartier, *Chronique de Charles VII roi de France*, A. Vallet de Viriville (édit.), Neudeln, Liechtenstein, 1979, t. 1, p. 231-232.

[35] *Chronique des règnes de Jean II et Charles V*, R. Delachenal (édit.), Paris, 1917-1920, t. 2, p. 116.

[36] *Le livre des trahisons...*, p. 156.

[37] *Journal de Clément de Fauquembergue, greffier du Parlement de Paris*, A. Tuetey et H. Lacaille (édit.), Paris, 1903-1915, t. 1, p. 367.

[38] *Les Chronicques de Normendie*, A. Hellot (édit.), Rouen, 1881, p. 59-60.

[39] Enguerrand de Monstrelet, *Chronique*, New York, 1966, t. 3, p. 389. Aussi Georges Chastellain, *Chronique...*, t. 1, p. 134 et Jean Le Fèvre, *Chronique...*, t. 2, p. 2. Comme pour les fiançailles, leur récit est presque identique.

chroniqueurs ne cherchent nullement à glorifier ce mariage, mais soulignent plutôt le désir d'Henry V d'adopter la coutume du peuple français et
les rites de l'Église. De toute évidence, cette décision est surprenante car un
mariage royal se tient traditionnellement dans une cathédrale.

Devons-nous conclure que les nobles se marient uniquement dans les
hauts lieux ecclésiastiques? Certains d'entre eux le font. D'autres choisissent
plutôt la chapelle de leur château, comme le révèle par hasard un extrait
de la chronique de Jean Le Fèvre: «fut la dame menée en la chapelle par
le duc et la duchesse de Bar, et là ou les espoussailles et solempnitez de
sainte Église furent faictes».[40] Il semble tout à fait habituel pour un couple
noble de s'épouser dans une chapelle; ils ont probablement été nombreux
à le faire. Ce fait divers, indigne d'une chronique, a toutefois laissé bien
peu de traces. Lorsque la célébration a lieu dans une chapelle, c'est sans
doute le chapelain familial qui en est l'officiant. Cependant, modeste comme le lieu qu'il occupe, il passe inaperçu. On le mentionne par hasard au
sujet du mariage incestueux du comte d'Armagnac qui «commanda à ung
chappellain de son hostel qu'il les espousast»[41] et de l'union de Lourdin,
seigneur de Saligny et de la Mothe et de Marguerite, fille du comte Jean III
de Sancerre, «benistz par le prieur de Saint-Martin dudit lieu».[42] Si l'incon-
gruité de ces deux unions a réservé une place dans l'histoire à deux chape-
lains anonymes, combien d'autres sont restés dans l'ombre?

Seuls quinze prêtres et autant d'églises sont mentionnés dans les chroniques. Il est pourtant impossible de conclure que les mariages de la haute
noblesse se lient hors du cadre ecclésiastique. Aucun passage ne nous permet de l'affirmer. Les rites ecclésiastiques font tellement partie du décor
qu'à moins de circonstances extraordinaires, ils ne nécessitent aucune description. Pour se faire remarquer, la noblesse doit faire bénir ses mariages
par un évêque dans une cathédrale. Pourtant, la majorité de ses membres
a probablement échangé ses vœux dans la chapelle du château, entre les
mains du chapelain, fait que les chroniqueurs ont jugé superflu de rapporter.

Les sources judiciaires décrivent davantage ces rites liturgiques car ils
peuvent servir d'argument juridique. Lorsqu'il leur est nécessaire de prouver la validité d'un mariage, les suppliants des lettres de rémission et les
parties des procès se hâtent en effet de placer cette célébration sous la hou-

---

[40] Jean Le Fèvre, *Chronique...*, t. 2, p. 289.

[41] Mathieu d'Escouchy, *Chronique*, G. du Fresne de Beaucourt (édit.), Paris,
1863-1864, t. 2, p. 291-292.

[42] *Journal de Jean de Roye connu sous le nom de Chronique scandaleuse*, B. de
Mandrot, (édit.), Paris, 1894 et 1896, t. 2, p. 160.

lette du rituel ecclésiastique.[43] Parfois, une formule standardisée suffit à qualifier le caractère religieux des célébrations comme dans le cas du mariage de la dame de Saussay «fait par main de prestre et celebré en saincte esglise».[44] Ces formules sont identiques à celles employées pour qualifier les fiançailles, avec toutefois la prédominance de l'expression «sainte-église». Fort pratiques, elles permettent de résumer en quelques mots un mariage valide et légal. Par leur concision, elles se prêtent bien aux lettres de rémission. Leur apparition dans ces lettres stéréotypées, et même dans deux chroniques, indique à quel point l'implication de l'Église va de soi.

L'expression permet aussi d'accroître la crédibilité d'une union hors norme. C'est en tentant de le faire passer pour un mariage normal qu'une plaidoirie fait état de la «sollempnizacion en face de saincte eglise»[45] du mariage incestueux du comte d'Armagnac. Jean Le Fèvre adopte la même formule au sujet de l'union controversée de Jacqueline de Bavière qui «s'estoit mariée à très hault et très puissant prince Honffroy, filz, frère et oncle du roy d'Angleterre, lequel elle avoit espousé en face de saincte Église».[46] Même si cette formule est parfois utilisée abusivement, son utilisation n'est jamais vide de sens. Elle constitue une carte supplémentaire dans le jeu des défendeurs d'un mariage douteux. Ce faisant, ils viennent prouver qu'un mariage *in facie ecclesiae* constitue bel et bien la norme.

Les parties impliquées dans les sources judiciaires ne se contentent pas toujours de réciter une formule stéréotypée. Quelques-unes désignent l'église où s'est déroulée la cérémonie, comme Jean Cozon et Perrine d'Ollon qui s'épousèrent «au moustier qui pres estoit de l'ostel ou il demouroient».[47] Ces mentions d'églises ou de moutiers relèvent d'un désir de précision. Elles demeurent cependant exceptionnelles, le nom et le lieu de l'église revêtant peu d'importance. C'est surtout la formule «sainte-église» qui atteste de la régularité du mariage alors que le lieu sert de toile de fond aux événements.

---

[43] La grande majorité des lettres et des plaidoiries racontant un mariage complété rapportent la célébration d'épousailles ecclésiastiques: 19 procès sur 22 et de 20 lettres de rémission sur 29. Dans les trois procès qui ne conjuguent pas Église et épousailles, les mariages ne se sont toutefois pas déroulés hors de toute influence religieuse. L'un d'entre eux rapporte des fiançailles religieuses, l'autre fait état d'un procès devant l'officialité, le dernier comprend une lettre de rémission dans laquelle intervient un chapelain. De même, deux des lettres dont l'Église est absente sont liées à des procès où il est fait mention de rites ecclésiastiques au moment des épousailles; dans les cinq autres, le mariage ne constitue pas l'enjeu du crime.

[44] AN, JJ 120, l. 117.

[45] Roi vs Armagnac, AN, X 2a 28, fol. 235 r•.

[46] Jean Le Fèvre, *Chronique...*, t. 2, p. 92.

[47] AN, JJ 111, l. 224.

Notons qu'il est rarement question d'église paroissiale. Seul le mariage de Marguerite de Chauvirey et de Vauthier d'Oiselet s'y déroule: «si furent faictes les fiancailles et puis les espousailles liberalment, publiquement de die et solennellement, au moustier parrochial de Bonnencontre».[48] Certes, un mariage déviant peut difficilement s'être conclu au vu et au su de tous. Les ravisseurs n'ont pu qu'emmener leur victime dans un lieu ecclésiastique anonyme. Il est étrange toutefois de constater que les demandeurs ne notent jamais l'omission de l'église paroissiale comme une tare au mariage. Le quatrième concile de Latran ne stipule-t-il pourtant pas que le mariage doit se tenir à l'église paroissiale, dans le village d'origine des mariés, de manière à assurer la légalité et la publicité du mariage?[49] Devons-nous conclure à une demi-observance des règles ecclésiastiques, le mariage étant obligatoirement célébré à l'église, sans l'être toutefois nécessairement à l'église paroissiale? C'est ce qu'affirme Bernard Chevalier:

> Comme ils le répètent devant le notaire, en présence des conseils de famille, la plupart du temps le jeune homme et les parents au nom de la jeune fille promettaient bien d'accomplir le mariage en face de l'Église et de le rendre ainsi indissoluble. Mais était-ce bien toujours dans les règles, après publication des bans, examen des empêchements éventuels et célébration sous le porche de l'église paroissiale, en présence du curé du lieu ou de son mandataire? Oui, sûrement, s'il était plus commode de procéder ainsi et c'était sans doute souvent le cas; sinon une chapelle quelconque et un prêtre complaisant pouvaient tout aussi bien faire l'affaire.[50]

Quoi qu'il en soit, la célébration du mariage à l'église apparaît comme un fait acquis. C'est pourquoi il est possible de mentionner au passage la célébration à l'église ou même, de l'omettre complètement, en particulier lorsque le mariage n'est pas remis en question. D'ailleurs, jamais les demandeurs ne déclarent que le mariage s'est conclu hors de l'église. Une telle affirmation est-elle inconcevable? Les travaux de Michael M. Sheehan[51] et

---

[48] Pontallier vs Oiselet, AN, X 2a 14, fol. 252 r•. Bonnencontre, dép. Côte-d'or, arr. Beaune, c. Seurre.

[49] J. Dauvillier, *Le mariage...*, p. 105 et 108-110.

[50] B. Chevalier, «Le mariage à Tours à la fin du XVe siècle», dans *Histoire et Société: Mélanges offerts à Georges Duby*, Tome I: *Le couple, l'ami et le prochain*, Aix-en-Provence, 1992, p. 86.

[51] Voir, en particulier, M. M. Sheehan, «The Formation and Stability of Marriage in Fourteenth-Century England: Evidence of an Ely Register», *Mediaeval Studies*, 33 (1971), p. 228-263.

de Beatrice Gottlieb,[52] parmi tant d'autres, mettent pourtant en scène de nombreux couples issus des classes populaires nouant un mariage clandestin dans une taverne ou sur la route. En serait-il autrement pour la noblesse?

LE DÉROULEMENT DE LA CÉRÉMONIE

Le curé est évidemment présent lorsque le mariage est célébré à l'église. Toutefois, comme le nom de l'église, celui du prêtre importe peu. Son nom n'est donné qu'une seule fois dans les sources judiciaires, celui d'«un prestre nommé Berdet».[53] Dans les autres lettres et procès, il demeure un personnage anonyme. La présence du prêtre est utile pour confirmer et valider le mariage, mais son identité ne l'est pas. Comme le suggère Jacques Toussaert, le prêtre fait partie du décor.[54]

Comme pour les fiançailles, les demandeurs cherchent à dénigrer le prêtre. Ils voient en lui un Hospitalier, un Cordelier ou un moine incapable de célébrer le sacrement du mariage. Il en est ainsi de l'«hospitaillé»[55] qui marie Nicaise Le Caron et Margot de Notre-Dame ou du moine excommunié remplaçant le prieur qui a refusé d'unir Guillaume Jousseaume et Jeanne Jourdaine.[56] D'autres demandeurs discréditent le rôle du prêtre en affirmant qu'il a été menacé et contraint de célébrer le mariage. Le cas se présente dans la cause opposant la mère d'Isabeau Morne à Jean de Maleret et à Renaud le Fauconnier:

> environ minuit, fut menee Ysabel par Regnaut et ses complices a deux lieux de Maleret, a un prioré nomme Giat.[57] Eschelerent l'ostel du prieur, rompirent les huis, firent lever le prieur et lui dirent qu'il convenoit qu'il espousast les diz Regnaut et Ysabel. Ycellui prieur disant qu'il ne sauroit et qu'il n'avoit livre qui contenist le mistere, se trahy sus ycellui prieur ledit Maleret son espee

[52] B. Gottlieb, «The Meaning of Clandestine Marriage», dans R. Wheaton and T. K. Hareven (édit.), *Family and Sexuality in French History*, Philadelphia, 1980, p. 49-83 et B. Gottlieb, *Getting Married in Pre-Reformation Europe: The Doctrine of Clandestine Marriage and Court Cases in Fifteenth-century Champagne*, Thèse de doctorat, 1974.

[53] Cathus vs Lestang, AN, X 2a 17, fol. 83 r•.

[54] J. Toussaert, «Le sacrement du mariage», dans *Le sentiment religieux en Flandre à la fin du Moyen-âge*, Paris, 1963, p. 233.

[55] Caron vs Hardencourt, AN, X 2a 10, fol. 130 r•.

[56] Cathus vs Lestang, AN, X 2a 17, fol. 123 r•.

[57] Peut-être Giat, dép. Puy-de-Dôme, arr. Riom, c. Pontaumur?

et Regnault tray la dague, disant que il tueroient se il ne les espousat. Et pour paour, dist qu'il les espouseroit.[58]

En dévalorisant son célébrant, les demandeurs cherchent à condamner l'union; ce faisant, ils nous renseignent sur la nécessité de choisir un bon prêtre. Doit-on lier ce souci aux menaces d'excommunication prononcées par l'Église contre les ecclésiastiques, trop nombreux, qui acceptent de célébrer des mariages clandestins hors des églises paroissiales? Pourtant, les demandeurs ont beau dénigrer la valeur du prêtre, le mariage reste valide, comme l'affirme à juste titre Josseaume Bertrand disant «que ledit mariage eust esté fait par ung prieur ou cordelier et clandestine, ce n'empescheroit point icellui mariage».[59]

Quel est le rôle du prêtre dans la cérémonie des épousailles? En théorie, les époux demeurent les ministres du sacrement, se donnant l'un à l'autre en joignant leurs mains et en prononçant des paroles de don mutuel.[60] Pour sa part, le prêtre agit comme témoin:

> Le rôle du prêtre, dans le mariage célébré solennellement, *in facie ecclesiae*, apparaît marqué d'un double sceau, témoin qualifié, habilité, il reçoit le consentement des époux; ministre du culte, il appelle les bénédictions divines sur le nouveau foyer. Le prêtre, *proprius parochus*, et non pas n'importe quel prêtre, peut seul recevoir légitimement ces consentements, il est donc seul témoin irréfragable.[61]

En réalité, dans les sources judiciaires comme dans les chroniques, le prêtre est beaucoup plus qu'un simple témoin. Dans la majorité des cas, c'est lui qui «conjoinds par mariage»[62] et qui «espouse». C'est donc le prêtre qui confère le sacrement. Les exceptions sont rares: un seul procès rapporte que Catherine de Montbrun et Foulques de Beauvoir-du-Roure «furent espousez, present le vicaire de l'evesque de Viviers»,[63] réduisant le prêtre au rôle de témoin. Un seul passage du *Journal de Clément de Fauquembergue* signale que «espousa le roy d'Angleterre, *per verba de presenti*, ladicte dame Katherine en l'eglise de Troyes es mains de l'archevesque de Sens».[64] Ailleurs dans son journal, cet ecclésiastique licencié en décret donne toutefois

[58] Morne vs Maleret, AN, X 2a 14, fol. 224 v•-225 r•.

[59] Merle vs Bertrand, AN, X 2a 24, fol. 195 r•.

[60] Voir J.-B. Molin et P. Mutembe, *Le rituel...*, p. 77-133.

[61] J. M. Turlan, «Recherches...», p. 510.

[62] Jean Froissart, *Chroniques...*, t. 13, p. 81.

[63] Montbrun vs Beaumont, AN, X 2a 24, fol. 49 v•. Viviers, dép. Ardèche, arr. Privas, ch.-l. c.

[64] *Journal de Clément de Fauquembergue...*, t. 1, p. 367.

à l'archevêque de Sens le rôle principal en déclarant que «fu le mariage fait (...) par l'archevesque de Sens».[65]

En plus de célébrer les épousailles, le prêtre bénit les mariés et chante la messe nuptiale. Celle-ci fait à tel point partie des rites nuptiaux qu'elle est mentionnée comme un détail accessoire. La preuve, le roi d'Écosse et Marie de Gueldres «furent à genoux tant que la messe dura».[66] De même, Isabeau Morne et Renaud Le Fauconnier furent épousés «a la messe que chanta a ladicte heure».[67] Ailleurs, la messe offre l'occasion aux demandeurs de dénoncer l'union criminelle, soit parce que la messe était de petite valeur—«fist chanter une messe basse et l'espousa»[68] —, soit parce qu'elle a été omise—«attendu l'usaige solemnel gardé en espousailles, ne se deussent estre espousez sans messe comme firent».[69]

Si la messe fait partie de l'usage, quels en sont les gestes? Seul le procès entourant le mariage d'Isabeau Morne et de Renaud Le Fauconnier décrit quelque peu les composantes de ce rite ecclésiastique: «il prent de l'eaue benoite et gete sus les deux, et baille certain annel sans aucune parole dire ne faire la solennité qui y appartient et ala chanter sa messe».[70] Par ailleurs, deux chroniques signalent aussi que les mariés «furent benistz».[71] Cette bénédiction des époux agenouillés sous le voile nuptial fait de longue date partie des rites liturgiques puisque Jean-Baptiste Molin et Protais Mutembe la font remonter à l'antique pratique romaine.[72]

Comme la bénédiction, l'anneau nuptial est un ancien rite. Il s'agit d'un rite laïque intégré au rituel ecclésiastique comme le rapportent J.-B. Molin et P. Mutembe: «bien avant qu'on l'intègre aux rites liturgiques, la remise de l'anneau nuptial faisait partie des rites familiaux du mariage accomplis à la maison des époux».[73] La bénédiction et la remise d'un ou de plusieurs anneaux à l'épouse s'accompagnaient de paroles et de gestes qui, selon les auteurs «témoignent de l'importance qui était reconnue à l'anneau nuptial dans la majeure partie de la France. En concurrence avec la jonction des

---

[65] *Ibid.*, t. 1, p. 365.

[66] Mathieu d'Escouchy, *Chronique...*, t. 1, p. 180.

[67] Morne vs Maleret, AN, JJ 159, l. 190.

[68] Paris vs Clamas, AN, X 2a 14, fol. 106 r•.

[69] Cassel vs Wastepaste, AN, X 2a 24, fol. 103 v•.

[70] Morne vs Maleret, AN, X 2a 14, fol. 225 r•. Au sujet du déroulement de la messe, voir J.-B. Molin et P. Mutembe, *Le rituel...*, p. 207-222.

[71] *Journal de Jean de Roye...*, t. 2, p. 160. Quant à lui, Jean Chartier parle de «bénéisson». Jean Chartier, *Chronique...*, t. 1, p. 231.

[72] J.-B. Molin et P. Mutembe, *Le rituel...*, p. 222-238.

[73] *Ibid.*, p. 159.

mains, la remise de l'anneau apparaissait geste essentiel».[74] Selon Jean Huard, les Romains remettaient l'anneau au moment des fiançailles. Les Germains en auraient adopté l'usage. En raison de la relation étroite entre fiançailles et mariage dans le droit germanique, ce rite aurait peu à peu été transféré aux épousailles, devenant un «symbole des noces».[75] À Florence, la remise de l'anneau, d'abord reliée aux fiançailles, en vient à symboliser l'échange des consentements de présent sans toutefois être liée à une messe nuptiale.[76]

Nos sources témoignent de la survie de ces anciennes coutumes, un «anneau nuptial»[77] étant parfois remis lors des fiançailles,[78] d'un mariage par procuration[79] ou d'épousailles.[80] L'échange d'anneaux peut aussi servir de gage de mariage.[81] Il arrive qu'une veuve baille l'anneau de sa première union afin de prouver son accord au second mariage. Ainsi, «pour ce que on ne povoit de annel trouver pour les espousez, Katherine, de son mouvement, bailla le sien de ses premieres nopces».[82] Par sa formulation, cette citation semble démontrer la nécessité de l'anneau, ce qui expliquerait pourquoi Catherine Eschalarde nie ardemment tout échange d'anneaux. Semblablement, il arrive aux demandeurs de mentionner l'existence d'un «certain annel», de façon méprisante. Ces quelques occurrences n'attribuent cependant pas à l'anneau un rôle symbolique ni même central dans la formation du mariage. Il apparaît plutôt comme un détail supplémentaire.

*

* *

Bans, église, prêtre, messe, anneau: voilà les principaux rites ecclésiastiques nuptiaux. Nos documents en portent la trace, preuve que ces rites existent. Mais leurs mentions sont rares. Est-ce parce qu'ils sont fréquemment écar-

---

[74] *Ibid.*, p. 171.

[75] J. Huard, «La liturgie nuptiale dans l'Église romaine. Les grandes étapes de sa formation», *Questions liturgiques et paroissiales*, 38 (1957), p. 201. Jean Gaudemet signale que les rituels de fiançailles mentionnent un anneau à partir du XIIIe siècle. *Le mariage...*, p. 169.

[76] C. Klapisch-Zuber, «Zacharie, ou le père évincé. Les rites nuptiaux toscans entre Giotto et le concile de Trente», *Annales. Économies, Sociétés, Civilisations*, 34/6 (1979), p. 1216-1243.

[77] *Chronique du Religieux de Saint-Denys contenant le règne de Charles VI de 1380 à 1422*, M. L. Bellaguet (édit. et trad.), Paris, 1994, t. 4, p. 399.

[78] *Ibid.*, t. 2, p. 413.

[79] *Ibid.*, t. 4, p. 399.

[80] Eschalard vs Aubigni, AN, X 2a 18, fol. 246 r•.

[81] L'Églantier vs Auxy, AN, X 2a 12, fol. 164 v•.

[82] Eschalard vs Aubigni, AN, X 2a 18, fol. 246 r•.

tés? Sont-ils plutôt si bien intégrés au processus matrimonial noble que chroniques et sources judiciaires en font rarement état, sauf lorsque leur existence est étonnante ou nécessaire comme preuve du mariage? À en juger par les commentaires de nos documents, ces rites semblent bien constituer la coutume et la norme. La noblesse semble avoir assimilé la forme ecclésiastique du rituel des épousailles à un point tel qu'elle juge rarement opportun d'en parler.

Force nous est de conclure qu'en apparence la noblesse a adopté les éléments ecclésiastiques du rituel nuptial. Elle accepte l'intervention du prêtre et l'inclusion d'une gestuelle ecclésiastique dans ses mariages. Résultat pratique, l'enveloppe extérieure des épousailles apparaît clairement religieuse. Il reste à savoir si au cœur de la formation du mariage, au niveau de la signification des épousailles, l'Église a également laissé sa marque.

7
Le consentement des époux

Les rites ecclésiastiques font partie de la célébration du mariage parce qu'ils symbolisent l'aspect légal et religieux du mariage. Mais ils n'en constituent pas le fondement. Pour la doctrine ecclésiastique, ils ne sont pas essentiels au mariage et leur absence ne vient pas l'invalider. Les rites ne font que parer le moment central des épousailles, lui donner plus de poids et de visibilité. Ce qui importe, aux épousailles, c'est d'abord et avant tout le consentement des époux. C'est par lui que l'union se fonde et que le sacrement du mariage se réalise.

Nous l'avons vu, l'Église a longtemps hésité avant de consacrer l'échange des consentements comme moment clé de la formation du mariage. La théorie de Pierre Lombard selon laquelle «le consentement *de praesenti*, et lui seul, suffit»,[1] ne fut acceptée qu'au XIIIᵉ siècle. La théorie consensuelle s'impose alors et est reconnue officiellement par les papes Alexandre III et Innocent III.[2] Il suffit désormais que les époux consentent à leur union pour qu'elle s'accomplisse. Et selon Charles Donahue Jr., c'est ce qui se produit non seulement dans la doctrine mais également en réalité, comme en font foi les registres d'officialités anglaises où la question du consentement des époux se retrouve maintes fois au cœur des procès.[3]

Le consentement féminin retiendra principalement notre attention. Les hommes, eux, sont maîtres de leur mariage. Seuls les jeunes garçons voient leur mariage planifiés par d'autres, leur père surtout comme le comte de Vaudemont qui «parvint à la fin de sa querelle à l'encontre dudit roy Renier et obtint sa fille aisnée pour son fils Ferry».[4] Lorsqu'il s'agit d'un homme mûr, son consentement va de soi. Lorsque Charles, prince de Tarente, refuse l'alliance que son frère, le roi de Sicile, tente de lui imposer, ce refus

---

[1] G. Fransen, «La formation du lien matrimonial au Moyen-âge», dans R. Metz et J. Schlick (édit.), *Le lien matrimonial*, Strasbourg, 1970, t. 1, p. 124-125.

[2] J. Gaudemet, *Le mariage en Occident. Les mœurs et le droit*, Paris, 1987, p. 177.

[3] C. Donahue Jr., «The Policy of Alexander the Third's Consent Theory of Marriage», dans S. Kuttner (édit.), *Proceedings of the Fourth International Congress of Medieval Canon Law*, Vatican, 1976, p. 251-281.

[4] Georges Chastellain, *Chronique*, M. le baron Kervyn de Lettenhove (édit.), dans *Œuvres*, Genève, 1971, t. 2, p. 173.

entraîne une rébellion des Napolitains et l'expulsion du roi de Sicile de la ville de Naples.[5] Malgré de tels enjeux, le roi de Sicile ne peut aller de l'avant sans le consentement de son frère. Le consentement du mari est obligatoire et l'imposition d'un mariage à un homme contre sa volonté est très mal perçue, voire impossible. C'est ainsi que le mariage imposé par Louis XI à Louis d'Orléans «à force et soubz le dangier de sa personne»[6] soulève la réprobation de bon nombre de ses contemporains. Ils considèrent inacceptable ce geste car «ce que jamais ne se peult faire pour ce qu'il n'y donna point de consentement».[7]

Quant au consentement conjoint des deux époux, il apparaît rarissime. La lettre de rémission posthume octroyée à Jeanne Orseillete pour lui pardonner son suicide constitue une exception. Ses amis charnels y rapportent que Jeanne et son médecin, maître Pierre Hary, «de leur gré et consentement se espouserent».[8] Puisque ce mariage et la réprobation qu'il a suscitée chez les parents de Jeanne sont à l'origine du suicide, les suppliants ont peut-être intérêt à souligner le bon vouloir des deux époux. Seule autre instance, Jacques Marteau, impliqué dans le rapt de Jeanne Jourdaine, cherche à se disculper en signalant qu'il «ne fut que aux fiancailles qui furent du consentement des deux mariez».[9] Le consentement mutuel des époux apparaît si peu souvent qu'il est impossible de conclure qu'il constitue le but visé par un mariage. Il représente tout au plus une circonstance atténuante.

LE CONSENTEMENT FÉMININ

Puisqu'il est impossible de parler de consentement mutuel, puisqu'il est inutile de s'étendre sur l'évident consentement masculin, c'est surtout du consentement de l'épouse dont nous traiterons.[10] À en croire les suppliants des lettres de rémission, les femmes consentent généralement à leur mariage. Seuls trois d'entre eux admettent l'opposition de leur victime, à l'instar d'Enguerrand de Luilly, frère et complice du ravisseur Pierre de Luilly, qui avoue que l'enlèvement de Marguerite de L'Églantier et son mariage ont

---

[5] *Chronique du Religieux de Saint-Denys contenant le règne de Charles VI de 1380 à 1422*, M. L. Bellaguet (édit. et trad.), Paris, 1994, t. 2, p. 749.

[6] *Journal de Jean de Roye connu sous le nom de Chronique scandaleuse*, B. de Mandrot, (édit.), Paris, 1894 et 1896, t. 2, p. 161.

[7] *Ibid.*

[8] AN, JJ 119, 1. 369.

[9] Cathus vs Lestang, AN, X 2a 17, fol. 84 v•.

[10] Vingt-quatre passages de chroniques, 21 lettres de rémission et 28 procès touchent au consentement féminin.

été faits contre sa volonté puisqu'il «avoit ycelle induite a prandre et espouser son dit frere, et pour ce par paour se estoit assentie, a ce a quoy si elle eust esté en sa puissance et franchise, elle ne se feust point accordee sicomme elle dit».[11] Pressé par la partie adverse qui doit entériner la lettre de rémission, il s'est vu contraint de dire la vérité.

Le consentement féminin est fort utile au suppliant car il atténue le crime, en particulier lorsqu'il s'agit d'un rapt. Guillaume de Vaux insiste fortement sur le consentement de son épouse Marion de Calais. Dans sa lettre de rémission, il commence par affirmer qu'avant d'agir, «il avoit veu par aucun signe et conjectures que elle, de sa bonne voulenté, se accordoit assez a lui avoir par mariage»;[12] c'est avec son accord qu'il l'a ensuite enlevée et avec son accord qu'il l'a épousée. Guillaume de Vaux a sans doute raison de tant insister sur le consentement de Marion puisque c'est en tenant compte que le mariage «est par la voulenté et consentement de la dicte Marion et de ses diz amis»[13] que le roi finit par lui accorder une rémission. Dans les lettres de rémission, le consentement féminin apparaît donc comme une circonstance atténuante, une circonstance qui peut même justifier un crime, par exemple un rapt de séduction commis face à l'opposition des parents et amis.

Dans les procès, il arrive également que les défendeurs se servent du consentement féminin comme d'une circonstance atténuante, en particulier lorsque la fille est apparue consentante au moment des pourparlers ou de son enlèvement. Mais le consentement y est bien plus qu'une circonstance atténuante. Il est au cœur du procès. Vingt-huit des quarante-huit procès[14]

[11] L'Églantier vs Auxy, AN, JJ 143, l. 72.

[12] AN, JJ 136, l. 44.

[13] *Ibid.*

[14] Il est à noter que seulement neuf procès discutent amplement du consentement des époux. Dans deux cas, le consentement féminin n'est pas remis en question: ce sont plutôt ses conséquences qui sont à l'origine de la discussion. L'Anglais Guillebert Dowel fait du consentement de sa fiancée son argument principal dans un procès contre le procureur du roi qui cherche à rompre cette alliance entre ennemis (Roi vs Dowel, AN, X 2a 22, fol. 4 r•-4v•). Dans le cas de Jeanne de Cassel, il s'agit d'un rapt de séduction et la tactique de l'oncle, Husson de Cassel, est justement de prouver le consentement de Jeanne. (Cassel vs Wastepaste, AN, X 2a 24, fol. 98 v•-207 v•). Dans quatre procès, les parties font grandement référence au droit canon. (Cassel vs Wastepaste, AN, X 2a 24, fol. 98 v•-207 v•, Cathus vs Lestang, AN, X 2a 17, fol. 54 v•-213 v•, Avaugour vs Cepeaux, AN, X 2a 17, fol. 248 r•-251 v•, Eschalard vs Aubigni, AN, X 2a 18, fol. 216 v•-248 v•). Le poids qu'attribuent les parties au droit canon explique sans doute la place qu'elles réservent au consentement dans leur discussion. Dans deux procès, c'est une veuve qui est victime et demanderesse: le consentement d'une femme mûre mérite sans doute qu'on lui porte attention d'autant plus qu'en tant que partie adverse, la victime est

mentionnent au moins une fois l'opinion de la victime, preuve que son consentement est un argument important. Règle générale, un seul choix s'offre aux défendeurs, celui de prouver l'accord de la fille. Quant aux demandeurs, ils peuvent arguer soit de l'opposition de la fille au mariage, soit de l'invalidité de son consentement pour des raisons d'âge, de droit ou de désaccord parental.

Les occasions pour la femme d'affirmer son consentement ou inversement, son mécontentement, sont nombreuses. Les documents témoignent de consentements exprimés à toutes les étapes du processus matrimonial: pourparlers, enlèvement, fiançailles, épousailles et consommation. Cet exemple, tiré de la plaidoirie de Pierre de Luilly, ravisseur de Marguerite de L'Églantier, regroupe bon nombre des différents temps du consentement:

> et y a eu en ceste matere, IIII ou cinq consentememens (sic) de la partie de la dicte damoiselle. C'est assavoir quant elle manda Pierre pour la aler querir et quelle s'en vint de son consentement. Item que en venant le chemin, comme aiant la chose agreable, donna audit Pierre un anel. Item devant le prestbre qui les espousa. Item au coucher et aussi aprés ce, devant ledit bailli.[15]

C'est au moment des pourparlers surtout que les chroniqueurs font intervenir l'épouse. C'est alors, avant que l'alliance ne se noue, avant que l'accord ne soit conclu entre les parties, avant que le sacrement ne soit célébré, qu'il est encore temps d'exprimer un désaccord. Nous rencontrons alors les rarissimes passages de chroniques où un mariage est conditionnel au consentement féminin. Ainsi, Charles VI accorde la main de sa fille Marie, religieuse à Poissy,[16] au fils du duc de Bar «à condition toutefois que sa fille y consentirait».[17] Dans les sources judiciaires, la mention des pourparlers sert plutôt à démontrer l'accord de la femme. En voyant d'un bon œil les négociations de mariage, elle encourage la démarche de son futur mari, même s'il s'agit d'un rapt. Ainsi, avant d'enlever Catherine Rouaude, Pierre de la Grue «parla a elle pour savoir s'elle vouloit estre sa femme dont elle fut contente».[18]

La femme peut aussi avoir consenti ou, du moins, ne pas avoir résisté à l'enlèvement. Lors du rapt d'Agnès de Brulart, Guiot de Saint-Bonnot et

---

davantage en mesure de se défendre et de s'affirmer (Eschalard vs Aubigni, AN, X 2a 18, fol. 216 v•-248 v• et L'Églantier vs Auxy, AN, X 2a 12, fol. 163 v•-211 v•, JJ 143, l. 161 et l. 72 et JJ 151, l. 28).

[15] L'Églantier vs Auxy, AN, X 2a 12, fol. 166 r•.

[16] Poissy, dép. Yvelines, ch.-l. c.

[17] *Chronique du Religieux de Saint-Denys...*, t. 3, p. 349-351.

[18] Bois vs Grue, AN, X 2a 35, fol. 71 v•.

Robert Damas «la mirent sur un de leurs chevaux sans ce que elle y meist debat en aucune maniere».[19] En démontrant l'acquiescement de la victime à son propre enlèvement, ces allégations atténuent le crime et transforment le rapt violent en rapt de séduction. Il ne s'agit plus d'un crime capital commis contre la paix du royaume mais de la mesure désespérée de deux jeunes gens. La femme affirme ensuite son consentement aux fiançailles: «Margot de Notre Dame et lui accorderent ensamble, du gré et de la volenté de la dicte Margot, qu'il prandroient l'un l'autre a mariage».[20] Ces déclarations rendent le geste conforme à la doctrine ecclésiastique puisque, dans le cas des fiançailles, le consentement libre, réciproque et légitime est la seule exigence ecclésiastique.[21]

Enfin, c'est surtout aux épousailles que la femme doit donner son accord. Ce faisant, elle atteint un point de non-retour puisque ce consentement, prononcé par «paroles de présent», lie à jamais les époux. Les parties se contentent souvent d'en affirmer l'existence par une formule standardisée qui s'applique tout autant aux épousailles qu'aux fiançailles ou qu'à l'enlèvement: «tout fu fait du gré, voulenté et consentement de la dicte damoiselle».[22] À d'autres occasions, on voit la femme exprimer son opinion par des gestes. Catherine Eschalarde «*libenter* a l'eglise ala pour estre espousee»[23] en y baillant son anneau alors que Tiphaine du Fou «faisoit tresbonne chiere et ne faisoit aucun signe de tristece».[24] Au contraire, Jeanne Rabaut «plouroit et crioit en faisant le mariage»[25] et Jeanne Jourdaine «espousa maugré elle et contredisant dire les paroles pertinens a mariage, et plourant, et soy laissant cheoir plusieurs fois a la messe qu'ilz firent dire».[26] Comme Jeanne Jourdaine, la femme peut également déclarer verbalement son consentement. Catherine de Montbrun «a grant assemblee de gens, interroguee se elle estoit contente du mariage, respondi que oil et que a ce n'estoit aucunement contrainte».[27] Quant à Antoinette de Cravant qu'on «enmena en l'eglise et illec enquist se elle prendroit a mary ledit Merle. Dist que non».[28]

---

[19] AN, JJ 112, l. 78.

[20] Hardencourt vs Caron, AN, X 2a 10, fol. 129 v•.

[21] M. Durand de Maillane, *Dictionnaire de droit canonique et de pratique bénéficiale*, Lyon, 1770, t. 3, p. 483.

[22] L'Églantier vs Auxy, AN, X 2a 12, fol. 164 v•.

[23] Eschalard vs Aubigni, AN, X 2a 18, fol. 246 r•.

[24] Fou vs Bernean, AN, X 2a 12, fol. 378 r•.

[25] Avaugour vs Cepeaux, AN, X 2a 17, fol. 251 r•.

[26] Cathus vs Lestang, AN, X 2a 17, fol. 73 v•.

[27] Montbrun vs Beaumont, AN, X 2a 24, fol. 49 v•.

[28] Merle vs Bertran, AN, X 2a 24, fol. 195 r•.

La consommation et la vie conjugale qui s'ensuit offrent les dernières occasions aux parties d'aborder le consentement de la victime. La fille peut s'être opposée aux relations sexuelles, comme Isabeau Morne avec qui Renaud Le Fauconnier «coucha plusieurs foiz, nu a nu, a force et contre la voulenté d'elle, et s'efforca de la defflorer et cognoistre charnelement, mais pour la resistence d'elle il ne pot».[29] Les défendeurs préfèrent évidemment prouver la bonne volonté de la nouvelle épouse, comme Hutin de Clamas qui affirme que «coucherent ensemble VI sepmaines et eurent compagnie charnele, du gré et voulenté de ladicte Perrotine»[30] et «ny fit Hustin aucune violence indeue a la congnoistre».[31] Finalement, la femme peut avoir déclaré, en confession ou à ses amis, sa satisfaction face à son mariage. Ces sentiments positifs sont le signe que le consentement féminin perdure. Alors que Jeanne de Cassel «dist que Robinet estoit son mary et n'en vouloit point d'autre»,[32] Antoinette de Cravant, «de sa voulenté, a tousiours demouré et encores demore avecques Josseaume».[33] Les défendeurs concluent alors avec l'impression d'un mariage réussi et d'un couple heureux.

LE CONSENTEMENT: UN ARGUMENT JURIDIQUE

Que ce soit aux fiançailles, aux épousailles ou à la consommation, le consentement féminin apparaît lorsqu'il est utile. Si le seigneur Antoine de Croy parvient à unir son fils Philippe à Jacqueline de Luxembourg, fille du comte de Saint-Paul, c'est parce qu'il «avoit tellement induit ladicte damoiselle, qui estoit josne, comme dit est, que elle dit que le marché lui plaisoit bien».[34] Le consentement constitue un outil pour celui qui veut créer ou défaire, valider ou invalider un mariage.

Dans les procès, c'est parce qu'il représente un argument supplémentaire que les parties abordent le point de vue de la femme. Pour les demandeurs, il importe surtout d'invalider le consentement féminin même s'ils doivent pour cela contredire les propos de la victime déclarés librement, semble-t-il, lors d'un interrogatoire au Parlement. Selon le ravisseur Jacques de Rochedragon, Marguerite de Signet fut mise «en son liberal arbitre, en l'ostel du seigneur de Saint Maissent, ou en la presence dudit Roubol et de plusieurs notables gens nobles et autres, elle dist et declara que ledit

---

[29] Morne vs Maleret, AN, X 2a 14, fol. 225 r•.

[30] Paris vs Clamas, AN, X 2a 14, fol. 106 v•.

[31] *Ibid.*, fol. 107 r•.

[32] Cassel vs Wastepaste, AN, X 2a 24, fol. 103 r•.

[33] Merle vs Bertand, AN, X 2a 24, fol. 195 r•.

[34] Mathieu d'Escouchy, *Chronique*, G. du Fresne de Beaucourt (édit.), Paris, 1863-1864, t. 2, p. 309.

suppliant estoit son vray mari, qu'il l'avoit pris de son bon gré et qu'elle n'en auroit point d'autre».[35] Cela n'empêche pas la demanderesse, Claude de Chaussecourte, mère de Marguerite, de riposter en plaidoirie que «a donné a entendre par ledit pardon que a Saint Maixant,[36] Marguerite declara que Rochedragon estoit son mary et qu'elle n'yroit point a sa mere, dont n'est riens».[37] De même, la partie adverse de Nicolas de Bruneval déclare que «n'y fait riens se on dit que ledite Marie a confessé en la court de seans que Bruneval est son mary et qu'elle le veult avoir».[38]

La femme peut même être poussée par ses parents à intenter une poursuite à son ravisseur. Du moins les défendeurs l'affirment-ils, à l'instar de Jean Maleret qui déclare qu'«on ne doit pas adioster foy a l'informacion car la fille a este induite par ses parens a deposer ce qu'elle a deposé».[39] De même, Marguerite de L'Églantier aurait dit «a plusieurs personnes et en especial, a messire Jehan de Hanges qu'elle avoit este espousee de son consentement et qu'elle ne feist aucune poursuite des choses dessus dictes si ne l'eussent ses parens que le lui fasoient fere».[40] Ces débats démontrent clairement que les témoignages entourant le consentement féminin ne reflètent pas nécessairement la réalité. Jean de Soissons,[41] en procès pour l'enlèvement de Catherine de Craon, le prouve lorsqu'il affirme qu'il est inutile de chercher à connaître l'opinion de la femme car «se y a tesmoing qui deposent qu'elle est a sa desplaisance, se trouveront xl tesmoins qui deposeront le contraire».[42]

Le consentement apparaît nécessaire, non pas parce qu'il compte réellement, mais parce qu'il constitue un argument juridique essentiel au succès du procès. On se rend compte à quel point ce consentement est aléatoire lorsque la victime «consentante» traîne son «époux» en cour, comme dans le cas de la veuve Marguerite de L'Églantier qui intente un procès pour rapt à son soi-disant mari, Pierre de Luilly, et à ses complices.[43] En insistant sur le consentement de la femme, les parties comme les procureurs d'une cour

---

[35] Chaussecourte vs Rochedragon, AN, JJ 195, l. 1032.

[36] Probablement Saint-Maixant, dép. Creuse, arr. Aubusson, c. Aubusson.

[37] Chaussecourte vs Rochedragon, AN, X 2a 29, 08/03/1473.

[38] Lalement vs Bruneval, AN, X 2a 17, fol. 73 r•.

[39] Morne vs Maleret, AN, X 2a 14, fol. 228 r•.

[40] L'Églantier vs Auxy, AN, X 2a 12, fol. 164 v•-165 r•.

[41] Il s'agit de Jean de Soissons, seigneur de Moreil, chambellan du roi. F.-A. Aubert de la Chesnaye-Desbois, *Dictionnaire de la noblesse*, Paris, 1770-1786.

[42] Sains vs Soissons, AN, X 2a 28, fol. 300 v•.

[43] L'Églantier vs Auxy, AN, X 2a 12, fol. 163 v•-211 v•, JJ 143, l. 161 et l. 72 et JJ 151, l. 28.

laïque reconnaissent et appliquent pour tout simplement fins de plaidoiries le seul droit matrimonial, c'est-à-dire le droit canon.

Ce faisant, les parties des procès et leurs procureurs témoignent d'une connaissance des règles canoniques. Divers procès affirment que «*solus consensus facit matrimonium*»[44] et que «*matrimonia debent esse libera*».[45] Est-ce pour prouver leur science que les procureurs et les parties citent le droit canon en latin, comme le procureur du comte d'Armagnac qui affirme que «en mariage *requiruntur mutuus*[46] *consensus et forma*, et s'ilz n'y sont n'y a mariage»?[47] Les grandes règles du droit, en particulier la nécessité d'un consentement mutuel libre de toute contrainte, semblent donc bien acquises, comme le confirme la fréquence des mariages clandestins.[48]

Cela signifie-t-il pour autant que les subtilités de la doctrine le soient? On ajoute parfois que le consentement a été donné par paroles de présent. Ainsi, le procureur de Jean de L'Espinasse[49] et de son épouse Blanche Dauphine affirme que leur fille et Charles de Montmorin[50] furent épousés «par paroles de present».[51] Il veut probablement prouver l'irréversibilité de l'union contractée, comme le fait Jeanne de Long Gué qui rapporte avoir «contraict mariage par paroles de present».[52] Elle parle sans doute, dans cette lettre de rémission, sous l'influence des juristes de la Chancellerie. Ce n'est pas par hasard que le seul chroniqueur à utiliser de façon juste le concept de paroles de présent, Clément de Fauquembergue, soit un ecclésias-

---

[44] Cathus vs Lestang, AN, X 2a 17, fol. 125 r•.

[45] Eschalard vs Aubigni, AN, X 2a 18, fol. 244 r•.

[46] MS: muutiuus.

[47] Roi vs Armagnac, AN, X 2a 28, fol. 235 r•.

[48] C'est ce qu'affirment par exemple M. M. Sheehan et F. Pedersen. M. M. Sheehan, «The Formation and Stability of Marriage in Fourteenth-Century England: Evidence of an Ely Register», *Mediaeval Studies*, 33 (1971), p. 228-263 et F. Pedersen, «Did the Medieval Laity Know the Canon Law Rules on Marriage? Some Evidence from Fourteenth-century York Cause Papers», *Mediaeval Studies*, 56 (1994), p. 111-152. Jacqueline Murray le confirme également: J. Murray, «Individualism and Consensual Marriage: Some Evidence from Medieval England», dans C. M. Rousseau and J. T. Rosenthal (édit.), *Women, Marriage, and Family in Medieval Christendom. Essays in Memory of Michael M. Sheehan*, Kalamazoo, 1998, p. 121-151.

[49] Il s'agit de Jean de l'Espinasse, 1ᵉʳ du nom, seigneur de Changy. F.-A. Aubert de la Chesnaye-Desbois, *Dictionnaire de la noblesse*...

[50] Il s'agit de Charles, seigneur de Montmorin, de la Bastie etc... Son mariage avec Philippe de L'Espinasse, dame du Châtelard, a survécu et donné quatre enfants. F.-A. Aubert de la Chesnaye-Desbois, *Dictionnaire de la noblesse*...

[51] L'Espinasse vs Montmorin, AN, X 2a 24, fol. 254 v•.

[52] AN, JJ 154, l. 195.

tique, licencié en droit et en décret, greffier au Parlement de Paris. Il écrit à deux reprises que «fu le mariage fait, *per verba de presenti*».[53] En adoptant cette expression, les juristes de la cour et de la Chancellerie royales font étalage de leurs connaissances; ils démontrent également l'utilité du jargon ecclésiastique.

Mais, la doctrine de l'Église, en particulier la distinction entre *«verba de futuro* et *verba de presenti*, engagement pour l'avenir, c'est-à-dire fiançailles, et engagement actuel, c'est-à-dire mariage»*,[54] est-elle vraiment bien assimilée par la société noble? Dans son procès, Guillebert Dowel parle de sa fiancée en disant «qu'il y a consentement liberal de la fille, et *per verba de presenti*».[55] Le procureur du roi le reprend en répondant que le mariage ne tient pas car «il y a seulement fiansailles *per verba de futuro* (...) *Ymo* se il l'avoit espousee *per verba de presenti*»,[56] il en serait autrement. C'est le juriste qui a raison; le laïc, pour sa part, méconnaît le droit. Guillaume Gruel, dans la *Chronique d'Arthur de Richemont*, se trompe également puisqu'il associe les fiançailles aux paroles de présent en écrivant que «l'archevesque de Besancon fist les fiansailles par parolles de present, puis huyt jours après fist les espousailles».[57] Doit-on conclure que si le droit canon est connu, il est mal compris et mal interprété? L'élite laïque fait-elle si difficilement la distinction entre paroles de futur et de présent? C'est une question que soulèvent également Frederik Pedersen[58] et Anne Lefebvre-Teillard:

> Fait-on bien dans la société médiévale la distinction entre paroles de futur et paroles de présent qui juridiquement distinguent fiançailles et mariage? A-t-on bien suivi l'évolution de la doctrine sur ce point? Chez les grands où le mariage est un instrument politique, sans doute, chez les juristes certainement, chez les autres bourgeois peut-être, mais dans le peuple?[59]

[53] *Journal de Clément de Fauquembergue, greffier du Parlement de Paris*, A. Tuetey et H. Lacaille (édit.), Paris, 1903-1915, t. 1, p. 365 et 367.

[54] J. Gaudemet, *Le mariage...*, p. 167.

[55] Roi vs Dowel, AN, X 2a 22, fol. 4 v•.

[56] *Ibid.*

[57] Guillaume Gruel, *Chronique d'Arthur de Richemont, connétable de France, duc de Bretagne (1383-1458)*, A. Le Vavasseur (édit.), Paris, 1890, p. 30-31.

[58] Frederik Pedersen pose la même question. Il conclut que si certains individus font bien la distinction entre paroles de futur et paroles de présent, cette distinction n'est peut-être pas claire pour tous. F. Pedersen, «Did the Medieval...», p. 111-152.

[59] A. Lefebvre-Teillard, «Règle et réalité dans le droit matrimonial à la fin du Moyen-âge», *Revue de droit canonique*, 30 (1980), p. 44.

Même pour la noblesse, les subtilités du droit canon restent parfois nébuleuses.

La référence au droit canon sert surtout à jeter de la poudre aux yeux de la partie adverse. Car malgré ce droit, il appert que le consentement des époux, par *verba de futuro* ou par *verba de presenti*, importe peu. Les parties mentionnent le consentement féminin comme une donnée obligatoire, mais sans grande conviction. Au fond, elles considèrent que le consentement de la femme peut difficilement servir de critère pour décider de la gravité d'un crime ou de la validité d'un mariage. La femme est si facilement séduite par le ravisseur ou induite par ses parents. Comme elle craint autant le premier que les seconds, elle consentira ou non au mariage, avouera ou non le crime pour obéir et contenter ceux qui la détiennent en son pouvoir. Si elle ose tenir tête, c'est qu'elle est trop amoureuse ou trop jeune pour être maîtresse de ses actes. Un exemple parmi tant d'autres tend à le prouver: selon la partie adverse, Catherine Rouaude ne peut pas avoir consenti à épouser Pierre de la Grue de son propre chef car «par ceducion il l'a eue».[60] Le consentement féminin n'est tout simplement pas fiable.

Pourtant, le Parlement de Paris semble y porter foi. Lorsque la cour est prise dans l'imbroglio des versions opposées, elle fait parfois venir la femme afin qu'elle donne sa version des faits. Lorsque la cour ordonne que Nicolas de Bruneval lui amène Marie de Caix,[61] cette dernière confesse alors vouloir Nicolas pour mari. Jeanne Jourdaine est également entre les mains de la cour lorsqu'elle fait des confessions dont son procureur demande copie.[62] S'agit-il d'une simple procédure que ce témoignage de la victime? Les juges du Parlement croient-ils réellement aux déclarations des femmes? Il est difficile de le savoir, de sonder leurs pensées, d'autant plus que ces confessions n'ont pas été conservées.

Il n'est pas rare que les parties exigent la comparution de la victime. Ainsi, Colard de Sains et son fils Esglet demandent que Catherine de Craon «viegne ceans et on verra s'elle est contente ou non de Esglet».[63] Il s'agit bien souvent d'une simple tactique pour faire lâcher prise à la partie adverse. Celle-ci répondra d'ailleurs que la fille elle-même refuse de venir, attribuant tout à coup une importance surprenante à son avis. Catherine de Craon répond au sergent exécuteur qui lui montre le commandement de la cour «qu'elle savoit que c'estoit et que c'estoit pour le menage d'elle et de Jehan (sic) de Sains, mais qu'elle ne l'esposeroit jamais».[64] Selon son père

---

[60] Bois vs Grue, AN, X 2a 35, fol. 6 v•.

[61] Lalement vs Bruneval, AN, X 2a 15, fol. 248 r•.

[62] Cathus vs Lestang, AN, X 2a 17, fol. 88 r•.

[63] Sains vs Soissons, AN, X 2a 28, fol. 271 v•.

[64] *Ibid.*, fol. 228 r•.

qui l'a poussée à se réfugier au Piémont, Isabeau de Polignac «a respondu que pour morir, elle ne viendra point, veue la force et violence que la Fayete luy a faicte, et qu'elle doubte que encores ne luy en fist d'autres».[65] À nouveau, l'opinion de la femme n'est présentée que lorsqu'elle sert la cause de parties.

FEMME FORTE, FEMME FAIBLE

Ces procès tracent le portrait d'une femme faible, facilement manipulée par les parties qui s'affrontent et qui décident de son avenir. Ça et là apparaissent toutefois quelques femmes fortes qui prennent en main leur destin, choisissent elles-mêmes leur époux ou font échouer des projets de mariage.

Pour refuser un époux, les femmes doivent avoir une raison valable telle que la loyauté ou une vocation religieuse. Lorsque la forteresse de la Rocheguion[66] tombe aux mains des Anglais, le roi d'Angleterre la «donna prestement à messire Guy le Boutiller, et avec ce lui voult faire avoir ladicte dame (de la Rocheguion) en mariage. Mais onques elle ne se y voult consentir, ains s'en ala avecques ses gens hors du pays, en délaissant sadicte fortresse».[67] Pour sa part, Jeanne, fille aînée du comte Pierre d'Alençon, est très pieuse et «ne voult oncques estre mariée»;[68] c'est le cas également de sa nièce Charlotte, fille de Jean d'Alençon.[69]

D'autres femmes font plus que refuser le parti offert. Elles prennent elles-mêmes l'initiative de leur mariage. Ce sont principalement les veuves qui possèdent la maturité et l'autorité pour poser un tel geste. Le récit de la reine de Naples et de Sicile démontre comment le veuvage donne à la femme la possibilité de choisir son époux: «par le consentement des nobles de Sésille et de Naples, je fui mariée à Andrieu de Honguerie, frère au roi Loeis de Honguerie, dou quel je n'euch nul hoir, car il morut jones à Ais à Prouvence. Depuis sa mort, on me remaria au prince de Tarente qui s'apelloit messires Charles, et en os une fille. (...) Depuis par l'acord des nobles

---

[65] La Fayette vs Polignac, AN, X 2a 35, fol. 347 r•. Le vicomte de Polignac, marié à Amédée de Saluces, dame de Caramagne en Piémont, fille de Mainfroy, comte de Cardé, maréchal de Savoie, envoie sa fille se réfugier dans sa famille maternelle, hors du royaume de France. Selon le *Dictionnaire de la noblesse*, seize enfants sont pourtant issus de ce mariage. Les parties ont donc réussi à régler leurs différents, ce que le procès ne nous apprend pas. F.-A. Aubert de la Chesnaye-Desbois, *Dictionnaire de la noblesse...*

[66] La Roche-Guyon, dép. Val d'Oise, arr. Pontoise.

[67] Enguerrand de Monstrelet, *Chronique*, New York, 1966, t. 3, p. 337.

[68] Perceval de Cagny, *Chroniques*, H. Moranvillé (édit.), Paris, 1902, p. 18.

[69] *Ibid.*, p. 29.

de Sésille et de Naples, je me remariay au roy James de Maïogres...».[70]
Jeune, la femme est mariée; veuve, elle devient actrice de son propre mariage. Lorsque Arthur de Richemont aborde Philippe le Bon pour obtenir la
main de l'une de ses sœurs, le duc répond «qu'il en avoit troys à marier, et
que des deux il se faisoit fort de lui bailler à choaisir, mais de madamme de
Guyenne, qui avoit esté mariée à monseigneur de Guienne, ne se faisoit pas
fort sans le consentement d'elle; mais des autres se faisoit fort».[71] La veuve
est en droit d'être consultée lorsqu'il s'agit de son remariage. Ses sœurs,
encore célibataires, n'ont qu'un devoir, celui d'obéir à la volonté du chef de
famille.

Même veuves, celles qui sélectionnent leur époux peuvent être mal
perçues. L'historiographie nous donne l'exemple des deux mariages clandestins de Jeanne Plantagenet, comtesse de Kent, avec sir Thomas Holland
puis avec Édouard, le Prince Noir, prince de Galles et fils d'Édouard III.[72]
S'il vient confirmer la possibilité pour une femme déterminée de choisir
elle-même son conjoint, cet exemple révèle aussi la réaction négative de
son entourage. Il en est de même dans le cas de Jeanne de Navarre, veuve
du duc de Bretagne, qui choisit d'épouser le roi Henry IV d'Angleterre. Le
Religieux de Saint-Denys note qu'elle est «subjuguée par sa nouvelle passion, comme le sont toutes les femmes, et n'ayant rien plus à cœur que de
hâter la conclusion de ce mariage».[73]

Le choix personnel d'une femme amoureuse et frivole est menaçant
pour les familles et leurs stratégies car elle peut choisir un mauvais parti,
un parti mal assorti, un parti ennemi, uniquement parce que le cœur lui en
dit. C'est ce que fait Jacqueline de Luxembourg, veuve du duc de Bedford,
en se remariant «de sa franche voulenté à ung chevalier d'Angleterre nommé Richard Doudeville»,[74] un époux «moult bel et bien formé de sa personne, mais au regard du linage il n'estoit point pareil à son premier mari,
le régent, ne à elle».[75] Elle contrevient alors aux règles les plus élémentaires
des stratégies matrimoniales. C'est pour cela que les familles se refusent à
laisser les femmes libres de décider. C'est pour cela qu'elles ne les consultent pas et que leur consentement demeure accessoire. Les rares cas con-
traires viennent uniquement conforter les familles dans leurs convictions.

---

[70] Jean Froissart, *Chroniques*, M. le baron Kervyn de Lettenhove (édit.), dans
Oeuvres de Froissart, Osnabrück, 1967, t. 9, p. 151.

[71] Guillaume Gruel, *Chronique d'Arthur de Richemont...*, p. 26.

[72] K. P. Wentersdorf, «The Clandestine Marriages of the Fair Maid of Kent»,
Journal of Medieval History, 5 (1979), p. 203-231.

[73] *Chronique du Religieux de Saint-Denys...*, t. 3, p. 41.

[74] Enguerrand de Monstrelet, *Chronique...*, t. 5, p. 272.

[75] *Ibid.*

Le premier rôle de la femme est de consentir et d'obéir. Nombreux sont les mariages imposés à la femme par son futur époux ou par ses parents. Ces exemples démontrent à quel point il est facile d'ignorer l'opinion féminine. Isabelle de France a épousé Charles d'Orléans «combien que par pluiseurs fois elle le refusast et en feist grand dangier et contredit».[76] Selon *Le Livre des Trahisons*, elle «en moru en la parfin de desplaisir comme la renommée commune en couroit».[77] C'est sa consanguinité et sa parenté spirituelle avec son époux qui poussent Isabelle de France à repousser l'union projetée. Isabelle d'Armagnac a une raison encore plus solide de refuser le mariage que son propre frère lui propose; il l'ignore et finit par l'épouser «combien que sadicte sœur ne s'y voloit consentir».[78] De toute évidence, on peut passer outre l'opposition féminine.

On ne saurait trop dire à quel point il est important pour une femme d'obéir, en particulier à son père. La situation n'a guère changé depuis le XIIᵉ siècle dont traite la *vita* de Christina de Markyate étudiée par Paulette L'Hermite-Leclercq. Dans un siècle comme dans l'autre, «le premier devoir d'une fille était l'obéissance et l'humilité».[79] Son consentement n'a aucune valeur; il va de soi. La femme «n'a que le droit d'applaudir au choix du partenaire que ses parents lui destinent».[80] Shannon McSheffrey arrive à la même conclusion pour Londres à la fin du Moyen-âge.[81]

Ce devoir d'obéissance est d'ailleurs très bien assimilé par la grande majorité des femmes. La réponse d'Isabelle de France à l'annonce de son mariage avec Richard II le démontre: «se il plaist à Dieu et à monseigneur mon père que je soye royne d'Angleterre, je le verray voulentiers».[82] Autre histoire édifiante que nous avons déjà racontée, celle de la fille d'un brasseur de cervoise de Lille que le duc de Bourgogne voulait marier à Colinet la Thieuloye, son archer. Devant l'opposition du père, le duc de Bourgogne consulte la fille et «lui demanda si elle ne se voudroit point marier s'il lui

---

[76] *Le livre des trahisons de France*, M. le baron Kervyn de Lettenhove (édit.), dans *Chroniques relatives à l'histoire de la Belgique sous la domination des Ducs de Bourgogne*, Bruxelles, 1880, p. 50.

[77] *Ibid.*

[78] Mathieu d'Escouchy, *Chronique...*, t. 2, p. 292.

[79] P. L'Hermite-Leclercq, «Enfance et mariage d'une jeune anglaise au début du XIIᵉ siècle: Christina de Markyate», dans H. Dubois et M. Zink (édit.), *Les âges de la vie au Moyen-âge*, Paris, 1992, p. 168.

[80] *Ibid.*, p. 168.

[81] S. McSheffrey, «"I will never have none ayenst my faders will": Consent and the Making of Marriage in the Late Medieval Diocese of London», dans C. M. Rousseau et J. T. Rosenthal (édit.), *Women, Marriage, and Family in Medieval Christendom. Essays in Memory of Michael M. Sheehan*, Kalamazoo, 1998, p. 174.

[82] Jean Froissart, *Chroniques...*, t. 15, p. 186.

en prioit, et la fille respondit qu'elle estoit en l'obéissance et gouvernement de père et de mère, et ce qu'ils lui voudroient ordonner et commander, il convenoit bien qu'elle le fist et autrement non».[83] Le désir d'obéir au père est si fort qu'il peut même pousser la jeune fille à décevoir son seigneur. Il en va de même pour Jeannette, fille de Bernard de Chaumont, qui a consenti à un mariage avec l'ennemi anglais «voulans obeyr et complaire a son dit feu pere».[84] Le roi est sensible à ce désir d'obéissance. Comment condamner une femme qui a fait son devoir? Il lui attribue la lettre de rémission qu'elle demande. Comme le souligne fort justement Cecily Clark, ce devoir d'obéissance est inscrit dans les mentalités des femmes du Moyen-âge: «pour des femmes élevées dans des milieux traditionalistes, ce n'est pas la liberté qui compte le plus, mais la conformité avec les normes de la société; le désir le plus profond est de paraître "comme il faut"».[85]

*

* *

Seules quelques femmes obtiennent droit de parole grâce à leur âge, à leur veuvage, à leur statut social ou à leur autorité. Pour ces quelques femmes qui s'expriment, combien sont restées silencieuses, obéissantes et soumises? Toutes les autres n'ont d'autre choix que d'obéir à leur père et de consentir au mariage décidé pour elles.

Le mariage consensuel demeure du domaine de l'utopie. Si l'Église a déclaré le consentement des époux instrumental dans la création d'un mariage, elle n'a pas donné le moyen aux femmes de faire valoir leur opinion. Comme la règle ecclésiastique a consacré le mariage consensuel, on fait répéter aux époux des paroles de consentement au jour des épousailles. Mais ces paroles sont si souvent vides de sens. Le consentement des époux, celui de la femme surtout, demeure une façade, une formalité. Il est facile de passer outre le consentement féminin et de l'ignorer. La société noble ne veut pas, ne peut pas lui attribuer trop d'importance. Ce serait attribuer le rôle principal à celle qui ne doit pas être une actrice des pourparlers matrimoniaux.

Par conséquent, malgré la doctrine de l'Église qui voudrait imposer le consentement des époux comme base du mariage, la société ne se conforme que superficiellement à cette règle.[86] Elle argue du consentement

---

[83] Georges Chastellain, *Chronique...*, t. 3, p. 83.

[84] AN, JJ 154, l. 388.

[85] C. Clark, «La réalité du mariage aristocratique au XIIe siècle: Quelques documents anglais et anglo-normands», dans D. Buschinger et A. Crépin (édit.), *Amour, mariage et transgresssions au Moyen-âge*, Göppingen, 1984, p. 22.

[86] Il est intéressant de noter que M. Korpiola qui compare la législation civile au droit canon pour une région bien éloignée de la France médiévale, la Scan-

lorsqu'il le faut, lorsqu'il peut être utile, mais en réalité, elle ne lui accorde presque aucun rôle dans la formation du mariage. Elle ne croit pas réellement à la première règle de la doctrine ecclésiastique. L'Église n'a toujours pas réussi, aux XIV⁰ et XV⁰ siècles, à imposer sa doctrine matrimoniale en profondeur.

---

dinavie, arrive aux mêmes conclusions. M. Korpiola, «An Uneasy Harmony: Consummation and Parental Consent in Secular and Canon Law in Medieval Scandinavia», dans M. Korpiola (édit.), *Nordic Perspectives on Medieval Canon Law*, Saarijärvi, 1999, p. 125-150.

8
Les célébrations profanes du mariage

Le mariage se fonde devant Dieu et devant les hommes. Au Moyen-âge comme aujourd'hui, sa célébration ne se limite pas à l'échange des consentements et à la messe nuptiale. Les noces sont aussi l'occasion de fêter les nouveaux mariés. Si les rites ecclésiastiques satisfont les exigences religieuses du mariage, les célébrations profanes accomplissent sa fonction sociale. La société tout comme l'Église a besoin de garantir la légalité et la publicité du mariage. Les festivités sont inhérentes à l'établissement d'un mariage car elles le transforment en événement public et témoignent de l'approbation de la communauté. Les noces de la haute noblesse ont même une fonction politique puisqu'elles permettent au prince de faire étalage de son hospitalité, de sa richesse et de son pouvoir. En étudiant les célébrations profanes, c'est tout un pan du mariage aristocratique que nous explorons et dont nous évaluons la portée.

Les célébrations entourant le mariage n'ont certes pas provoqué de conflits entre la noblesse et l'Église. Celle-ci n'a pas légiféré sur le sujet; elle n'a pas tenté de s'y insérer. Par conséquent, il est difficile d'y voir un terrain de dispute entre idéal ecclésiastique et pratique aristocratique. Pourtant, dans la perspective d'une comparaison entre les deux modèles de mariage, l'étude des festivités est nécessaire. Non seulement ces festivités font-elles partie intégrante du mariage noble, mais la place qu'elles conservent dans le rituel aristocratique témoignent de la pérennité des pratiques matrimoniales traditionnelles.

Puisque ce sont surtout les chroniques qui s'attachent à les décrire, nous étudierons d'abord les noces de la grande noblesse, celles des mariages royaux ou princiers où la fête, luxueuse et éblouissante, vaut la peine d'être racontée[1]. Les mentions de festivités nuptiales se font beaucoup plus rares dans les lettres de rémission et les procès. Elles servent pourtant à attester du consentement de la nouvelle mariée participant joyeusement à la fête et, par la présence d'invités, à contredire les accusations de clandestinité. Mais les circonstances d'un rapt et d'un mariage clandestin se prêtent mal aux célébrations et aux grandes réunions. C'est ainsi qu'après 1430, hormis les invités, les plaidoiries ne font plus mention d'aucune célé-

---

[1] L'un ou l'autre des éléments des célébrations profanes est mentionné à 119 reprises dans 15 procès, 21 lettres de rémission et 84 extraits de chroniques.

bration. Le dernier procès[2] à en faire état s'en sert même pour blâmer le mariage de la veuve Marie d'Argenton[3] avec Jean d'Arigon,[4] le serviteur de son défunt mari. Les réjouissances auraient-elles alors perdu toute valeur argumentative dans les procès?

Pour faire référence aux réjouissances, ce sont d'abord les expressions fête, festoyer et leurs équivalents qui sont utilisées. Elles peuvent même suffire. Le Héraut Berry synthétise en une même phrase les célébrations des mariages de Philippe le Bon et d'Isabelle du Portugal, de Jean d'Anjou et de Marie de Bourbon, du dauphin Louis et de Marguerite d'Écosse en écrivant qu'«y ot moult grant feste».[5] Pour ce chroniqueur, le mot fête accompagné de certains qualificatifs résume amplement l'esprit des célébrations et, malheureusement pour nous, il n'est pas nécessaire de détailler davantage. Quand au mot noce, il sert à désigner l'ensemble de la célébration du mariage: «Et en ce temps se partirent de Rouen à aler à Paris faire leurs noches et apointemens».[6] Tout comme les rites ecclésiastiques, les réjouissances profanes ne sont qu'un élément des noces: «Et, le jeudi ensuivant, IIIIe jour dudit moys de septembre ensuivant[7], maistre Nicole Balue, frere de monseigneur l'evesque d'Evreux, fut marié à la fille de messire Jehan Bureau, chevalier, seigneur de Montglat, et fut la feste desdictes nopces faicte en l'ostel de Bourbon, laquelle fut moult belle et honneste».[8] Heureusement, les documents, surtout littéraires, sont nombreux à décrire plus amplement les festivités. Ils en font alors ressortir les différents éléments: invités, repas, danse, musique, tournois, vêtements, décors et cortèges.

[2] Arigon vs Beaumont, AN, X 2a 18, fol 201 r•-261 v•.

[3] Il s'agit de Marie d'Argenton, dame d'Héricon et de Gacongnolles, fille unique de Jean d'Argenton, veuve de Bertrand de Caselet, seigneur de Beaunlo et de Jean de Torsay, sénéchal de Poitou puis grand-maître des arbalétriers de France. F.-A. Aubert de la Chesnaye-Desbois, *Dictionnaire de la noblesse*, Paris, 1770-1786.

[4] Il s'agit de Jean d'Arigon, seigneur de l'Espinaye. F.-A. Aubert de la Chesnaye-Desbois, *Dictionnaire de la noblesse*...

[5] Gilles le Bouvier dit Le Héraut Berry, *Les chroniques du roi Charles VII*, H. Courteault et L. Celier (édit.), Paris, 1979, p. 142, 180, 186.

[6] Pierre Cochon, *Chronique normande*, A. Vallet de Viriville (édit.), dans *Chronique de la Pucelle ou Chronique de Cousinot suivie de la Chronique normande de Pierre Cochon relatives aux règnes de Charles VI et de Charles VII*, Paris, 1859, p. 448.

[7] 1467.

[8] *Journal de Jean de Roye connu sous le nom de Chronique scandaleuse*, B. de Mandrot, (édit.), Paris, 1894 et 1896, t. 1, p. 178-179.

LES INVITÉS

Les invités constituent l'élément clé des réjouissances. Ils font de la fête un événement social. Par leur présence, ils concourent au prestige du mariage, en particulier lorsqu'ils sont nombreux ou illustres tels un roi, un duc ou un archevêque. Leur choix, toujours politique, révèle l'influence des époux ou de leur famille; leur nombre illustre leur hospitalité et leur richesse. Les invités font aussi connaître le mariage et servent de témoins.

«Là y eut mout de grans noblesses faites au nœches du roy Henry, et de haute seigneurie»[9] ou encore «auxquelles nopces furent faictes moult so-lemnelles festes de plusieurs seigneurs, dames et damoiselles»:[10] voilà les formules qui campent les nobles et nombreux invités. Si ces formules sont surtout utilisées dans les chroniques auxquelles elles apportent la concision nécessaire, elles apparaissent aussi dans les sources judiciaires où l'on voit ces invités se réjouir, par exemple lors des noces de Marguerite de Signet et de Jacques de Rochedragon qui «l'espousa en la presence de plusieurs notables chevaliers et escuiers».[11] Ailleurs, la mention de quelques person-nages illustres est suivie d'une formule similaire. Par exemple, Clément de Fauquembergue rapporte que le mariage d'Henry V et de Catherine de France fut célébré «en la presence de la Royne, du duc de Bourgoingne, du duc de Clarence, de la duchesse, sa femme, et autres pluiseurs barons, che-valiers, nobles et conseilliers, dames et damoiselles, tant du royaume de France et du royaume d'Angleterre».[12]

Il arrive que les chroniqueurs jugent à propos d'énumérer une longue liste d'invités présents aux réjouissances. Ces derniers participent surtout à la signature d'un traité, au cortège ou au repas nuptial. Lorsqu'ils sont énumérés selon leur agencement au banquet, leur place est alors révélatrice de leur position sociale. Ils sont assis selon leur rang, les personnages les plus illustres, les rois et les princes entourant la mariée à la première table. Il serait même possible, grâce à l'assiette des banquets nuptiaux, de recréer la hiérarchie sociale de l'époque.[13] La relation que donne Jean Le Fèvre de

---

[9] Pierre de Fénin, *Mémoires (1407-1422)*, Mlle Dupont (édit.), Paris, 1837, p. 137.

[10] Enguerrand de Monstrelet, *Chronique*, New York, 1966, t. 2, p. 51.

[11] Chaussecourte vs Rochedragon, AN, X 2a 39, 07/03/1473.

[12] *Journal de Clément de Fauquembergue, greffier du Parlement de Paris*, A. Tuetey et H. Lacaille (édit.), Paris, 1903-1915, t. 1, p. 365.

[13] Daniel Bornstein, dans son article «The Wedding Feast of Roberto Malatesta and Isabetta da Montefeltro: Ceremony and Power», *Renaissance and Reformation*, 24/2 (1988), p. 106-107, démontre que les convives invités au mariage de Roberto Malatesta, seigneur de Rimini, et d'Isabetta de Montefeltro sont toujours assis selon leur rang, au banquet, au tournoi et à l'église. Il suggère même que ces ordon-

la disposition des convives au banquet nuptial du comte de Genève et d'Anne de Chypre en est un exemple:

La dame fut menée en la salle par le duc et le duc de Bar. Lors lavèrent, puis assirent à table comme cy après est escript: le cardinal de Cippre, le duc, la dame des nœpces, la royne de Sézille, le duc de Bar, Jehan monseigneur de Clèves, et Jehan monseigneur de Nevers. La seconde table: le prince d'Orenges, la dame de Vauvert, le visconte de Morienne, la damoiselle du Bon Repos, messire Jehan d'Assonville, la dame du Chastel Le Palu, la damoiselle de Sallenove. La tierce table: Christofle de Harcourt, le duc de Savoye, la dame de Gaucourt, le comte de Monrevel, le seigneur de Talenchon. La quatre table: l'évesque de Morienne, l'évesque de Thurin, l'évesque de Bélais, le prévost de Mongat. La quinte table: le marquis de Salusse, la dame de Millan, la bailliesse de Savoye, la dame de Verget, la dame de La Marche. La vje table: le seigneur de Bussi, le seigneur de Vauvert, le seigneur de Palus, la femme de Pierre de Menton, la femme de Guillaume de Genève. La vije table: le conte de Fribourg, la dame de Piémont, le seigneur de Blanmont, la dame de Choragne, la dame de Barze, la dame de Monmajour, la dame des Allemet. Et, avec ce, y avoit pluiseurs chevaliers, escuiers, dames et damoiselles, et grant foison gens d'estat qui mengoient en ladicte salle. Les chevaliers et escuiers qui alloient devant les més: premiers, Guillaume Du Bois, premier maistre d'ostel du duc; messire Pierre Amblart, maistre d'ostel de Savoye; Meffroy de Salusse, mareschal de Savoye; messire Ybert, bastart de Savoye; Le Bastart de La Morée, messire Nicolle de Menton, le seigneur de Briaux, messire Boniface d'Oussez, le seigneur de Battray, Pierres de Menton, Jehan Mareschal.[14]

Quelques fois, c'est non pas la présence mais l'absence d'un invité qui frappe le chroniqueur. Par exemple, on devine la surprise de Monstrelet au mariage de Louis de Luxembourg, comte de Saint-Paul, et de Jeanne de Bar, comtesse de Marle et de Soissons, lorsqu'il écrit qu'«auquel lieu furent environ cent chevaliers et escuiers de la famille et amistié des deux parties, sans y avoir nulz princes des fleurs de lis, dont ycelle comtesse estoit issue moult prouchaine».[15] Une réticence à trop dépenser peut expliquer ces absences. Ainsi, lorsque le comte d'Eu épouse Hélène de Melun, il fait faire

---

nances d'invités pourraient permettre de classer les membres de l'élite de Rimini.

[14] Jean Le Fèvre, seigneur de Saint-Rémy, *Chronique*, F. Morand (édit.), Paris, 1876 et 1881, t. 2, p. 290-291.

[15] Enguerrand de Monstrelet, *Chronique...*, t. 5, p. 131.

«les nopces, où n'y ot guères grant seignourie; car ledit comte ne voulut pas souffrir y faire grant assemblée ne excessive despence, pour ce qu'il ne voloit pas que icellui seigneur d'Anthoing, son beau père, fut guères travaillié».[16] Règle générale, l'absence d'un personnage est plutôt liée à un conflit. Ainsi, au mariage de Louis de Bavière, frère de la reine Isabelle de France, et d'Anne de Bourbon, comtesse de Mortain, «le roi et messeigneurs les duc de Guienne et d'Orléans l'honorèrent de leur présence, ainsi que les autres ducs et comtes du sang royal, excepté le comte d'Alençon, frère de l'épousée, parce qu'ils étaient, dit-on, en contestation pour le partage de leur riche patrimoine».[17]

L'exemple extrême est celui du mariage du comte de Charolais et d'Isabelle de Bourbon noué «sans nullui y évoquer».[18] Un mariage secret ne convient guère à si haute aristocratie et ne s'explique que par l'obstination du duc de Bourgogne à conclure cette union malgré l'opposition du duc de Bourbon. Ce secret en surprit plus d'un. Mathieu d'Escouchy rapporte que «quant ces nouvelles furent espandues par tout le pays, le pœupple estoit moult esmerveillié pour quoy il avoit eu si petitte feste et solempnité».[19] Le duc de Bourgogne fit d'ailleurs suivre l'annonce du mariage d'une grande fête, prouvant ainsi l'importance des réjouissances aux yeux de la société. L'absence d'invités est également mentionnée dans les procès, soit par les demandeurs qui veulent condamner un mariage secret auquel les amis et parents de la mariée n'ont pas été conviés, soit par les défendeurs qui déplorent le refus des amis d'y participer. Antoine de Merle, désirant faire reconnaître son union avec Antoinette de Cravant nouée avant le rapt commis par Josseaume Bertrand, affirme qu'«aussi sur le mariage d'entre Josseaume et Anthoinete (...) ne furent point les gens qu'il a nommez mais a cellui dudit de Merle furent plusieurs notables gens».[20] Ce parallèle entre les deux noces démontre merveilleusement comment les convives, en plus de remplir une fonction sociale, servent d'outil juridique ou politique.

[16] Mathieu d'Escouchy, *Chronique*, G. du Fresne de Beaucourt (édit.), Paris, 1863-1864, t. 2, p. 263.

[17] *Chronique du Religieux de Saint-Denys contenant le règne de Charles VI de 1380 à 1422*, M. L. Bellaguet (édit. et trad.), Paris, 1994, t. 5, p. 205.

[18] Georges Chastellain, *Chronique*, M. le baron Kervyn de Lettenhove (édit.), dans *Œuvres*, Genève, 1971, t. 3, p. 25.

[19] Mathieu d'Escouchy, *Chronique...*, t. 2, p. 270-271.

[20] Merle vs Bertrand, AN, X 2a 24, fol. 195 v•.

«FAIRE BONNE CHÈRE»

Les invités participent à la fête, mangent, dansent, joutent et se réjouissent. En un mot, ils font «bonne chère» ou «grande chère». Cette expression permet aux chroniqueurs de résumer la somptuosité des festivités, comme celles du mariage du dauphin Louis et de Marguerite d'Écosse où «fut faicte grande et bonne chière».[21] Dans les sources judiciaires, c'est surtout un argument utilisé par les défendeurs pour prouver le consentement féminin, celui de Marguerite de L'Églantier par exemple laquelle «en l'ostel du dit suppliant elle fist bonne chiere et tenoit fermement icellui suppliant que elle eust grant joye dudit mariage».[22]

En faisant bonne chère, les invités participent évidemment au banquet nuptial.[23] Les chroniqueurs traitent surtout d'un «disner»,[24] mais également d'un «souper»,[25] d'un «repas de noces»,[26] de «banquectz»[27] et même, tout simplement de «boires et mengers».[28] Ce repas, commun aussi bien à la haute et à la petite noblesse qu'au peuple,[29] est si inhérent à toute réjouissance qu'il est parfois omis ou simplement signalé au passage.[30] Lorsqu'elle est rapportée, la description du repas englobe celle des mets, des entremets et de l'«assiette» des invités. Thomas Basin résume bien les différents éléments d'un repas nuptial: «Le duc Charles de Bourgogne y fit dresser et préparer le festin: la variété des spectacles, la richesse des vêtements, l'abon-

---

[21] Jean Chartier, *Chronique de Charles VII roi de France*, A. Vallet de Viriville (édit.), Neudeln, Liechtenstein, 1979, t. 1, p. 232.

[22] L'Églantier vs Auxy, AN, JJ 143, l. 161.

[23] Au sujet du banquet nuptial, voir aussi S. F. Weiss, «Medieval and Renaissance Wedding Banquets and Other Feasts», dans M. Carlin et J. T. Rosenthal (édit.), *Food and Eating in Medieval Europe*, London, 1998, p. 159-174.

[24] *Chronique des règnes de Jean II et Charles V*, R. Delachenal (édit.), Paris, 1917-1920, t. 2, p. 116.

[25] *Journal de Jean de Roye...*, t. 1, p. 138.

[26] *Chronique du Religieux de Saint-Denys...*, t. 2, p. 443. En latin, dans le texte: «nupciarum solemne celebratum est prandium».

[27] Olivier de La Marche, *Mémoires*, H. Beaune et J. d'Arbaumont (édit.), Paris, 1883-1888, t. 2, p. 335.

[28] Enguerrand de Monstrelet, *Chronique...*, t. 1, p. 129. Monstrelet affectionne tout particulièrement cette formulation.

[29] Beatrice Gottlieb et Jacques Toussaert ont trouvé des témoignages de repas nuptiaux parmi les classes populaires. B. Gottlieb, *Getting Married in Pre-Reformation Europe: The Doctrine of Clandestine Marriage and Court Cases in Fifteenth-century Champagne*, Thèse de doctorat, 1974, p. 353-354;. J. Toussaert, «Le sacrement du mariage», dans *Le sentiment religieux en Flandre à la fin du Moyen-âge*, Paris, 1963, p. 236.

[30] *Journal de Jean de Roye...*, t. 1, p. 138.

dance de la vaisselle d'or et d'argent, le luxe des mets, la délicatesse et l'abondance des vins et des boissons furent tels que jamais on n'avait vu festin aussi magnifique en France, en Allemagne ou en Angleterre».[31]

À toute noce, le vin coule à flot et la viande constitue un met de choix. La lettre de rémission attribuée à Jean de Maleret, complice du rapt d'Isabeau Morne, décrit un repas de la petite noblesse: «le dit chevalier bailla de l'argent pour aler querir du pain et du vin et de la viande et ledit prieur mesme a deux gelines».[32] À l'autre extrémité de l'échelle sociale, les plats sont servis en grande quantité et variété. L'ambassade du roi Lancelot de Hongrie, venue pour demander la main de Madeleine de France, est festoyée par de nombreux festins, entre autres celui offert par le comte de Foix où «oulrent lesdits seigneurs très-grant habundance de viandes les plus précieuses et dillicieuses qui se peuvent trouver, comme faisans, perdrilz, paons, oustardes, grues et oues sauvaiges, lièvres, connils sans nombre, cinquante chappons de haulte gresse. Du vin fut servy à l'équipolent. Entrautres y eut six vingts quartes d'ypocras, tant blanc que rouge».[33] Philippe le Bon fait même construire pour son mariage «iij grandes cuisines, iij rostisseries, grandes et plentureuses, syx dreschois pour les viandes recevoir; les ungs pour potages, aultres pour boullis, aultres pour gellées, aultres pour rostz, aultres pour pâticheries, aultres pour fruis et entremetz».[34]

Certains chroniqueurs, notamment Jean Le Fèvre et Olivier de La Marche, peuvent narrer les banquets sur plusieurs pages. Par exemple, le premier nous fait revivre les noces du comte de Genève et d'Anne de Chypre qui durent du jeudi au dimanche. Chaque journée comprend un dîner suivi de danses, un souper et des danses, et enfin un banquet en fin de soirée. La Marche décrit tantôt les mets servis, tantôt l'assiette du repas et, le plus souvent, les entremets ou spectacles présentés:

> y eult ung entremetz de quatre hommes, lesquelz portoient un pasté [au long de la salle; et fut ouvert devant la grant table. Et avoit dedens ledit pasté] ung homme en forme d'ung aigle si proprement ordonné de teste, de becq, d'eilles et de corps que bien ressembloit à ung aigle. Et fesoit ledit aigle semblant de voler hors dudit pasté; et alors yssoient, de dessus luy, coulons blans, lesquelz voloient sur les tables de la salle; et sembloit aucuneffoiz que lesdis coulons yssissent de dessoubz ses eilles.[35]

---

[31] Thomas Basin, *Histoire de Louis XI*, S. Samaran (édit. et trad.), Paris, 1963, p. 295.

[32] Morne vs Maleret, AN, JJ 159, l. 173.

[33] Jean Chartier, *Chronique...*, t. 3, p. 76.

[34] Jean Le Fèvre, *Chronique...*, t. 2 p. 160.

[35] Olivier de La Marche, *Mémoires...*, t. 2, p. 295-296.

La description de ces entremets reflète bien la place qu'occupe le spectacle dans les banquets de la haute noblesse.

C'est également pour divertir, émerveiller et louer leur prince que les rois d'armes animent les repas. Jean Le Fèvre, lui-même héraut de la Toison d'or, signale plusieurs fois leur présence et leur rôle, rapportant par exemple qu'«y eult plusieurs roys d'armes, héraulx et poursuivans (...) ausquelz fut donné, par le duc de Savoye, deux cens francs, monnoie de Savoye, pour cryer "largesse"».[36] Les hérauts et les musiciens qui les accompagnent contribuent grandement au succès de la fête. Aux fiançailles de Richard II et d'Isabelle de France, par exemple, «furent les festes et les solempnités moult grandes, et hérauls et ménestrels payés bien et largement tant que tous s'en contemptèrent».[37] Les musiciens qui jouent «trompettes, clairons, menestrelz, lutz et psaltérions»[38] créent également une ambiance festive pendant le repas comme le confirme le Religieux de Saint-Denys écrivant que «les convives célébraient joyeusement le banquet nuptial au son des instruments de musique».[39]

La musique est enfin liée à la danse. «A icelluy souper, avoit pluiseurs trompettes et ménestreux de divers pays, jouans devant la grant table. (...) Après le souper, commencèrent les dances»,[40] raconte Le Fèvre. Danse et musique vont de pair avec le repas, au mariage d'un petit écuyer comme à celui d'un roi. Souvent les chroniqueurs se contentent d'inclure les danses dans la longue liste des réjouissances qu'ils récitent: «esquelz jours furent faiz (...) grandes festes et esbatemens, tant en boires et mengers, comme en danses, joustes et autres joieusetez».[41] Cela n'empêche pas qu'elles aient été fort répandues puisque Mathieu d'Escouchy s'étonne de leur absence au mariage de Marie de Gueldres et du roi d'Écosse en ces mots: «mais apprez le disner, on n'y dansa point».[42] Ces danses se déroulent obligatoirement après le repas comme le relate Olivier de la Marche: «puis se fist la danse en fin dudit bancquet jusques qu'on ala couchier».[43] Le Religieux de Saint-Denys, rapportant qu'«il y eut toutes sortes de mascarades, et l'on dansa au son des instruments jusqu'au milieu de la nuit»,[44] confirme que ces danses peuvent s'étirer fort tard. Quand aux danses elles-mêmes, seul Jean Frois-

---

[36] Jean Le Fèvre, *Chronique...* , t. 2, p. 292.

[37] Jean Froissart, *Chroniques...*, t. 15, p. 306.

[38] Jean Chartier, *Chronique...*, t. 1, p. 232.

[39] *Chronique du Religieux de Saint-Denys...*, t. 3, p. 257.

[40] Jean Le Fèvre, *Chronique...*, t. 2, p. 292.

[41] Enguerrand de Monstrelet, *Chronique...*, t. 1, p. 129.

[42] Mathieu d'Escouchy, *Chronique...*, t. 1, p. 182.

[43] Olivier de La Marche, *Mémoires...*, t. 4, p. 121.

[44] *Chronique du Religieux de Saint-Denys...*, t. 2, p. 65.

sart parle «de danses, de carolles».[45] Enfin, à certaines occasions, les danses représentent plutôt un spectacle, où les participants se costument et s'exécutent pour les invités.[46] Les danses, encore plus que le repas, traduisent le plaisir que prennent les mariés et les convives à la fête. C'est d'ailleurs pour démontrer la joie et le consentement de la mariée que quelques procès traitent des danses et rapportent que «y avoit des meneteres et danca plusieurs foiz la dicte damoiselle».[47]

Repas, spectacles, musique, danses: ce sont donc les principaux éléments du banquet nuptial, le premier des rites sociaux du tout mariage et de ceux de la noblesse en particulier.

TOURNOIS, COSTUMES, DÉCORS ET CORTÈGE

Chez la haute noblesse, la tenue d'un tournoi vient compléter les réjouissances du banquet. Les chroniques attestent d'ailleurs plus souvent de sa présence que de celle d'un banquet ou d'une danse. Il ne fait aucun doute qu'à tous les niveaux de la société, les banquets et les danses sont plus répandus[48] mais le spectacle glorieux qu'offrent les tournois en font des événements dignes d'être rapportés et racontés par les chroniqueurs. Si les sources judiciaires ne font état d'aucun tournoi, c'est que seule la haute noblesse possède les moyens financiers et techniques pour organiser de tels divertissements. Tous s'attendent d'ailleurs à ce qu'un roi ou un prince convoque un tournoi à l'occasion de son mariage,[49] comme en témoigne le Bourgeois de Paris qui raconte que «les chevaliers de France et d'Engleterre voldrent faire une jouxtes pour la solempnité du mariaige de tel prince, comme <u>acoustumé est</u>».[50] Pour sa part, Jean Le Fèvre ne peut que relever l'absence d'un tournoi aux noces du comte de Genève: «fust la feste, sans tournoy et jouste, aussi belle que on povoit veoir».[51]

---

[45] Jean Froissart, *Chroniques...*, p. 316.

[46] Jean Le Fèvre, *Chronique...*, t. 2, p. 294-295.

[47] L'Églantier vs Auxy, AN, X 2a 12, fol. 164 v•.

[48] Pour la tenue de danses parmi le peuple, voir B. Gottlieb, *Getting Married...*, p. 353-354.

[49] Ce n'est pas par hasard qu'un tournoi célèbre le mariage d'Arthur et Guenièvre présenté dans la *Suite Vulgate de Merlin*. F. Paradis, «Le mariage d'Arthur et Guenièvre: une représentation de l'alliance matrimoniale dans la *Suite Vulgate de Merlin*», *Le Moyen-âge*, 92/2 (1986), p. 228.

[50] *Journal d'un bourgeois de Paris (1405-1449)*, A. Tuetey (édit.), Paris, 1881, p. 140.

[51] Jean Le Fèvre, *Chronique...*, t. 2, p. 297. Marie-Thérèse Caron rapporte la tenue d'un tournoi pour les noces d'Antoine, comte de Rethel. M.-T. Caron, «Une

Les tournois ont tant ébloui les chroniqueurs qu'il s'agit souvent de la seule réjouissance à laquelle ils font référence, comme dans le cas de cette chronique rimée:

> En l'an mil.IIII^c.LIIII, se maria pour certain
> Monsieur de Charollois a une bien prochain;
> A Lille de lez Flandres et la fist on les bain,
> Joustes et esbanois, champion main a main.[52]

Tout comme les repas, les joutes peuvent s'étendre sur plusieurs jours. Certains chroniqueurs y consacrent plusieurs pages, comme ils peuvent le faire pour le banquet. Ainsi la narration que donne Olivier de La Marche du tournoi des noces de Charles le Téméraire et de Marguerite d'York s'étend sur trente-trois pages.[53] Les chevaliers, leurs vêtements, leurs entrées, les combats et les vainqueurs y sont rapportés avec mille détails. Écoutons plutôt Jean Froissart dans un passage plus bref, raconter les joutes débattues au double mariage des enfants du duc de Bourgogne et du duc Aubert de Bavière:

> Après ce noble et haut disner fait, grant fuisson de signeurs et de chevaliers furent armet et aparilliet pour le jouste, et joustèrent sus le marché, et y avoit XL chevaliers de dedens, et jousta li rois Charles de France à un chevalier de Haynnau qui s'appelloit messires Nicolles d'Espinoit, et furent ces joustes très-belles et très-bien-joustées et continuées, et en ot le pris un jones chevaliers de Haynnau, qui s'appelloit Jehans, sires de Donstienne dalés Biaumont en Haynnau, et jousta li chevaliers au plaisir des signeurs et des dames très-bien, et y ot pour le pris un fermail d'or à pières précieuses que madame de Bourgongne prist en sa poitrine, et ly présentèrent li amiraulx de France et messires Guis de la Trémoulle.[54]

À l'occasion de ces joutes, les participants sont vêtus de magnifiques vêtements. Enguerrand de Monstrelet n'est pas le seul à relater «de grand estat de paremens, et d'exquis et divers vestemens de gens et de chevaulx, chascun jour en diverses parures».[55] Ces luxueux costumes contribuent à la

---

fête dans la ville en 1402: le mariage d'Antoine comte de Rethel à Arras», dans G. Jehel et al. (édit.), *Villes et sociétés urbaines au Moyen-âge: Hommage à M. le Professeur Jacques Heers*, Paris, 1994, p. 177-178.

[52] C. Gauvard et G. Labory (édit.), «Une chronique rimée parisienne écrite en 1409: "Les aventures depuis deux cent ans"», dans B. Guenée (édit.), *Le métier d'historien au Moyen Âge. Études sur l'historiographie médiévale*, Paris, 1977, p. 231.

[53] Olivier de La Marche, *Mémoires...*, t. 4, p. 111-144.

[54] Jean Froissart, *Chroniques...*, t. 10, p. 315.

[55] Enguerrand de Monstrelet, *Chronique...*, t. 4, p. 371.

fête. Liés également aux danses et aux spectacles, ils font partie du décorum essentiel aux noces d'un grand seigneur.

Parfois, une «robe nuptiale»[56] est signalée au passage, indiquant que les mariés, la femme surtout, revêtent un vêtement particulier pour leurs épousailles.[57] Ainsi, les amis d'Isabeau Morne lui apportent sa robe de noce,[58] attestant par le fait même de sa disposition à se marier. Dans les chroniques, ces beaux atours contribuent surtout au faste de la fête. C'est le cas du duc de Bourgogne qui «mena la dame de nopce à l'église à nue teste; et en pareil estat la ramena jusqu'à seoir à table, vestue de draps d'or moult riches, et luy de noir velours. Et portoit en teste, tout celuy jour, une barrette de velours noir toute semée pleines de larmes et de gros perles les plus beaux de la terre».[59]

Il est de coutume que les époux et les convives changent plusieurs fois de vêtement au cours des noces. Marie-Thérèse Caron rapporte qu'à ses noces, Jeanne, fille de Waleran comte de Saint-Paul, reçoit de son beau-père, Philippe le Hardi, trois robes destinées à être portées la veille des noces, le jour même et le lendemain.[60] La succession des costumes rehausse l'ampleur et le luxe de la fête. Nul n'en témoigne mieux que Mathieu d'Escouchy lorsqu'il narre l'union de Marie de Gueldres au roi d'Écosse: «de là on mena la Royne en une chappelle, où elle fut desvestue et mise en autres habillemens, c'est assavoir en une robbe de viollet fourrée d'hermines, de bien estrange fachon au regard des estatz de France; et estoit en cheveux, qui moult bien lui séoit, et pareillement estoit le Roy habillié».[61] Parfois, la mariée et les convives portent la livrée de leur seigneur: «En icelle entrée, estoit la dame vestue, et aussi les dames et damoiselles de sa compaignie, de la livrée du comte de Genève, seigneur des nœpces; laquelle livrée estoit robes vermeilles, et dessus les manches ung estocq; ouquel estoc pendoit une plume d'austrice, faicte de brodure et d'orphaverie très gracieusement; et espousa en tel estat».[62] En plus de contribuer au spectacle, la livrée établit le lien entre l'épouse et son mari. Comme le rapporte Christiane Klapisch-Zuber, «vêtir l'épouse est un rite de passage,

---

[56] *Chronique du Religieux de Saint-Denys...*, t. 3, p. 259.

[57] Beatrice Gottlieb rapporte que la jeune paysanne ou citadine revêtait également un vêtement nuptial dont l'élément le plus important était la couronne. B. Gottlieb, *Getting Married...*, p. 39.

[58] Morne vs Maleret, AN, X 2a 14, fol. 226 v•.

[59] Georges Chastellain, *Chronique...*, t. 4, p. 447.

[60] M.-T. Caron, «Une fête...», p. 180-181.

[61] Mathieu d'Escouchy, *Chronique...*, t. 1, p. 180-181.

[62] Jean Le Fèvre, *Chronique...*, t. 2, p. 289. Marie-Thérèse Caron rapporte également la coutume de revêtir les membres de la cour de la livrée du prince. M.-T. Caron, «Une fête...», p. 181-183.

plus précisément un rite d'agrégation»[63] qui marque l'entrée de la femme dans sa nouvelle maison.

Les costumes contribuent au spectacle tout comme les décors installés pour l'occasion. Il ne s'agit parfois que d'un «dais magnifique tout semé de fleurs de lis d'or»[64] sous lequel le repas est servi. Cas extrême, aux noces de Philippe le Bon, «plusieurs beaulx édiffices»[65] furent construits de toutes pièces pour l'occasion. C'est ainsi que «fut faicte neufve, pour abattre, une grande salle de fust qui avoit cent et xlvj piez de loing, de largeur lxxiij».[66] On y retrouve une grande cheminée, de magnifiques chandeliers, des dressoirs chargés de vaisselle d'or, une chambre de parement munie d'un immense lit, des tentures vermeilles, bleues et blanches et, au centre de la salle «ung arbre bien branchu, doré moult richement en ung moult bel et rice préau; auquel arbre doré pendoient grans escus armoyé des armes des seignouries et pays du duc; et, ou milieu, celles du duc».[67] Des décors aussi somptueux ne peuvent qu'assurer le succès de la fête. Marie-Thérèse Caron rapporte aussi de telles installations pour le mariage d'Antoine, comte de Rethel, en 1402.[68] Plus on s'élève dans la hiérarchie sociale et plus les costumes et décors sont nombreux et magnifiques car l'abondance et le luxe sont signes du statut et de la puissance de l'hôte.

Tout comme on décore l'hôtel où se déroulent les réjouissances, on pare les rues où passe le cortège. Les chroniques donnent souvent de longues descriptions des cortèges, dans leurs moindres détails: décors, participants, costumes, musiciens, spectacles et spectateurs. Le cortège est un élément social essentiel car il fait connaître le mariage à tous les membres de la communauté. C'est aussi l'occasion pour le seigneur de présenter son épouse à ses sujets et de proclamer son nouvel état matrimonial.

Ces cortèges sont soit des cortèges nuptiaux proprement dit impliquant les deux époux, soit des cortèges de départ ou d'arrivée menant la future mariée à son époux.[69] Le mariage du duc Charles de Bourgogne et de Mar-

---

[63] C. Klapisch-Zuber, «Le complexe de Griselda. Dot et dons de mariage», *Mélanges de l'École française de Rome*, 94/1 (1982), p. 7-43. Dans cet article, Christiane Klapisch-Zuber démontre que les époux florentins habillent leur femme pour les noces tout en demeurant propriétaires de ces vêtements. Il ne s'agit donc pas de cadeaux, mais bien de symboles rattachant la femme à sa nouvelle lignée.

[64] *Chronique du Religieux de Saint-Denys...*, t. 2, p. 759.

[65] Jean Le Fèvre, *Chronique...*, t. 2, p. 160.

[66] *Ibid.*, t. 2, p. 160.

[67] *Ibid.*, t. 2, p. 161.

[68] M.-T. Caron, «Une fête...», p. 175-177.

[69] Françoise Paradis, dans son analyse de la *Suite Vulgate de Merlin*, retrouve la description d'un tel cortège alors que Guenièvre est menée au moûtier où elle épousera Arthur. F. Paradis, «Le mariage...», p. 224-225.

guerite d'York semble avoir inclu les deux types de cortèges. Un premier cortège a lieu à l'arrivée de Marguerite d'York à l'Écluse:

> lesquelz seigneurs et dames en grant honneur et reverence vindrent beinveingnier madicte dame, la conduire et entretenir; et vindrent au devant d'elle les pourcessions, ensamble les estas et mestiers de ladicte ville, portans grans nombre de torsses, en la conduisant joieusement jusques à l'ostel Guy de Baeust, où elle fut par lesditz seigneurs et dames logié et festoyé la nuit.[70]

Après la cérémonie nuptiale, la dame quitte l'Écluse et se dirige vers Bruges, où le peuple de cette cité, les bourgeois des bonnes villes de Flandre et les seigneurs du pays viennent à sa rencontre. Elle est assise «en une littiere portée de deux chevaulx, richement dorée et estoffée de drap d'or moult riche»,[71] elle-même «vestue de drap d'or blanc, couronne d'or en teste, cheveulx pendans moult honnourablement», accompagnée de «tambourins, trompettes, clarons et menestrelz»[72] et de nombreux chevaliers et écuyers. Elle entre alors dans la ville, escortée de dames et de seigneurs. Les rues «estoient tendues de tous riches draps et decorées de verdures et fleurs habondamment. Et si estoient entre ladicte porte et ladicte court en divers lieux assises dix grandes louables histoires»[73] qu'Olivier de La Marche narre ensuite.

Le cortège nuptial qui mène les mariés de l'église à l'hôtel où se déroule la fête ou de la fête à leur habitation, semble également fréquent parmi la petite noblesse, comme en témoigne une lettre de rémission attribuée à l'écuyer Guillaume de Fréville et à son valet. Elle rapporte que «après les espousailles et nopces faictes, feussent venuz lesdits escuier et sa femme, acompaigniez de pluseurs leurs amis, en l'ostel dudit Houllegarte en ladicte ville de Moustiervillier,[74] pour estre a leur bienentree de mesnaige ainsi que en tel cas est aucuneffoies acoustume».[75]

Enfin, le départ de la mariée, en particulier d'une jeune princesse promise à l'étranger, peut être l'occasion de fêtes et de célébrations. Lorsque Marguerite d'Anjou quitte la France à destination de l'Angleterre, «au partement d'elle furent faictes moult belles joustes (...) et dura ladicte feste par l'espace de VIII jours».[76] La jeune femme fait ensuite le long voyage dûment

---

[70] Olivier de La Marche, *Mémoires...*, t. 4, p. 97.

[71] *Ibid.*, t. 4, p. 98.

[72] *Ibid.*, t. 4, p. 99.

[73] *Ibid.*, t. 4, p. 101.

[74] Montivilliers, dép. Seine-Maritime, ar. Havre.

[75] AN, JJ 167, l. 243.

[76] Le Héraut Berry, *Les chroniques...*, p. 270.

escortée. Par exemple, le roi du Portugal y veille et envoie «sa dicte fille, dame Ysabel,.grandement et honnourablement, à compaignie de l'infandon Férand, frère de ladicte dame, le conte d'Orin et pluiseurs aultres grans seigneurs, dames et damoiselles, devers le duc».[77] Son arrivée fera à nouveau l'objet d'un cortège et de célébrations.

AUTRES RITES

Les réjouissances semblent également inclure une distribution de cadeaux. Jean de Roye mentionne de «moult grans, beaulx et riches dons»[78] à l'occasion du mariage de maître Nicole Balue, frère de monseigneur l'évêque d'Evreux, et de la fille du chevalier Jean Bureau, seigneur de Montglat. Ces cadeaux comprennent souvent des bijoux, comme le «moult riche fremail de la valeur de trois mille francs»[79] que le duc de Bourgogne offre à la fille du roi de Chypre. Ailleurs, ce sont les mariés qui offrent des cadeaux en souvenir de leur mariage. Ainsi, «pour la joie et plaisir que ycelui duc de Bethfort eut et print d'ycelui mariage, car sadicte femme estoit frisque, belle et gracieuse, éagié de XVII ans ou environ, et adfin que de lui il fust perpetuelment mémoire, il donna à l'église de Terrewane[80] deux cloches moult riches, notables et de grand valeur, lesquelles il fist amener à ses propres coustz et despens du pays d'Angleterre».[81] Il s'agit, à nouveau, de faire étalage de générosité et de richesse. Même si nos sources judiciaires ne parlent pas de cadeaux pour la petite noblesse, il est probable que ceux-ci viennent aussi contribuer au faste des noces plus bas dans l'échelle sociale comme le confirme Jacques Toussaert pour la Flandre médiévale.[82]

Nos documents font aussi état des rites nuptiaux du chaudeau et du charivari. Le chaudeau, un brouet servi à la mariée le lendemain des noces pour assurer sa fertilité, n'apparaît que dans un procès. Les défendeurs y affirment que Marguerite de L'Églantier «menga du chaudel bien et largement ainsi que ont a coustume de fere nouvelles espousées. Et mengerent des soupes landemain des noces bon matin bien largement».[83] Si l'on se fie à cette affirmation, cette tradition semble avoir été répandue. Roger Vaul-

---

[77] Jean Le Fèvre, *Chronique*..., t. 2, p. 158.

[78] *Journal de Jean de Roye*..., t. 1, p. 179.

[79] Enguerrand de Monstrelet, *Chronique*..., t. 5, p. 83.

[80] Thérouanne, dép. Pas de Calais, c. Aire.

[81] Enguerrand de Monstrelet, *Chronique*..., t. 5, p. 56.

[82] J. Toussaert, «Le sacrement...», p. 235.

[83] L'Églantier vs Auxy, AN, X 2 a 12, fol. 166 r•.

tier en trouve d'ailleurs des traces dans certaines lettres de rémission concernant les classes populaires.[84]

C'est une lettre de rémission qui témoigne de l'existence d'un charivari dont Lambert de Vavres et sa fiancée Jeanne furent victimes. C'est ainsi que de jeunes gens du village «commancerent a frapper sur grans paelles et faire le chalivary». Furieux parce que «lesdis fiances ne leur donnoyent leur vin», les coupables ne se contentent pas de faire du bruit et s'en prennent à la femme qu'ils traitent de «vieille», la traînant à travers le cimetière.[85] Nous avons ici réunis tous des éléments du charivari typique, c'est-à-dire le bruit, un conjoint âgé et la nécessité pour les époux de redistribuer les richesses. Au Moyen-âge en effet, les charivaris sont principalement perpétrés à l'occasion d'un remariage ou d'un mariage avec disparité d'âge. «Le vacarme organisé par les jeunes hommes ne cesse qu'en échange d'un don»[86] et le refus de payer peut entraîner des représailles.

Dans leur article, Claude Gauvard et Altan Gokalp interprètent les charivaris comme une «hostilité mêlée de jalousie contre celui qui s'octroie le droit de se marier une seconde fois alors qu'ils sont eux-mêmes en attente, voire même exclus de ce droit».[87] Dans son analyse des lettres de rémission, Claude Gauvard souligne par ailleurs que le charivari est lié aux secondes noces car «il annule symboliquement le premier lien, fait retourner le veuf ou la veuve dans le monde des célibataires avant de lui permettre d'entreprendre la construction d'un nouveau couple conjugal».[88] C'est pourquoi les charivaris ont toujours lieu pendant ou après les fiançailles. Claude Karnoouh attribue également comme fonction au charivari de faire rentrer un mariage anormal, en particulier un remariage, dans la normalité.[89]

Selon Christiane Klapisch-Zuber, les acteurs du charivari revendiquent par leur vacarme une compensation pour le transfert des biens de la veuve

---

[84] R. Vaultier, *Le folklore pendant la guerre de Cent Ans d'après les lettres de rémission du Trésor des Chartes*, Paris, 1965, p. 36-37.

[85] AN, JJ 155, l. 429. La même cause est discutée dans C. Gauvard et A. Gokalp, «Les conduites de bruit et leur signification à la fin du Moyen Age: le Charivari», *Annales. Économies, Sociétés, Civilisations*, 29/3 (1974), p. 693-704 et dans R. Vaultier, *Le folklore...*, p. 31.

[86] M. Grinberg, «Charivaris au Moyen Age et à la Renaissance. Condamnation des remariages ou rites d'inversion du temps?», dans J. Le Goff et J.-C. Schmitt (édit.), *Le Charivari*, Paris, 1981, p. 141-148.

[87] C. Gauvard et A. Gokalp, «Les conduites...», p. 703.

[88] C. Gauvard, *«De grace especial»: crime, état et société en France à la fin du Moyen-âge*, Paris, 1991, p. 592.

[89] C. Karnoouh, «Le charivari ou l'hypothèse de la monogamie», dans J. Le Goff et J.-C. Schmitt (édit.), *Le Charivari*, Paris, 1981, p. 33-43.

qui échappent à leur contrôle.[90] Le charivari pare également aux rites diminués des secondes noces. Dans son étude des charivaris italiens de la Renaissance, elle note en effet que les secondes noces comportent moins de rites et de faste qu'un premier mariage, en particulier lorsqu'il s'agit du remariage d'une veuve.[91] De même, la noblesse française semble avoir célébré plus humblement les deuxièmes noces puisque les joutes, si l'on en croit le Religieux de Saint-Denys, étaient réservées aux premières noces. Ainsi écrit-il qu'«il ne s'y passa du reste rien de particulier, si ce n'est que, contrairement aux usages suivis dans la célébration des secondes noces, il y eut, le lendemain du mariage, un tournoi, où les chevaliers et les écuyers s'exercèrent à la joute avec l'époux»[92]. La société aristocratique conserve-t-elle, comme l'Église, comme le peuple, des réticences face aux remariages? Pourtant, nos chroniques contiennent également des exemples de secondes, même de troisièmes noces où aucune réserve n'est signalée, le mariage de Philippe le Bon avec Isabelle de Portugal par exemple; il s'agit cependant du remariage d'un homme.

Dans la lettre de rémission mentionnée ci-dessus, les victimes du charivari ne sont pas nobles; c'est l'écuyer qui s'est porté à leur défense qui doit demander une lettre de rémission pour homicide. La haute noblesse connaît toutefois cette pratique et il arrive même qu'elle l'adopte. Deux chroniqueurs décrivent un charivari parce qu'il a impliqué le roi et qu'il a eu des conséquences funestes. À l'occasion des danses et mascarades qui célèbrent le mariage d'un riche seigneur allemand et de l'une des dames d'honneur de la reine, le jeune Charles VI et cinq seigneurs de la cour se déguisent en sauvages, criant et hurlant. Or, leurs costumes s'enflamment et quatre d'entre eux périssent, le roi étant toutefois épargné. Tout en le condamnant, le Religieux de Saint-Denys nous révèle qu'il s'agit d'un charivari:

> La mariée était veuve pour la troisième fois. Or, dans plusieurs endroits du royaume, il y a des gens qui ont la sottise de croire que c'est le comble du déshonneur pour une femme de se remarier, et en pareille circonstance ils se livrent à toutes sortes de licences, se déguisent avec des masques et des travestissements, et font essuyer mille avanies aux deux époux. C'est un usage ridicule et contraire à toutes les lois de la décence et de l'honnêteté.[93]

---

[90] C. Klapisch-Zuber, «La mattinata médiévale d'Italie», dans J. Le Goff et J.-C. Schmitt (édit.), *Le Charivari*, Paris, 1981, p. 149-163.

[91] *Ibid.*, p. 163.

[92] *Chronique du Religieux de Saint-Denys...*, t. 5, p. 205.

[93] *Ibid.*, t. 2, p. 65-67.

Curieusement, Froissart, qui raconte le même événement, ne fait pas le lien avec le charivari. Le récit du Religieux de Saint-Denys suggère néanmoins la popularité de cette coutume.

La tenue de charivaris démontre la nécessité pour un couple de se conformer aux règles et aux rites du mariage, nécessité à laquelle répondent tous les autres éléments des noces. Au Moyen-âge comme aujourd'hui encore, la participation des invités aux célébrations du mariage est nécessaire pour faire de l'union un bon mariage, connu et approuvé de tous. Caractéristiques du mariage aristocratique, ces invités, ces banquets, ces tournois, ces cortèges et ces autres rites laïques soulignent l'importance de célébrer dans la joie et l'abondance un événement aussi significatif qu'un mariage. Par le fait même, ils occupent une place aussi importante que les rites ecclésiastiques dans la conclusion d'un mariage.

LA SIGNIFICATION DES RÉJOUISSANCES

Combien de temps durent banquets, danses, joutes et «autres esbatements»? Les mariages de la grande noblesse décrits par les chroniques peuvent, et doivent, durer plusieurs jours. Peut-être les mariés ont-ils l'obligation de divertir longuement les nombreux invités qui se sont déplacés pour les célébrer? Plus la fête est longue, plus elle est prestigieuse. Ainsi, les noces les plus formidables, celles de Philippe le Bon avec Isabelle de Portugal, celles de son fils Charles avec Marguerite d'York, se sont étendues sur huit, neuf ou dix jours, selon les chroniqueurs. Les réjouissances peuvent même être considérablement plus longues puisque Guillaume Leseur rapporte que la fête des noces du marquis de Montferrat et de Marie de Foix «dura plus d'ung moys entier».[94] La durée d'une noce est le dernier élément de son prestige.

La célébration des noces est une question de pouvoir, l'occasion de faire étalage de sa richesse et de sa puissance. Mieux que nul autre, le mariage du duc Philippe le Bon et d'Isabelle de Portugal illustre l'importance politique des noces. Conclu en 1430, ce mariage unit le duc à la fille d'un roi. Il est nécessaire au duc, deux fois veuf, à qui il faut un héritier. Le futur duc Charles le Téméraire en sera d'ailleurs issu. Ce mariage se doit donc d'être glorieux, pour honorer la famille et le pays auquel il s'unit, et pour annoncer une union féconde. Mais surtout, ce mariage se conclut à un moment où le duc de Bourgogne se détache de l'alliance anglaise et entame un rapprochement avec Charles VII à qui il a permis, quelques mois aupa-

---

[94] Guillaume Leseur, *Histoire de Gaston IV, comte de Foix*, H. Courteault (édit.), Paris, 1893 et 1896, t. 2, p. 215.

ravant, de traverser ses terres pour se rendre à Reims avec Jeanne d'Arc. C'est aussi une époque où le duc étend ses possessions, héritant du Brabant, d'Anvers et de Malines (1430), saisissant le Hainaut, la Hollande, la Zélande et la Frise (1428-1432), occupant le Luxembourg (1433). Le choix de l'épouse lui-même n'est pas innocent car «Isabelle de Portugal présentait une indépendance quasi totale envers la monarchie française et une dépendance purement historique envers celle d'Angleterre».[95] Ce mariage permet donc à Philippe le Bon de se détacher du conflit anglo-français. Les noces lui offrent l'occasion de réunir autour de lui la noblesse de son territoire, ancien et récent, et de prouver son prestige à ses sujets, son indépendance au roi d'Angleterre et son pouvoir au roi de France.

Comme Daniel Bornstein, nous pouvons conclure que le pouvoir est le premier message des festivités.[96] En examinant les réjouissances d'un mariage de la haute noblesse italienne, celui de Roberto Malatesta, seigneur de Rimini, et d'Isabetta da Montefeltro, Bornstein démontre bien les jeux de pouvoir que masquent les célébrations profanes. Par l'image qu'il projette, l'événement tout entier prouve la puissance des acteurs principaux. Les chroniqueurs l'ont bien compris et ne se gênent pas d'en être les porte-parole, en particulier lorsqu'il s'agit du mariage de leur seigneur et protecteur, le duc de Bourgogne en l'occurrence. L'exemple étudié par Marie-Thérèse Caron le confirme. Lorsque Philippe le Hardi, duc de Bourgogne et grand-père de Philippe le Bon, célèbre les noces de son fils Antoine, comte de Rethel, il a "trouvé dans ce mariage une occasion d'affirmer sa puissance et sa magnificence»,[97] au moment où, justement, il est à l'apogée de son pouvoir et de son influence.

Les réjouissances doivent donc éblouir les nombreux convives par leurs abondants banquets, leurs vives danses, leurs glorieux tournois, leurs somptueux costumes, leurs magnifiques décors et leurs solennels cortèges. Même la petite noblesse s'assure de faire suivre ses mariages de fêtes pour célébrer dans la joie les nouveaux mariés. Ces rites profanes, tant décrits dans les chroniques, sont un élément essentiel des mariages. Bien qu'un mariage puisse exister sans eux, c'est par eux qu'il se réalise pleinement et prend toute sa valeur sociale. Ils reflètent la toute-puissance des familles, l'importance de leurs alliances et de leurs jeux de pouvoir. Ils prouvent à nouveau à quel point le mariage est une question politique, sociale et familiale. Ils témoignent enfin de la longévité du modèle aristocratique de mariage et de

---

[95] C. A. J. Armstrong, «La politique matrimoniale des ducs de Bourgogne de la maison de Valois», *Annales de Bourgogne*, 157/40 (1968), p. 13.

[96] D. Bornstein, «The Wedding Feast...», p. 101-117.

[97] M.-T. Caron, «Une fête...», p. 183. Monstrelet note dans sa chronique la tenue de ces noces sans toutefois les décrire longuement. Enguerrand de Monstrelet, *Chronique...*, t. 1, p. 124.

la pérennité des traditions laïques qui ne se sont pas effacées devant les nouveaux rites de l'Église.

9
La consommation du mariage

Une fois le mariage célébré religieusement et socialement, il reste une dernière étape avant que le processus matrimonial ne s'achève et que l'union ne s'accomplisse réellement. Les époux doivent consommer leur mariage.

En rapportant les paroles qu'adresse Philippe le Bon au dauphin Louis pour l'inciter à s'unir avec sa femme Charlotte de Savoie, encore vierge, Georges Chastellain rapporte bien la nécessité de consommer le mariage:

> premièrement pour l'honneur de Dieu, afin vivre hors de péché et en estat de mariage; secondement en espoir et pour cause d'avoir génération; tiercement pour avoir compagnie et consolation en sa longue adversité; quartement pour cause que la dame estoit jà venue tout avant en eage propre pour porter fruit, dont c'estoit dammage de leur séparation de si loings; quintement pour ce que par delà où il l'avoit laissée et pourvue de son estat, elle estoit caussée et frustrée de ce dont elle devoit vivre, car n'avoit pour achatter un œuf sinon en mercy.[1]

C'est donc la consommation qui ratifie le mariage et instaure enfin la vie commune avec ses diverses composantes, lien charnel, enfants, soutien moral et financier. Cette fonction ratificatrice lui accorde un rôle important dans la création du mariage.[2]

L'Église a longtemps tergiversé pour savoir quelle valeur attribuer aux premières relations sexuelles dans la formation du mariage. Au haut Moyen-âge, les relations sexuelles étaient centrales à la création d'un mariage. Ce n'est qu'au XIIᵉ siècle que Hugues de Saint-Victor lança la nouvelle vision selon laquelle «la société matrimoniale n'exige pas l'union des corps: celle-ci ne fait pas partie de l'objet du consentement, elle en est un corollaire, une conséquence non nécessaire».[3] Si elle fut intégrée à la doctrine

---

[1] Georges Chastellain, *Chronique*, M. le baron Kervyn de Lettenhove (édit.), dans *Œuvres*, Genève, 1971, t. 3, p. 313-314.

[2] Nos documents sont plutôt discrets au sujet de la consommation. Ils l'ignorent complètement ou n'y touchent que brièvement, soit 57 fois au total: 21 extraits de chroniques, 19 lettres de rémission et 17 procès le font.

[3] G. Fransen «La formation du lien matrimonial au Moyen-âge», dans R. Metz et J. Schlick (édit.), *Le lien matrimonial*, Strasbourg, 1970, p. 114.

et adoptée officiellement, cette opinion ne fit pas l'unanimité. Gratien entre autres, continua à considérer que «les *sponsi* ne sont vraiment époux qu'après qu'ils ont consommé le mariage. Seule cette consommation rend le mariage parfait, c'est-à-dire indissoluble».[4]

Selon James Brundage, la consommation conservera son importance jusqu'à la fin du Moyen-âge. Plusieurs canonistes de cette époque considèrent encore qu'un mariage n'est ni complété, ni parfait tant qu'il n'a pas été consommé. La position de Gratien resurgit aux XIVe et XVe siècles à tel point que plusieurs considèrent désormais que le consentement seul ne crée pas un mariage parfait.[5] Cela explique entre autres pourquoi l'Église continuera à dissoudre les mariages non consommés.[6] Jean Gaudemet résume bien l'ambivalence entourant la question: «la *copula carnalis* n'est donc point requise pour la formation du mariage. Elle gardera cependant une fonction importante. L'Église ne considère le mariage comme parfaitement réalisé qu'après la consommation».[7] C'est ce que révèlent également nos sources littéraires et judiciaires.

LA RATIFICATION DU MARIAGE

Dans nos documents, la consommation est considérée comme une suite logique au mariage, comme la dernière étape du processus matrimonial, après les pourparlers, les épousailles et les célébrations. C'est ainsi que, la célébration religieuse terminée, Marguerite de L'Églantier et Pierre de Luilly «furent ramenez en l'ostel dudit suppliant, ou quel les noces furent faites et coucherent ensemble ainsi qu'il est acoustumé en cas de mariage».[8] De même, pour achever le mariage de son fils Philippe avec Jacqueline de Luxembourg, le seigneur de Croy, «les deux enfans ja venus a eage, les fit espouser, faire leurs nopces sollempnelles et couchier ensamble».[9]

---

[4] *Ibid.*, p. 119.

[5] J. Brundage, *Law, Sex, and Christian Society in Medieval Europe*, Chicago, 1987, p. 505.

[6] Sur le sujet, voir J. Brundage, «Impotence, Frigidity and Marital Nullity in the Decretist and the Early Decretalists», dans P. Linehan (édit.), *Proceedings of the Seventh International Congress of Medieval Canon Law*, Vatican City, 1988, p. 407-423 et «The Problem of Impotence», dans V. L. Bullough et J. Brundage (édit.), *Sexual Practices and the Medieval Church*, Buffalo, N.Y., 1982, p. 135-140.

[7] G. Le Bras, «Le mariage dans la théologie et le droit de l'Église du XIe au XIIIe siècle», *Cahiers de civilisation médiévale*, 11 (1968), p. 198.

[8] L'Églantier vs Auxy, AN, JJ 143, l. 72.

[9] Georges Chastellain, *Chronique*, J.-C. Delclos, (édit.), dans *Chronique. Les fragments du livre IV révélés par l'Additional Manuscript 54156 de la British Library*,

Le récit que donne Jean Froissart du mariage de Charles VI et d'Isabelle de Bavière est fort précieux car il est le seul à raconter le déroulement de cet événement, ou du moins, son point de départ. Il écrit qu'«au soir les dames couchièrent le mariée, car à elles appartenoit li offices, et puis se coucha li rois qui le désiroit à trouver en son lit. Sy furent en déduit celle nuit, che poés-vous bien croire».[10] Notons qu'il n'est nullement question, dans nos documents, de la bénédiction de la couche nuptiale à laquelle fait référence, par exemple, la *Suite Vulgate de Merlin*.[11] La citation de Froissart nous apprend également que la consommation se déroule le soir même des noces. Il en est de même pour Marguerite de Chauvirey qui «espousa ledit Gaucher qui la nuit la cognut».[12] Le temps écoulé entre les épousailles ou les noces et la consommation est généralement très court.

Le fait de consommer le mariage constitue bien la norme. Guillaume de Cambefort et Sybille del Bals sont fiancés et mariés «et la nuit aprés et autres ensuyans, coucherent ensemble <u>comme</u> <u>mariage</u> <u>requiert</u>».[13] De même, Marguerite de L'Églantier et Pierre de Luilly «couchierent ensemble, <u>ainsi</u> <u>qu'il</u> <u>est</u> <u>acoustumé</u> <u>de</u> <u>faire</u> <u>en</u> <u>cas</u> <u>de</u> <u>mariage</u>, par trois ou quatre jours ou environ».[14] La consommation fait partie intégrante du mariage, comme l'affirme Jacques de Rochedragon disant «qu'il l'a espousee et couchee avec elle et <u>n'y</u> <u>a</u> <u>fait</u> <u>chose</u> <u>qu'il</u> <u>ne</u> <u>deust</u> <u>avoir</u> <u>fait</u>».[15] C'est elle qui établit la véritable relation de couple comme l'exprime si bien Nicolas de Bruneval: «dit que le mariage est consummé et est la damoiselle sa vraye femme couchant avecques lui».[16] C'est enfin elle qui entretient cette vie conjugale comme celle de Nicolas de Bruneval et de Marie de Caix «avecques laquelle il a ja couchié par l'espace d'un an et demi».[17]

De plus, c'est la consommation du mariage et les relations sexuelles subséquentes qui permettront au mariage de porter fruit et de donner au couple la descendance promise. La naissance d'enfants vient prouver, sans l'ombre d'un doute, la consommation du mariage. C'est ainsi que pour so-

---

Genève, 1991, p. 81.

[10] Jean Froissart, *Chroniques*, M. le baron Kervyn de Lettenhove (édit.), dans *Œuvres de Froissart*, Osnabrück, 1967, t. 10, p. 357.

[11] F. Paradis, «Le mariage d'Arthur et Guenièvre: une représentation de l'alliance matrimoniale dans la *Suite Vulgate de Merlin*», *Le Moyen-âge*, 92/2 (1986), p. 228.

[12] Pontallier vs Oiselet, AN, X 2a 14, fol. 251 r•.

[13] AN, JJ 148, l. 50.

[14] L'Églantier vs Auxy, AN, JJ 151, l. 280.

[15] Chaussecourte vs Rochedragon, AN, X 2a 39, 08/03/1473.

[16] Lalement vs Bruneval, AN, X 2a 14, fol. 381 v•.

[17] *Ibid.*, JJ 166, l. 254.

lidement asseoir sa cause, Charles de Cepeaux «s'est vanté qu'elle (Jeanne Rabaut) est sa femme et qu'il l'a engrossee».[18] Comment remettre en question l'union de Josseaume Bertrand et d'Antoinette de Cravant qui «a este comsommé (...) telement qu'elle en a eu deux enfans a une ventree et de present est grosse du IIIIe»?[19] De surcroît, les enfants, cadeau du ciel, viennent attester de la valeur du mariage.

Sans consommation, un mariage demeure incomplet. Antonio Morosini signale les négociations entre le fils du duc de Milan et une fille du duc de Bourgogne mais s'empresse d'ajouter que le mariage «n'était pas encore consommé».[20] En attendant, rien n'est encore joué. Clarin de Sons, voulant retarder le mariage de sa sœur avec Robert de la Honguerie, «empesch(e) a son povoir que le mariage ne fust consummé».[21] Même si elle a été mariée à Antoine de Merle, «Anthoinete s'en vint avec sesdits pere et mere, saine et entiere de pucellage, ne ne toucha oncques a elle ledit Merle»;[22] rien ne s'oppose donc à ce que Josseaume Bertrand l'épouse à son tour. La consommation apporte au mariage sa finalité et son indissolubilité.

Le duc Philippe le Bon, tenant fortement au mariage de son fils Charles, comte de Charolais, avec Isabelle de Bourbon envoie messire Philippe Pot «devers son fils pour faire ce mariage, et les faire espouser et coucher ensemble, sans quelconque délay».[23] Il désire trouver «le mariage consommé à son retour»[24] car seule la consommation viendra réellement achever cette union. Pour prouver à un interlocuteur incrédule à quel point le mariage s'est accompli, le même Philippe Pot brandit justement la consommation et affirme qu'«il doit bien estre vray et pour croire quant ils ont couchié ensemble, et fait et parfait les nopces à leur droit».[25]

L'adoption de formules stéréotypées vient confirmer la fonction ratificatrice de la consommation. Les exemples sont nombreux. Perceval de Cagny rapporte que Marguerite d'Écosse vient en France «pour parfaire et consommer le mariage de monseigneur le daulphin et elle».[26] Dans sa plaidoirie, Gilbert de la Fayette affirme que «entre La Fayete et Ysabeau y a

---

[18] Avaugour vs Cepeaux, AN, X 2a 17, fol. 248 v•.

[19] Merle vs Bertand, AN, X 2a 24, fol. 194 v•.

[20] Antonio Morosini, *Chronique. Extraits relatifs à l'histoire de France*, L. Dorez (édit. et trad.), Paris, 1898-1902, t. 2, p. 165.

[21] Sons vs Honguerie, AN, X 2a 14, fol. 249 v•.

[22] Merle vs Bertand, AN, X 2a 24, fol. 195 r•.

[23] Georges Chastellain, *Chronique...*, t. 3, p. 24.

[24] Olivier de La Marche, *Mémoires*, H. Beaune et J. d'Arbaumont (édit.), Paris, 1883-1888, t. 2, p. 401.

[25] Georges Chastellain, *Chronique...*, t. 3, p. 26.

[26] Perceval de Cagny, *Chroniques*, H. Moranvillé (édit.), Paris, 1902, p. 220.

mariage sollennizé et consummé comme il appartient».[27] Enfin, le mariage de Pierre de Bauffremont et d'Anne de Bauffremont «fut consommé et ratiffié».[28] Il est clair que les relations sexuelles viennent ratifier le mariage et le conclure.

LA CORRUPTION DE LA FEMME

Dans tous ces exemples, la consommation joue un rôle positif. Elle conclut le mariage, prouve sa réalité, crée vie conjugale et descendance. Il arrive cependant que la consommation du mariage soit présentée sous un jour négatif. Ce sont alors les demandeurs des procès qui se font accusateurs. Puisqu'ils invalident le mariage, ils doivent logiquement condamner des relations sexuelles qu'ils considèrent illicites.

Dans le cas d'un rapt, il n'est plus question de consommation mais de viol. C'est ainsi que, selon sa mère, Marguerite de Signet «declara avoir esté ravie et violee par Rochedragon».[29] Le vicomte de Polignac parle pour sa part de la «spoliacion»[30] de sa fille Isabeau. Les relations sexuelles constituent alors une circonstance aggravante pour le ravisseur, particulièrement si le ravisseur a contraint violemment sa victime.

Le cas est encore plus grave si la victime était vierge ou, cas extrême, impubère. Dans ce cas, les relations sexuelles, loin de confirmer la réalité du mariage, viennent le condamner. Lorsque Nicolas de Bruneval affirme avoir eu des relations sexuelles avec Marie de Caix, le procureur du roi souligne la gravité du cas et déclare «que attendue la presumpcion de Bruneval qui dit que le mariage est consummé *per copulam carnalem*, le cas s'agrave».[31] Selon les demandeurs, Marie en effet «n'a que VII ans et par le propos mesmes de partie, n'a que IX a X ans».[32] Si Marie a réellement sept ans, Bruneval a violé une fille vierge et impubère, «chose de tresmauvais exemple actendu sondit aage».[33] C'est la raison pour laquelle Jacques de Rochedragon, dans la lettre de rémission obtenue pour le rapt de Marguerite de Signet, s'empresse d'affirmer qu'il n'«ait peu avoir compaignie a elle pour son jeune aage».[34]

---

[27] La Fayette vs Polignac, AN, X 2a 37, 21/05/1471.

[28] Chalon vs Bauffremont, AN, X 2a 32, fol. 325 v•.

[29] Chaussecourte vs Rochedragon, AN, X 2a 39, 08/03/1473.

[30] La Fayette vs Polignac, AN, X 2a 35, fol. 281 r•.

[31] Lalement vs Bruneval, AN, X 2a 14, fol. 381 v•.

[32] *Ibid.*, fol. 380 v•.

[33] *Ibid.*, fol. 73 r•. Voir à ce sujet, C. Gauvard, *«De grace especial»: crime, état et société en France à la fin du Moyen-âge*, Paris, 1991, t. 2, p. 814-816.

[34] AN, JJ 195, l. 1032.

Dans le cas de Jeanne de Bauffremont, le viol d'une fille impubère se transforme même en meurtre. Selon Marguerite de Chalon, mère de la victime, les relations sexuelles sont à l'origine du décès de Jeanne de Bauffremont qui n'était ni nubile, ni apte à consommer le mariage. Toutefois, «le seigneur de Soye fit coucher son filz avec Jehanne, n'aiant lors que IX ans, et la fit deflorer tellement qu'elle en est trespassee».[35] Les défendeurs ne peuvent, pour seule défense, que gonfler l'âge de la fille et la déclarer pubère en infirmant ainsi le viol et l'homicide. Bien qu'exceptionnel, cet exemple démontre les conséquences de relations sexuelles interdites.

Pour prouver que les relations sexuelles n'ont pas été imposées, les défendeurs, comme Pierre de Luilly et ses complices, insistent beaucoup sur le fait que la victime n'a présenté aucune résistance. C'est ainsi que Marguerite de L'Églantier «se coucha courtoisement avecques ledit Pierre son mari par quatre nuittes, l'une apres l'autres, sans resistence aucune»[36] et que «quant ilz furent couchez ensemble, elle lui fasoit tres bonne chiere».[37] Étrangement, Marguerite ne dit rien des relations sexuelles dans sa plaidoirie. Une femme répugne-t-elle à s'étendre sur le sujet en public?

Pour alléger leur cas, d'autres suppliants assurent que leur victime n'a été aucunement corrompue. Cette absence de relations sexuelles sert alors de circonstance atténuante au ravisseur qui a rendu la fille vierge. Ainsi, Pierre de Bernean affirme dans sa lettre de rémission que Tiphaine du Fou «a esté rendue a ses parens et amis, saine et entiere, et sans avoir esté corompue ne violee par ledit de Lezenet ne autre de la compaignie, et a esté de puis et est bien et grandement mariee sicomme on dit».[38] Ce second mariage avec un bon parti choisi par la famille vient prouver que la jeune fille, intacte, n'a pas été déshonorée. Même situation pour les deux sœurs d'Aveneres qui «ne furent aucunement violees (...) mais demourerent pour telles que l'en les avoit trouvees, audit lieu de Crotes,[39] et de puis ces choses, comme bonnes pucelles pour telle tenues et reputees, ont bien et honnestement esté marieez a deux bons gentilzhommes du pays».[40] Ces exemples démontrent que la consommation est essentielle à la création d'un mariage indissoluble. C'est son absence qui permet à ces femmes de contracter un mariage subséquent.

---

[35] Chalon vs Bauffremont, AN, X 2a 32, fol. 326 v•.

[36] L'Églantier vs Auxy, AN, X 2a 12, fol. 166 r•.

[37] *Ibid.*, fol. 166 r•.

[38] Fou vs Bernean, AN, JJ 153, l. 188.

[39] Peut-être Les Crottes, dép. Ardèche, arr. Privas, c. Viviers, comm. de Saint-Thomé?

[40] AN, JJ 152, l. 110.

*
* *

En résumé, la consommation vient d'abord et avant tout ratifier un mariage. Elle fait partie du processus matrimonial et constitue une suite logique à l'échange des consentements. Une suite si logique, si normale en fait que chroniques, lettres de rémission et plaidoiries n'insistent guère sur cette réalité. Elle n'a pas besoin d'être décrite sauf si elle peut servir de preuve à la validité et à la complétion du mariage. La consommation confirme alors la réalité du mariage, en particulier lorsque la femme exprime son contentement ou que des enfants sont issus de l'union.

Les relations sexuelles constituent cependant un argument dangereux qui peut se retourner contre le défendeur ou le suppliant. Sa partie adverse peut l'accuser d'avoir corrompu et déshonoré sa victime, en un mot de l'avoir violée. Si la femme est jeune et à peine pubère, il peut même se voir condamné d'avoir dépucelé une vierge impubère. Le défendeur ne doit donc mentionner l'existence des relations sexuelles que s'il a bon espoir que son mariage survive au procès. Sinon, il a tout avantage à taire l'acte charnel ou, même mieux, à brandir l'absence de relations sexuelles comme circonstance atténuante de son crime.

Il ne fait pas de doute que la consommation conserve son importance pour la noblesse de la fin du Moyen-âge. Elle vient clore le processus matrimonial et sceller une fois pour toutes la nouvelle union. En cela, nos documents s'en tiennent donc à la vision de Gratien et à son *matrimonium ratum*. En reconnaissant aux relations sexuelles le pouvoir de sceller un mariage, les nobles continuent à considérer le mariage comme un processus en plusieurs étapes qui se termine dans la chambre à coucher. L'Église a beau avoir voulu écarter les relations sexuelles de la formation du mariage, la pratique continue à leur attribuer un rôle essentiel.

Conclusion

Comment se marie la noblesse au crépuscule du Moyen-âge? Conserve-t-elle encore ses pratiques aristocratiques traditionnelles de mariage ou a-t-elle assimilé les règles du modèle matrimonial ecclésiastique? En quête d'une réponse à cette question, nous avons suivi les nobles à travers toutes les étapes du processus matrimonial, des pourparlers à la consommation, en passant par les fiançailles, les épousailles, les rites religieux et les célébrations profanes. Nous avons vu les familles arranger les mariages et, plus rarement, les jeunes gens tomber amoureux. Nous avons recherché l'union spirituelle du couple au moment de l'échange des consentements et son union charnelle au moment de la consommation. Nous avons assisté aux célébrations standardisées de l'Église et aux noces éblouissantes.

Nous avons recherché ces mariages susceptibles de nous renseigner sur le modèle matrimonial de la noblesse dans les grandes chroniques françaises, dans les plaidoiries du Parlement de Paris et dans les lettres de rémission attribuées par le roi de France entre 1375 et 1474. Nous y avons découvert comme acteurs dominants des tractations matrimoniales les hommes et les familles, reléguant les femmes à un rôle secondaire. Ils mènent une démarche matrimoniale qui comprend ambassades, rencontres, contrat de mariage et fiançailles. Cette démarche familiale est préférable et préférée au point que les couples, lorsqu'ils adoptent une démarche plus personnelle où ils se font la cour et tombent amoureux, tentent ensuite de converger vers ce parcours familial. Le choix du conjoint obéit invariablement à des prérogatives politiques et économiques, tout en respectant certaines règles de l'Église, en écartant de trop proches parents, des individus mariés ou des ecclésiastiques. Une fois les pourparlers achevés et les fiançailles célébrées, le mariage se poursuit à l'église, devant le prêtre qui reçoit les consentements des époux. Mais ces consentements ne sont qu'une façade, le consentement des parents jouant un rôle beaucoup plus tangible dans la formation des couples que le consentement superficiel d'une femme soumise et obéissante. Puis viennent les célébrations profanes, riches et fastueuses, qui comprennent un festin, des danses et de la musique, des tournois et des cortèges, des costumes et des décors, autant d'éléments servant à festoyer et à témoigner de la richesse et de l'influence des nouveaux mariés et de leur famille. Le mariage se termine enfin avec la consommation dont on peut dire, même si les sources se font discrètes à son sujet, qu'elle vient mettre un terme au processus matrimonial.

Au terme de ce parcours, peut-on déclarer, à la suite de Georges Duby, que les modèles ecclésiastique et aristocratique se sont fusionnés? Rares sont les conflits ouverts entre l'Église et la noblesse. Il y a certes le remariage de Jacqueline de Bavière avec Humphrey de Gloucester, les tentatives de mariage incestueux du comte d'Armagnac, et à une moindre échelle, les nombreux rapts et mariages clandestins qui accaparent les cours ecclésiastiques. Toutefois, il ne s'agit plus de conflits entre l'Église et la noblesse, mais entre certains représentants de l'Église et certains nobles. L'Église, loin d'être un bloc monolithique, sait faire preuve de flexibilité dans l'application de la doctrine, comme les mariages rompus en cours d'Église le démontrent clairement. Les recherches de Richard H. Helmholz, entre autres, le confirment en présentant certains juges des officialités anglaises adaptant la loi aux circonstances particulières des causes matrimoniale.[1] Quant à la société noble, elle s'indigne tout autant de ces mariages hors normes, comme en témoignent notamment les chroniques.

Les grands principes ecclésiastiques semblent bien respectés. La monogamie va de soi, comme l'indissolubilité, ce qui explique les fortes réactions que suscitent les rares répudiations et bigamies. Au niveau de la forme, il semble y avoir adoption des consignes religieuses. De toute évidence, les mariages se célèbrent à l'église devant le prêtre qui dit la messe nuptiale.

Cependant, s'il est possible de parler d'accord entre l'Église et la noblesse, il ne saurait être question d'une assimilation totale du modèle ecclésiastique matrimonial par la noblesse. Il s'agit plutôt d'un accord superficiel. Car hormis la monogamie, l'indissolubilité et l'enveloppe extérieure que représentent les rites ecclésiastiques, le déroulement du mariage est encore fortement empreint du modèle aristocratique. Les mariages continuent d'être l'apanage des hommes et des familles dont le consentement joue un rôle clé. Le mariage n'est toujours pas considéré comme le sacrement d'un seul temps, celui de l'échange des consentements, mais continue à se former au cours d'un long processus s'étalant des premiers pourparlers à la consommation. Cette dernière est encore essentielle, venant achever et consacrer l'union créée. Les célébrations profanes, enfin, conservent leur importance en rendant officielle et publique la formation d'un couple. Autant de traits issus directement du modèle aristocratique qui perdurent sous l'œil bienveillant de l'Église.

Car si la noblesse a fait un pas vers l'adoption du modèle ecclésiastique en acceptant les règles de monogamie et d'indissolubilité et les rites matri-

---

[1] R. H. Helmholz, *Marriage Litigation in Medieval England*, Cambridge, 1974, p. 66.

moniaux, l'Église l'a rencontrée à mi-chemin. S'il n'est plus question de conflit entre les deux, c'est en bonne partie parce que l'Église a su accepter et s'insérer dans les traditions matrimoniales de la noblesse.[2] Elle a reconnu l'importance des fiançailles et, à travers elles, des pourparlers qu'elles viennent sceller. Elle attribue des dispenses pour consanguinité, de manière à éviter les disputes qui pourraient en découler. Elle ferme les yeux sur les mariages impubères, alignant même l'âge canonique du mariage sur l'âge matrimonial idéal de la noblesse. Malgré sa doctrine, elle continue à reconnaître le rôle formateur de la consommation et accepte de dissoudre les mariages non consommés. En un mot, l'Église, loin d'être rigide et unitaire, s'adapte au cas par cas. Entre sa doctrine élaborée au XIIe siècle et sa gestion du mariage à la fin du Moyen-âge, l'écart est grand.

C'est ainsi que, la noblesse intégrant certains traits du mariage ecclésiastique dans son processus matrimonial, l'Église s'insérant dans ce processus et fermant les yeux sur des pratiques archaïques, l'accord a pu se faire entre l'une et l'autre. Mais il est impossible de parler d'assimilation d'un modèle par l'autre. Parlons plutôt d'amalgame des deux modèles, un amalgame qui est toutefois loin d'être complet. Si l'Église est prête à tolérer les mariages impubères et consanguins, elle ne peut abandonner la pierre angulaire de sa doctrine, le consentement des époux, et accepter les mariages forcés. Si la noblesse a accepté de renoncer au divorce et d'intégrer les rites religieux à ses célébrations, elle est pour sa part incapable d'attribuer tout le pouvoir décisionnel aux époux. C'est donc là, au cœur de la doctrine ecclésiastique, que les tensions persistent entre doctrine ecclésiastique et pratique aristocratique. Le consentement des époux ne peut pas faire l'unanimité. Tant que le mariage sera une affaire de famille, une affaire de politique et d'argent, la noblesse ne pourra pas laisser ses enfants libres de décider et de choisir leur époux. Le risque est trop grand, les enjeux trop importants. Dans ses motivations, le mariage noble reste trop profondément lié aux intérêts profanes. Il ne s'agit pas, comme l'idéalise l'Église, de l'union spirituelle de deux êtres à l'image du Christ et de l'Église. Il s'agit, pour la noblesse, de l'union bien terre à terre de deux familles, de deux lignages, de deux fortunes, de deux allégeances politiques. La liberté, l'amour, la spiritualité n'ont rien à y voir.

Cet accord superficiel entre l'Église et la noblesse ne serait-il donc qu'un mariage de raison susceptible d'atténuer les conflits mais incapable, à la longue, de satisfaire ni l'une ni l'autre des parties? Le consentement des

---

[2] Évidemment, comme le fait justement remarquer Richard H. Helmholz dans son étude des litiges matrimoniaux anglais (R. H. Helmholz, *Marriage Litigation*..., p. 186.), ce qui paraît vrai concernant le rapport entre l'Église et la noblesse française des XIVe et XVe siècles ne l'est pas nécessairement pour tout autre lieu, période ou classe sociale.

époux demeurera-t-il la pierre d'achoppement sur laquelle la noblesse et l'Église continueront de s'affronter? L'une des deux parties parviendra-t-elle à imposer sa vision à l'autre? Au XVe siècle, on a bien l'impression que c'est la société noble qui sortira gagnante de ce conflit latent. Elle a conservé son modèle aristocratique de mariage. Comme le note également Richard H. Helmholz, les règles légales entourant le mariage contracté par paroles de présent[3] sont si souvent écartées et le droit canon si souvent ignoré qu'il est impossible de conclure que les standards de l'Église ont réellement pénétré le cœur des pratiques laïques à la fin du Moyen-âge.

Au siècle suivant, le Concile de Trente ne reconnaîtra-t-il pas d'ailleurs l'importance du consentement des parents? C'est d'abord le pouvoir laïque qui donnera l'exemple, Henri II rendant obligatoire en 1556 le consentement des parents pour le mariage des hommes de moins de trente ans et des filles de moins de vingt-cinq ans. Le Concile de Trente publiera ensuite le décret *Tametsi* qui viendra timidement appuyer cette mesure en proclamant l'horreur de la Sainte-Église pour les unions conclues sans le consentement des parents et en imposant la publication des bans et la célébration du mariage *in facie ecclesiae*.[4] L'Église sanctionnera du même coup le pouvoir des familles nobles et l'importance des enjeux socio-politiques et économiques de leurs stratégies matrimoniales.

Et pourtant, aujourd'hui, c'est l'idéal ecclésiastique qui a bel et bien gagné. Le mariage se crée désormais au jour des épousailles, par consentement des époux, avec la promesse d'une union perpétuelle et monogame. Mais, comme aux XIVe et XVe siècles, les taux de divorce en hausse viennent nous rappeler l'existence d'un fossé entre la réalité quotidienne et l'idéal. Les idéaux se suivent et se ressemblent, façonnant tant bien que mal notre réalité.

[3] Tout comme la prohibition des mariages clandestins ou la compétence exclusive de l'Église en matière matrimoniale. R. H. Helmholz, *Marriage Litigation* ..., p. 189.

[4] J. Gaudemet. *Le mariage en Occident. Les mœurs et le droit*, Paris, 1987, p. 290-292.

Bibliographie

En plus de présenter les sources manuscrites et imprimées à la base de notre recherche, cette bibliographie cherche à faire le tour de l'historiographie anglophone et francophone du mariage médiéval. Afin d'en faciliter la consultation, elle a été découpée en plusieurs thèmes, soit le mariage et l'Église, le mariage et la société, le mariage et le droit civil et, finalement, le mariage et la justice. Ces thèmes, en particulier le dernier, visent à correspondre au traitement du mariage effectué dans notre ouvrage tout en faisant ressortir l'importance de la production historique dans ce domaine. Enfin, deux autres sections intitulées la noblesse et la famille aristocratique et la justice et la procédure judiciaire contiennent des références utiles à la compréhension de nos sources et de la noblesse. Ces deux sections, bien que fort complètes, se veulent moins exhaustives que celles traitant du mariage.

et permettent de mieux saisir la réalité aristocratique. Ils abordent autant le rôle de la noblesse dans la société médiévale que la place de la femme et de la famille dans la société noble.

La justice et la procédure judiciaire – 153

Cette section effectue un survol des études concernant l'administration de la justice civile et ecclésiastique, la procédure judiciaire et la criminalité médiévales. Elle vient donc guider l'analyse des sources manuscrites.

Le mariage et l'Église – 158

Dans cette section sont énumérés les nombreux ouvrages ayant traité du mariage au niveau de la doctrine ecclésiastique, des rites ecclésiastiques ou de la position de l'Église face au mariage. Ces ouvrages abordent donc principalement la théorie du mariage.

Le mariage et la société – 165

C'est ici que se retrouvent les ouvrages traitant de la réalité du mariage tel que vécu par les hommes et les femmes du Moyen-âge. Y sont abordés de nombreux thèmes, des rites laïques à la vie conjugale en passant par les enjeux et les stratégies matrimoniales.

Le mariage et le droit civil – 178

Cette section regroupe les études concernant des questions de droit civil, en particulier les considérations financières du mariage, comme la dot et le douaire. Ce sont surtout les sources notariales qui y sont exploitées.

Le mariage et la justice – 183

La majorité des articles et livres de cette section sont issus de l'analyse des sources judiciaires, laïques ou ecclésiastiques, civiles ou criminelles, que les historiens ont exploitées à la recherche de la réalité matrimoniale. Elles s'apparentent donc grandement à notre analyse des registres du Parlement de Paris et du Trésor des Chartes.

D. Indice des auteurs dans la bibliographie – 188

A. Sources

Sources manuscrites

Paris, Archives nationales de France, Série X 2a (Parlement criminel): Plaidoires (en totalité): X 2a 10 (1375-1387); X 2a 12 (1387-1400); X 2a 14 (1400-1408); X 2a 17 (1411-1417); X 2a 18 (1423-1432); X 2a 22 (1436-1443); X 2a 24 (1443-1448); X 2a 25 (1448-1453); X 2a 28 (1455-1461); X 2a 32 (1461-1464); X 2a 33 (1462-1464); X 2a 35 (1467-1470); X 2a 37 (1469-1471); X 2a 39 (1471-1474).

——, ——, Série JJ (Registres du Trésor des Chartes): Lettres de rémission (année 1400 et années impaires en totalité): JJ 106 à JJ 202 (1375 à 1473).

Sources imprimées

Abrégé françois des grandes chroniques, A. Vallet de Viriville (édit.), dans *Chronique de Charles VII roi de France*. Neudeln, Liechtenstein, Kraus Reprints, 1979, t. 3, p. 212-251.

Basin, Thomas. *Histoire de Charles VII*, S. Samaran (édit. et trad.). Paris, Les Belles Lettres, 1964. 2 vol.

——. *Histoire de Louis XI*. S. Samaran (édit. et trad.). Paris, Les Belles Lettres, 1963. 1 vol.

Baude, Henri. *Éloge ou portrait historique de Charles VII*, A. Vallet de Viriville (édit.), dans *Chronique de Charles VII roi de France*. Neudeln, Liechtenstein, Kraus Reprints, 1979, t. 3, p. 127-141.

Blondel, Robert. *Des droiz de la Couronne de France*, A. Héron (édit.), dans *Œuvres*. Genève, Slatkine Reprints, 1974, p. 295-499.

Bouvier, Gilles le, dit Le héraut Berry. *Les chroniques du roi Charles VII*. H. Courteault et L. Celier (édit.) Paris, Librairie C. Klincksieck, 1979.

Cabaret d'Orville, Jean. *La Chronique du bon duc Loys de Bourbon*. A.-M. Chazaud (édit.). Paris, Librairie Renouard, 1876.

Cagny, Perceval de. *Chroniques*. H. Moranvillé (édit.). Paris, Librairie Renouard, 1902.

Chartier, Jean. *Chronique de Charles VII roi de France*. A. Vallet de Viriville (édit.). Neudeln, Liechtenstein, Kraus Reprints, 1979. 3 vol.

Chastellain, Georges. *Chronique*, J.-C. Delclos (édit.), dans *Chronique. Les fragments du livre IV révélés par l'Additional Manuscript 54156 de la British Library*. Genève, Librairie Droz S. A., 1991.

——. *Chronique*, M. le baron Kervyn de Lettenhove (édit.), dans *Œuvres*. Genève, Slatkine Reprints, 1971. 5 vol.

Chronique d'un Bourgeois de Vernueil (1415-1422). A. Hellot (édit.). Rouen, Charles Métérie, 1883.

Chronique de la Pucelle ou fragment de la Chronique de Cousinot de Montreuil, A.

Vallet de Viriville (édit.), dans *Chronique de la Pucelle ou Chronique de Cousinot suivie de la Chronique normande de Pierre Cochon relatives aux règnes de Charles VI et de Charles VII*. Paris, Adolphe Delahays, 1859, p. 209-339.

Chronique des quatre premiers Valois (1327-1393). S. Luce (édit.). Paris, Jules Renouard, 1862.

Chronique des règnes de Jean II et Charles V. R. Delachenal (édit.). Paris, 1917-1920. 4 vol.

Chronique du Mont-Saint-Michel (1343-1468). S. Luce (édit.). Paris, Firmin Didot et Cie, 1879 et 1883. 2 vol.

Chronique du religieux de Saint-Denys contenant le règne de Charles VI de 1380 à 1422. M. L. Bellaguet (édit. et trad.). Paris, Éditions du Comité des travaux historiques et scientifiques, 1994. 3 vol.

Chronique normande, A. Vallet de Viriville (édit.), dans *Chronique de Charles VII roi de France*. Neudeln, Liechtenstein, Kraus Reprints, 1979, t. 3, p. 200-207.

Les Chronicques de Normendie. A. Hellot (édit.). Rouen, Charles Métérie, 1881.

Clercq, Jacques du. *Mémoires*, J.-A. Buchon (édit.). Paris, Verdière, 1826.

Cochon, Pierre. *Chronique normande*, A. Vallet de Viriville (édit.), dans *Chronique de la Pucelle ou Chronique de Cousinot suivie de la Chronique normande de Pierre Cochon relatives aux règnes de Charles VI et de Charles VII*. Paris, Adolphe Delahays, 1859, p. 363-468.

Commynes, Philippe de. *Mémoires*. J. Calmette (édit.) Paris, Librairie Ancienne, Honoré Champion, 1924, t. 1.

Cronique Martiniane. Edition critique d'une interpolation originale pour le règne de Charles VII restituée à Jean Le Clerc. P. Champion (édit.). Paris, Honoré Champion, 1907.

Escouchy, Mathieu d'. *Chronique*. G. du Fresne de Beaucourt (édit.). Paris, Jules Renouard, 1863-1864. 3 vol.

Extrait d'une chronique anonyme pour le règne de Charles VI, 1400-1422, L. Douët-D'arcq (édit.), dans *Chronique d'Enguerrand de Monstrelet*. New York, Johnson Reprint Corporation, 1966, t. 6, p. 191-327.

Fénin, Pierre de. *Mémoires (1407-1422)*. Mlle Dupont (édit.). Paris, Jules Renouard, 1837.

Fragments de la geste des nobles françois ou Chronique de G. Cousinot, A. Vallet de Viriville (édit.), dans *Chronique de la Pucelle ou Chronique de Cousinot suivie de la Chronique normande de Pierre Cochon relatives aux règnes de Charles VI et de Charles VII*. Paris, Adolphe Delahays, 1859, p. 105-204.

Froissart, Jean. *Chroniques*. M. le baron Kervyn de Lettenhove (édit.), dans *Œuvres de Froissart*. Osnabrück, Biblio Verlag, 1967. 25 vol.

Gauvard, C. et G. Labory (édit.). «Une chronique rimée parisienne écrite en 1409: "Les aventures depuis deux cent ans"», dans B. Guenée (édit.), *Le métier d'historien au Moyen Âge. Études sur l'historiographie médiévale*. Paris, Publications de la Sorbonne, 1977, p. 183-231.

Gruel, Guillaume. *Chronique d'Arthur de Richemont, connétable de France, duc de Bretagne (1383-1458)*. A. Le Vavasseur (édit.). Paris, Librairie Renouard, 1890.

Journal d'un bourgeois de Paris (1405-1449). A. Tuetey (édit.). Paris, 1881.

Journal de Clément de Fauquembergue, greffier du Parlement de Paris. A. Tuetey et H. Lacaille (édit.). Paris, Société de l'histoire de France, 1903-1915. 3 vol.

Journal de Jean de Roye connu sous le nom de Chronique scandaleuse. B. de Mandrot (édit.). Paris, Librairie Renouard, 1894 et 1896. 2 vol.

Journal de Nicolas de Baye, greffier du Parlement de Paris. A. Tuetey (édit.) Paris, Librairie Renouard, 1885 et 1888. 2 vol.

La Marche, Olivier de. *Mémoires*. H. Beaune et J. d'Arbaumont (édit.). Paris, Librairie Renouard, 1883-1888. 4 vol.

Le Fèvre, Jean, seigneur de Saint-Rémy. *Chronique*. F. Morand (édit.). Paris, Librairie Renouard, 1876 et 1881. 2 vol.

Leseur, Guillaume. *Histoire de Gaston IV, comte de Foix*. H. Courteault (édit.). Paris, Librairie Renouard, 1893 et 1896. 2 vol.

Le livre des fais du bon messire Jehan Le Maingre dit Bouciquaut, mareschal de France et gouverneur de Jennes. D. Lalande (édit.). Genève, Libraire Droz, 1985.

Le livre des trahisons de France, M. le baron Kervyn de Lettenhove (édit.), dans *Chroniques relatives à l'histoire de la Belgique sous la domination des Ducs de Bourgogne*. Bruxelles, F. Hayez, 1880, p. 1-258.

Maupoint, Jean. *Journal parisien*. G. Fagniez (édit.). Paris, H. Champion, 1878.

Monstrelet, Enguerrand de. *Chronique*. New York, Johnson Reprint Corp., 1966. 6 vol.

Morosini, Antonio. *Chronique. Extraits relatifs à l'histoire de France*. L. Dorez (édit. et trad.). Paris, Librairie Renouard, 1898-1902. 4 vol.

Raoulet, Jean. *Chronique*, A. Vallet de Viriville (édit.), dans *Chronique de Charles VII roi de France*. Neudeln, Liechtenstein, Kraus Reprints, 1979, t. 3, p. 142-199.

Robert Blondel. *Reductio Normanie*, A. Héron (édit.), dans *Œuvres*. Genève, Slatkine Reprints, 1974, p. 3-260.

B. Outils de travail

Aubert de la Chesnaye-Desbois, François-Alexandre. *Dictionnaire de la noblesse*. Paris, 1770-1786. 15 vol.

Berger-Levrault. *Dictionnaire national des communes de France*. Paris, Albin Michel, 1991.

Durand de Maillane, M. *Dictionnaire de droit canonique et de pratique bénéficiale.* Lyon, Benoît Duplain, 1770. 3 vol.

Favier, Jean. *Dictionnaire de la France médiévale.* Paris, Fayard, 1993.

Greimas, Algirdas Julien. *Dictionnaire de l'ancien français. Le Moyen Âge.* Paris, Larousse, 1992.
—— et Teresa Mary Deane. *Dictionnaire du moyen français. La Renaissance.* Paris, Larousse, 1992.

Niermeyer, J. F. *Mediae latinitatis lexicon minus.* Leiden, E. J. Brill, 1984.

C. ÉTUDES

Ouvrages généraux sur les XIVe et XVe siècles

Armstrong, C. A. J. «La double monarchie France-Angleterre et la maison de Bourgogne (1420-1435): le déclin d'une alliance». *Annales de Bourgogne,* 37 (1965), p. 81-112. Repr. dans *England, France and Burgundy in the Fifteenth Century,* Londres, The Hambledon Press, 1983, p. 343-374.

Autrand, Françoise. *Charles VI. La folie du roi.* Paris, Fayard, 1986.

Boutruche, Robert. *La crise d'une société. Seigneurs et paysans du Bordelais pendant la guerre de Cent ans.* Paris, Les Belles lettres, 1963.

Bresc, Henri. «L'Europe des villes et des campagnes (XIIIe-XVe siècles)», dans A. Burguière, C. Klapisch-Zuber, M. Segalen et F. Zonabend (édit.), *Histoire de la famille. t. 2: Temps médiévaux: Orient, Occident,* Paris, Armand Colin, 1986, p. 169-211.

Chiffoleau, Jacques. *La comptabilité de l'au-delà. Les hommes, la mort et la religion dans la région d'Avignon à la fin du Moyen Age (vers 1320—vers 1480).* Rome, École française de Rome, 1980.

Contamine, Philippe. *La guerre de Cent ans.* Paris, Presses universitaires de France, 1992. [Coll. «Que sais-je?»]
——. «La guerre de Cent ans en France: une approche économique». *Bulletin of the Institute of Historical Research,* 47 (1974), p. 125-149. Repr. dans *La France aux XIVe et XVe siècles. Hommes, mentalités, guerre et paix.* London, Variorum Reprints, 1981.
——. *La vie quotidienne pendant la guerre de Cent ans, France et Angleterre.* Paris, Hachette, 1976.

Dubois, Henri. «La dépression (XIVe et XVe siècles)», dans *Histoire de la population française. t. 1: Des origines à la Renaissance,* Paris, Presses universitaires de France, 1988, p. 313-366.

Duby, Georges (édit.) *Histoire de la vie privée. t. 2: De l'Europe féodale à la Renaissance.* Paris, Seuil, 1985.

Dyer, Christopher. *Standards of living in the later Middle Ages. Social change in England c. 1200-1520*. Cambridge, Cambridge University Press, 1989.

Fossier, Robert. «Aperçus sur la démographie médiévale», dans O. Guyotjeannin (dir.), *Population et démographie au Moyen Âge*, Paris, Éditions du CTHS, 1995, p. 9-23.

———. *La société médiévale*. Paris, Armand Colin, 1991.

Germain, René. «Le feu, un comportement social», dans O. Guyotjeannin (dir.), *Population et démographie au Moyen Âge*, Paris, Éditions du CTHS, 1995, p. 27-49.

Giry-Deloison, Charles. «France, Burgundy and England». *History Today*, 40 (août 1990), p. 47-52.

Guenée, Bernard. *L'Occident aux XIVe et XVe siècles. Les États*. Paris, Hachette, 1981.

———. *Entre l'Église et l'État. Quatre vies de prélats français à la fin du Moyen Âge*. Paris, Gallimard, 1987.

———. «Y a-t-il un État des XIVe et XVe siècles?» *Annales. Économies, Sociétés, Civilisations*, 26/2 (1971), p. 399-406.

Heers, Jacques. «Difficultés économiques et troubles sociaux en France et en Angleterre pendant la guerre de cent ans: le problème des origines». *Les cahiers vernonnais, Actes du colloque de Cocherel*, 16, 17 et 18 mai 1964, 4 (1964), p. 47-53.

———. *L'Occident aux XIVe et XVe siècles. Aspects économiques et sociaux*. Paris, Presses universitaires de France, 1970.

———. *La ville au Moyen Âge en Occident. Paysages, pouvoirs et conflits*. Paris, Fayard, 1990.

Higounet-Nadal, Arlette. «Le relèvement», dans *Histoire de la population française. t. 1: Des origines à la Renaissance*, Paris, Presses universitaires de France, 1988, p. 367-420.

Huizinga, J. *L'automne du Moyen Âge*. Paris, Payot, 1980.

Kaeuper, Richard W. *Guerre, justice et ordre public. La France et l'Angleterre à la fin du Moyen-âge*. Paris, Aubier, 1994.

Kendall, Paul Murray. *Louis XI. «... L'universelle araigne...»*. Paris, Fayard, 1974.

Klapisch-Zuber, Christiane (édit.). *Histoire des femmes. t. 2: Le Moyen-âge*. Paris, Plon, 1991.

Leguai, André. «La "France bourguignonne" dans le conflit entre la "France française" et la "France anglaise" (1420-1435)», dans *La «France anglaise» au Moyen Âge, Actes du 111e Congrès national des Sociétés savantes*, Poitiers, 1986, Paris, Éditions du Comité des travaux historiques et scientifiques, 1988, t. 1, p. 41-52.

Le Goff, Jacques. «L'apogée de la France urbaine médiévale», dans J. Le Goff (dir.), *Histoire de la France urbaine. t. 2: La ville médiévale. Des Carolingiens à la Renaissance*, Paris, Seuil, 1980, p. 183-405.

Lewis, Peter S. *La France à la fin du Moyen Âge. La société politique*. Paris, Hachette, 1977.

Luce, Siméon. *La France pendant la guerre de Cent ans. Épisodes historiques et vie privée aux XIVe et XVe siècles*. Paris, Hachette, 1890 et 1893.

Mollat, Michel. *Genèse médiévale de la France moderne. XIVe-XVe siècles*. Paris, Arthaud, 1970.

———. *La vie et la pratique religieuse au XIVe siècle et dans la première partie du XVe siècle, principalement en France*. Paris, Centre de documentation universitaire, 1963. 2 vol.

Muchembled, Robert. *Culture populaire et culture des élites dans la France moderne (XVe-XVIIIe siècle). Essai*. Paris, Flammarion, 1978.

Pocquet du Haut-Jussé, B.-A. «Jean sans Peur, son but, sa méthode». *Annales de Bourgogne*, 14/55 (1942), p. 181-196.

———. «Jean sans peur, programme, moyens et résultats». *Revue de l'Université de Bruxelles*, 7 (1954-1955), p. 385-404.

Rapp, Francis. *L'Église et la vie religieuse en Occident à la fin du Moyen Âge*. Paris, Presses Universitaires de France, 1971.

Rossiaud, Jacques. «Crises et Consolidations», dans J. Le Goff (dir.), *Histoire de la France urbaine. Vol II: La ville médiévale. Des Carolingiens à la Renaissance*, Paris, Seuil, 1980, p. 407-603.

Schnerb, Bertrand. *Les Armagnacs et les Bourguignons. La maudite guerre*. Paris, Libraire Académique Perrin, 1988.

Thompson, Guy Llewelyn. «Le régime anglo-bourguignon à Paris: Facteurs idéologiques», dans *La «France anglaise» au Moyen Âge, Actes du 111e Congrès national des Sociétés savantes*, Poitiers, 1986, Paris, Éditions du Comité des travaux historiques et scientifiques, 1988, t. 1, p. 53-60.

Vauchez, André. *Les laïcs au Moyen-âge. Pratiques et expériences religieuses*. Paris, Cerf, 1987.

Vaughan, Richard. *Valois Burgundy*. Londres, Allen Lane, 1975.

La noblesse et la famille aristocratique

Aurell, Martin. *La noblesse en Occident, V^e-XVe siècles*. Paris, A. Colin, 1996.

Autrand, Françoise. «Noblesse ancienne et nouvelle noblesse dans le service de l'État en France: les tensions du début du XVe siècle», dans A. Guarducci (édit.), *Gerarchie economiche e gerarchie sociali. secoli XII-XVIII, Atti della «Dodicesima Settimana di Studi»*, 18-23 Aprile 1980, Prato, Le monnier, 1990, p. 611-632.

Barbero, Alessandro. «Noblesse et chevalerie en France au Moyen-âge. Une réflexion». *Le Moyen-âge. Revue d'histoire et de philologie*, 97/3-4 (1991), p. 431-449.

Barthélémy, Anatole de. «De la qualification d'écuyer». *Revue nobiliaire, historique et biographique*, 3 (1865), p. 33-40.

——. «De la qualification de chevalier». *Revue nobiliaire, historique et biographique*, 6 (1868), p. 1-13, 118-132.

Bisson, Thomas N. (édit.) *Cultures of Power. Lordship, Status, and Process in Twelfth-Century Europe.* Philadelphia, University of Pennsylvania Press, 1995.

Bois, Guy. «Noblesse et crise des revenus seigneuriaux en France aux XIVe et XVe siècles: essai d'interprétation», dans P. Contamine (édit.), *La Noblesse au Moyen-âge: XIe-XVe siècles. Essais à la mémoire de Robert Boutruche*, Paris, Presses Universitaires de France, 1976, p. 219-233.

Bouchard, Constance Brittain. *Those of my blood: constructing noble families in medieval Francia.* Philadelphia, University of Pennsylvania Press, 2001.

Caron, Marie-Thérèse. «La fidélité dans la noblesse bourguignonne à la fin du Moyen Âge», dans P. Contamine (édit.), *L'État et les Aristocraties (France, Angleterre, Écosse) XIIe-XVIIe siècles, Actes de la table ronde organisée par le Centre National de la Recherche Scientifique*, Oxford, 26 et 27 septembre 1988, Paris, Presses de l'École Normale Supérieure, 1989, p. 103-127.

——. *La Noblesse dans le duché de Bourgogne. 1315-1477.* Lille, Presses Universitaires de Lille, 1987.

——. *Noblesse et pouvoir royal en France: XIIIe-XVIe siècle.* Paris, A. Colin, 1994.

Cazelles, Raymond. *Société politique, noblesse et couronne sous Jean Le Bon et Charles V.* Genève, Libraire Droz, 1982.

Contamine, Philippe. «France at the End of the Middle Ages: Who Was Then the Gentleman?» dans M. Jones (édit.), *Gentry and Lesser Nobility in Late Medieval Europe*, Gloucester/New York, Alan Sutton/St. Martin's Press, 1986, p. 201-216.

——. «L'État et les aristocraties», dans P. Contamine (édit.), *L'État et les Aristocraties (France, Angleterre, Écosse) XIIe-XVIIe siècles, Actes de la table ronde organisée par le Centre National de la Recherche Scientifique*, Oxford, 26 et 27 septembre 1988, Paris, Presses de l'École Normale Supérieure, 1989, p. 11-26.

——. *La France aux XIVe et XVe siècles, Hommes, mentalités, guerre et paix.* London, Variorum Reprints, 1981.

Coss, Peter R. *The lady in medieval England, 1000-1500.* Mechanicsburg, PA, Stackpole Books, 1998.

Coulet, Noël et Jean-Michel Matz (édit.) *La noblesse dans les territoires angevins à la fin du Moyen âge. Actes du colloque international organisé par l'Université d'Angers*, Angers-Saumur, 3-6 juin 1998. Rome/Paris, École française de Rome/Boccard, 2000.

Duby, Georges. «Structures de parenté et noblesse dans la France du Nord aux XIe et XIIe siècles», dans *Miscellanea mediaevalia in memoriam Jan Frederik Niermeyer*, Groningen, 1967, p. 149-165. Repr. dans «The Structure of Kinship and Nobility, Northern France in the Eleventh and Twelfth Centuries», dans *The Chivalrous Society*, Berkeley, 1977, p. 134-148.

——. *The Chivalrous Society*. Berkeley, University of California Press, 1977.

Duggan, Anne J. (édit.) *Nobles and nobility in medieval Europe: concepts, origins, transformations*. Woodbridge, Boydell press, 2000.

Evergate, T. (édit.) *Aristocratic Women in Medieval France*. Philadelphia, University of Pennsylvania Press, 1999.

Fiori, Jean. «Chevalerie, noblesse et lutte de classes au Moyen-âge d'après un ouvrage récent». *Le Moyen-âge*, 94/2 (1988), p. 257-279.

Fossier, Robert. «La noblesse picarde au temps de Philippe Le Bel», dans P. Contamine (édit.), *La Noblesse au Moyen-âge: XIe-XVe siècles. Essais à la mémoire de Robert Boutruche*, Paris, Presses Universitaires de France, 1976, p. 105-127.

Genicot, Léopold. «La noblesse au Moyen-âge dans l'ancienne "Francie"», *Annales. Économies, Sociétés, Civilisations*, 17 (1962), p. 1-22. Repr. dans *La noblesse dans l'Occident médiéval*, London, Variorum reprints, 1982, IV.

——. «La noblesse au Moyen-âge dans l'ancienne "Francie": continuité, rupture ou évolution?» *dans Comparative Studies in Society and History V*, La Haye, 1962, p. 52-59. Repr. *dans La noblesse dans l'Occident médiéval*, London, Variorum reprints, 1982, I.

——. *La noblesse dans l'Occident médiéval*. London, Variorum reprints, 1982.

Griffiths, Ralph A. «The Crown and the Royal Family in Later Medieval England», dans R. A. Griffiths et J. Sherborne (édit.), *Kings and Nobles in the Later Middle Ages. A Tribute to Charles Ross*, Gloucester/New York, Alan Sutton/St. Martin's Press, 1986, p. 15-26.

Hajdu, Robert. «Family and Feudal Ties in Poitou, 1100-1300». *Journal of Interdisciplinary History*, 8/1 (1977), p. 117-139.

Harsgor, Mickaël. «L'essor des bâtards nobles au XVe siècle». *Revue historique*, 253/514, (1975), p. 319-354.

Jones, Michael. «Aristocratie, faction et État dans la Bretagne du XVe siècle», dans P. Contamine (édit.), *L'État et les Aristocraties (France, Angleterre, Écosse) XIIe-XVIIe siècles, Actes de la table ronde organisée par le Centre National de la Recherche Scientifique*, Oxford, 26 et 27 septembre 1988, Paris, Presses de l'École Normale Supérieure, 1989, p. 129-160.

Lander, John R. «Family, Friends, and Politics in Fifteenth-Century England», dans R. A. Griffiths et J. Sherborne (édit.), *Kings and Nobles in the Later Middle Ages. A Tribute to Charles Ross*, Gloucester/New York, Alan Sutton/St. Martin's Press, 1986, p. 27-40.

Larochelle, Lucie. «Le vocabulaire social et les contours de la noblesse urbaine à la fin du Moyen-âge: l'exemple aixois». *Annales du Midi*, 104 (1992), p. 163-173.

Painter, Sidney. «The Family and the Feudal System in Twelfth-Century England». *Speculum*, 35/1 (1960), p. 1-16.

Paviot, J. et J. Verger (édit.) *Guerre, pouvoir et noblesse au Moyen Âge*. Paris, Presses de l'Université de Paris-Sorbonne, 2000.

Perroy, E. «Feudalism or Principalities in XVth-Century France». *Bulletin of the Institute of Historical Research*, 20/6 (1945), p. 181-185.

——. «Social Mobility among the French Noblesse in the Later Middle Ages». *Past and Present*, 21 (1962), p. 25-38.

Piponnier, Françoise. «Vivre noblement en Bourgogne au XIVe siècle», dans *Mélanges d'archéologie et d'histoire médiévales en l'honneur du Doyen Michel de Boüard*, Genève, Librairie Droz, 1982, p. 309-317.

Rosenthal, Joel T. «Aristocratic Widows in Fifteenth-Century England», dans B. J. Harris et J. K. McNamara (édit.), *Women and the Structure of Society, Selected Research from the Fifth Berkshire Conference on the History of Women*, Durham, Duke University Press, 1984, p. 36-47 et 259-260.

Schalk, Ellery. «Ennoblement in France from 1350 to 1660». *Journal of Social History*, 16/2 (1982), p. 101-110.

Spiegel, Gabrielle M. «Pseudo-Turpin, the Crisis of the Aristocracy and the Beginnings of Vernacular Historiography in France». *Journal of Medieval History*, 12/3 (1986), p. 207-223.

La justice et la procédure judiciaire

Aubert, Félix. *Le Parlement de Paris de Philippe le Bel à Charles VII (1314-1422). Sa compétence, ses attributions*. Paris, Alphonse Picard, 1890.

——. *Le Parlement de Paris, de Philippe le Bel à Charles VII (1314-1422). Son organisation*. Paris, Alphonse Picard, 1886.

Autrand, Françoise. «Les dates, la mémoire et les juges», dans B. Guénée (dir.), *Le métier d'historien au Moyen-âge. Études sur l'historiographie médiévale*, Paris, Publications de la Sorbonne, 1977, p. 157-182.

Bauchond, Maurice. *La justice criminelle du magistrat de Valenciennes au Moyen-âge*. Paris, Alphonse Picard, 1904.

Bellamy, John. *Crime and Public Order in England in the Later Middle Ages*. London/Toronto, Routledge & Kegan Paul/University of Toronto Press, 1973.

Benveniste, Henriette. *Stratégies judiciaires et rapports sociaux d'après les plaidoiries devant la Chambre criminelle du Parlement de Paris, vers 1345—vers 1454*. Thèse de 3e cycle, Université Paris I, 1986.

Bongert, Yvonne. «Question et responsabilité du juge au XIVe siècle d'après la jurisprudence du Parlement», dans *Hommage à Robert Besnier*, Paris, Société d'histoire du droit, 1980, p. 23-55.

Bossuat, André. «L'idée de nation et la jurisprudence du Parlement de Paris au XVe siècle». *Revue historique*, 204 (1950), p. 54-61.

——. «Le Parlement de Paris pendant l'occupation anglaise». *Revue historique*, 229/87 (1963), p. 19-40.

Boulet-Sautel, Marguerite. «Aperçu sur les systèmes de preuves dans la France coutumière du Moyen Âge». *La preuve. Recueils de la Société Jean Bodin*, 17 (1965), p. 275-325.

Braun, Pierre. «La valeur documentaire des lettres de rémission», dans *La faute, la répression et le pardon, Actes du 107ᵉ Congrès national des sociétés savantes*, Paris, Comité des travaux historiques et scientifiques, 1984, t. 1, p. 207-221.

Carbasse, Jean-Marie. «La justice criminelle à Castelnaudary au XIVᵉ siècle», dans *Le Lauragais. Histoire et Archéologie, Actes du LIVᵉ Congrès de la Fédération historique du Languedoc méditerranéen et du Roussillon et du XXXVIᵉ Congrès de la Fédération des Sociétés académiques et savantes de Languedoc-Pyrénées-Gascogne*, Castelnaudary, 13-14 juin 1981, Montpellier, Fédération historique du Languedoc méditerranéen et du Roussillon, 1983, p. 139-148.

——. «La peine en droit français, des origines au XVIIᵉ siècle». *La peine. Recueils de la Société Jean Bodin*, (1987), p. 156-172.

Carruthers, Leo Martin (édit.) *Justice et injustice au Moyen âge. Actes du colloque*, Paris, 26-27 mars 1999. Paris: Association des médiévistes anglicistes de l'enseignement supérieur, 1999.

Charbonnier, Pierre. «L'entrée dans la vie au XVᵉ siècle d'après les lettres de rémission», dans *Les entrées dans la vie, initiations et apprentissages. Actes du XIIe Congrès de la SHMESP*, Nancy, 1981, Nancy, Presses universitaires de Nancy, 1982, p. 71-103.

——. «Sur la pratique et la conjoncture de l'aveu judiciaire en France du XIIIᵉ au XVᵉ siècle», dans *L'aveu. Antiquité et Moyen-âge, Actes de la table ronde organisée par l'École française de Rome avec le concours du CNRS et de l'Université de Trieste*, Rome, 1984, Rome, École française de Rome, 1986, p. 341-380.

——. «La violence au quotidien. Avignon au XIVᵉ siècle d'après les registres de la Cour Temporelle». *Mélanges de l'École française de Rome. Moyen âge—temps modernes*, 92/2 (1980), p. 325-371.

——. *Les justices du Pape. Délinquance et criminalité dans la région d'Avignon au XIVᵉ siècle*. Paris, Publications de la Sorbonne, 1984.

Clanchy, Michael. «Law and Love in the Middle Ages», dans J. Bossy (édit.), *Disputes and Settlements*, Cambridge, 1983, p. 47-67.

Cohen, Esther. «" To Die a Criminal for the Public Good": The Execution Ritual in Late Medieval Paris», dans B. S. Bachrach et D. Nicholas (édit.), *Law, Custom, and the Social Fabric in Medieval Europe. Essays in Honor of Bryce Lyon*, Michigan, Medieval Institute Publications, 1990, p. 285-304.

——. «Patterns of Crime in Fourteenth-Century Paris». *French Historical Studies*, 11/3 (1980), p. 307-327.

——. «Violence Control in Late Medieval France. The Social Transformation of the Asseurement». *Tijdschrift voor Rechtsgeschiedenis*, 51 (1983), p. 111-122.

Davis, Natalie Zemon. *Pour sauver sa vie. Les récits de pardon au XVIᵉ siècle.* Paris, Seuil, 1988.

Ducoudray, Gustave. *Les origines du Parlement de Paris et la justice aux XIIIᵉ et XIVᵉ siècles.* 2e éd. New York, Burt Franklin, 1970. 2 vol.

Esmein, A. *Histoire de la procédure criminelle en France et spécialement de la procédure inquisitoire depuis le XIIIᵉ siècle jusqu'à nos jours.* Paris, L. Larose et Forcel, 1882.

Filhol, R. «Les archives du Parlement de Paris. Source d'histoire». *Revue historique*, 198 (1947), p. 40-61.

Fournier, Paul. *Les officialités au Moyen-âge: étude sur l'organisation, la compétence et la procédure des tribunaux ecclésiastiques ordinaires en France de 1180 à 1328.* Paris, Plon, 1880.

Foviaux, Jacques. *La rémission des peines et des condamnations. Droit monarchique et droit moderne.* Paris, Presses universitaires de France, 1970.

François, Michel. «Notes sur les lettres de rémission transcrites dans les registres du Trésor des Chartres». *Bibliothèque de l'École des Chartres*, 103 (1942), p. 317-324.

Gauvard, Claude. *«De grace especial»: crime, état et société en France à la fin du Moyen-âge.* Paris, Publications de la Sorbonne, 1991. 2 vol.

—— et Robert Jacob (édit.) *Les rites de la justice: gestes et rituels judiciaires au Moyen âge.* Paris, Le Léopard d'or, 2000.

——. «De la théorie à la pratique: justice et miséricorde en France pendant le règne de Charles VI». *Revue des Langues Romanes*, 92/2 (1988), p. 317-325.

——. «L'image du roi justicier en France à la fin du Moyen-âge, d'après les lettres de rémission», dans *La faute, la répression et le pardon, Actes du 107ᵉ Congrès national des sociétés savantes,* Paris, Comité des travaux historiques et scientifiques, 1984, t. 1, p. 165-192.

——. «La criminalité parisienne à la fin du Moyen-âge: une criminalité ordinaire?» dans M. Bourin (édit.), *Villes, bonnes villes, cités et capitales. Mélanges offerts à Bernard Chevalier,* Tours, Publications de l'Université de Tours, 1989, p. 361-370.

——. «Résistants et collaborateurs pendant la guerre de Cent ans: le témoignage des lettres de rémission», dans *La «France anglaise» au Moyen Âge, Actes du 111ᵉ Congrès national des Sociétés savantes,* Poitiers, 1986, Paris, Éditions du Comité des travaux historiques et scientifiques, 1988, t. 1, p. 123-138.

——. *Une question d'État et de société: violence et criminalité en France à la fin du Moyen-âge.* Thèse de doctorat d'état, Paris I Panthéon-Sorbonne, 1989. 7 vol.

Gonthier, Nicole. *Délinquance, justice et société dans le Lyonnais médiéval: de la fin du XIIIᵉ siècle au début du XVIᵉ siècle.* Paris, Arguments, 1993.

Grava, Yves. «Justice et pouvoirs à Martigues au XIVe siècle». *Provence Historique*, 28/114 (1978), p. 305-322.

Hammer, Carl I. Jr. «Patterns of Homicide in a Medieval University Town: Fourteenth-Century Oxford». *Past & Present*, 78 (1978), p. 3-23.

Hanawalt, Barbara A. «Community Conflict and Social Control: Crime and Justice in the Ramsey Abbey Villages». *Mediaeval Studies*, 39 (1977), p. 402-423.

——. «Fur-Collar Crime: The Pattern of Crime among Fourteenth-Century English Nobility». *Journal of Social History*, 8/4 (1975), p. 1-17.

——. *Crime and Conflict in English Communities, 1300-1348*. Cambridge/London, Harvard University Press, 1979.

Haskett, Timothy Shaw. *Crime and punishment in the Middle Ages: papers presented at the Tenth Annual Medieval Workshop*, University of Victoria, British Columbia, Canada, 8 February 1997. Victoria, B.C., Humanities Centre, University of Victoria, 1998.

Jugnot, Gérard. «Le pèlerinage et le droit pénal d'après les lettres de rémission accordées par le roi de France», *Le pèlerinage. Cahiers de Fanjeaux*, 15 (1980), p. 191-206.

——. «Les pèlerinages expiatoires et judiciaires au Moyen-âge», dans *La faute, la répression et le pardon, Actes du 107e Congrès national des sociétés savantes*, Paris, Comité des travaux historiques et scientifiques, 1984, t. 1, p. 413-420.

Langlois, M. «Les archives criminelles du Parlement de Paris», dans *La faute, la répression et le pardon, Actes du 107e Congrès national des Sociétés savantes*, Paris, Comité des travaux historiques et scientifiques, 1984, t. 1, p. 7-14.

Lanhers, Yvonne. «Crimes et criminels au XIVe siècle». *Revue historique*, 240 (1968), p. 325-338.

Lavoie, Rodrigue. «Justice, criminalité et peine de mort en France au Moyen Âge: essai de typologie et de régionalisation», dans C. Sutto (édit.), *Le sentiment de la mort au Moyen Âge, Études présentées au cinquième colloque de l'Institut d'études médiévales de l'Université de Montréal*, Montréal, Les Éditions Univers, 1979, p. 31-55.

——. «Les statistiques criminelles et le visage du justicier: justice royale et justice seigneuriale en Provence au Moyen-âge». *Provence historique*, 28/115 (1979), p. 3-20.

Leclercq, Paulette. «Délits et répression dans un village de Provence (fin XVe siècle–début du XVIe siècle)». *Le Moyen-âge*, 82 (1976), p. 539-555.

Lefebvre-Teillard, Anne. *Les officialités à la veille du Concile de Trente*. Paris, Libraire générale de droit et de jurisprudence, 1973.

Leguay, Jean-Pierre. «La criminalité en Bretagne au XVe siècle: délits et répressions», dans *La faute, la répression et le pardon, Actes du 107e Congrès national des sociétés savantes, Paris*, Comité des travaux historiques et scientifiques, 1984, t. 1, p. 51-79.

Lemoine, Michel. «Le vocabulaire de la "répression", Apparition du mot et approfondissement de la notion», dans *La faute, la répression et le pardon, Actes du 107ᵉ Congrès national des sociétés savantes*, Paris, Comité des travaux historiques et scientifiques, 1984, t. 1, p. 391-397.

Lévy, Jean-Philippe. «L'évolution de la preuve, des origines à nos jours. Synthèse générale». *La preuve. Recueils de la Société Jean Bodin*, 17 (1965), p. 9-70.

——. «Le problème de la preuve dans les droits savants du Moyen Âge». *La preuve. Recueils de la Société Jean Bodin*, 17 (1965), p. 137-167

Llobet, Gabriel. «Une affaire judiciaire du temps de Jean IV d'Armagnac», dans *La faute, la répression et le pardon, Actes du 107ᵉ Congrès national des sociétés savantes*, Paris, Comité des travaux historiques et scientifiques, 1984, t. 1, p. 351-368.

Marechal, Michel et Jacques Poumarède. «La répression des crimes et des délits dans une coutume médiévale gasconne. L'exemple de Saint-Sever», dans *La faute, la répression et le pardon, Actes du 107ᵉ Congrès national des sociétés savantes*, Paris, Comité des travaux historiques et scientifiques, 1984, t. 1, p. 81-89.

Maugis, Édouard. *Histoire du Parlement de Paris de l'avènement des rois Valois à la mort d'Henri IV. t. 1: La période des rois Valois*. 2ᵉ éd. New York, Burt Franklin, 1967.

Neuville, Didier. «Le Parlement royal à Poitiers (1418-1436)». *Revue historique*, 6 (1878), p. 1-28 et 273-314.

Nicholas, D. M. «Crime and Punishment in Fourteenth-Century Ghent». *Revue belge de philologie et d'histoire*, 48 (1970), p. 289-334 et 1141-1176.

Owen, Dorothy. «Ecclesiastical Jurisdiction in England 1300-1550: the Records and their Interpretation», dans D. Baker (édit.), *The Materials, Sources and Methods of Ecclesiastical History, Papers Read at the Twelfth Summer Meeting and the Thirteenth Winter Meeting of the Ecclesiastical History Society*, Oxford, Basil Blackwell, 1975, p. 199-221.

Palmer, Robert C. *The County courts of medieval England: 1150-1350*. Ann Arbor, MI, University of Michigan Press, 1993.

Pineau, Monique. «Les lettres de rémission lilloises (fin du XVᵉ-début du XVIᵉ siècle): une source pour l'étude de la criminalité et des mentalités?» *Revue du Nord*, 55 (1973), p. 231-240.

Piveteau, Cécile. «Aperçu sur la justice ecclésiastique en Angoumois du XIIIᵉ au XVᵉ siècle», dans *Hommage à Robert Besnier*, Paris, Société d'histoire du droit, 1980, p. 223-233.

Porteau-Bitker, A[nnik]. «Un crime passionnel au milieu du XIVe siècle». *Revue historique de droit français et étranger*, 59 (1981), p. 635-651.

——. «L'emprisonnement dans le droit laïque au Moyen-âge». *Revue historique de droit français et étranger*, 46 (1968), p. 211-245 et 289-428.

——. «Le système de l'élargissement sous caution en droit criminel français aux XIIIe et XIVe siècles». *Les sûretés personnelles. Recueils de la Société Jean Bodin*, 19 (1971), p. 57-81.

Post, J. B. «The Justice of Criminal Justice in Late-Fourteenth-Century England». *Criminal Justice History. An International Annual*, 7 (1986), p. 33-49.

Ribière, Pierre. «Délits sexuels dans les lettres de rémission du comte Jean IV d'Armagnac», dans *La faute, la répression et le pardon, Actes du 107e Congrès national des sociétés savantes*, Paris, Comité des travaux historiques et scientifiques, 1984, t. 1, p. 369-381.

Tardif, Adolphe. *La procédure civile et criminelle aux XIIIe et XIVe siècles ou procédure de transition*. Paris, Picard/Larose, 1885.

Texier, Pascal. «La rémission au XIVe siècle: significations et fonctions», dans *La faute, la répression et le pardon, Actes du 107e Congrès national des sociétés savantes*, Paris, Comité des travaux historiques et scientifiques, 1984, t. 1, p. 193-205.

Timbal, Pierre C. «Les sûretés personnelles dans la France centrale». *Les sûretés personnelles. Recueils de la Société Jean Bodin*, 29 (1971), p. 35-55.

Turlan, Juliette M. «Amis et amis charnels d'après les actes du Parlement au XIVe siècle». *Revue historique de droit français et étranger*, 47/4 (1969), p. 645-698.

Vaultier, Roger. *Le Folklore pendant la guerre de Cent Ans d'après les lettres de rémission du Trésor des Chartes*. Paris, Librairie Guénégaud, 1965.

Vincent-Cassy, Mireille. «Comment obtenir un aveu? Étude des confessions des auteurs d'un meurtre commis à Paris en 1332», dans *L'aveu. Antiquité et Moyen-âge, Actes de la table ronde organisée par l'École française de Rome avec le concours du Centre national de recherche scientifique et de l'Université de Trieste, Rome, 1984*, Rome, École française de Rome, 1986, p. 381-400.

Le mariage et l'Église

Ankum, Hans. «Le mariage et les conventions matrimoniales des mineurs». *Tijdschrift voor Rechtsgeschiedenis*, 46/3 (1978), p. 203-249.

Arnorsdottir, Agnes S. «Two Models of Marriage? Canon Law and Icelandic Marriage Practice in the Late Middle Ages», dans M. Korpiola (édit), *Nordic Perspectives on Medieval Canon Law*, Saarijärvi, Gummerus Kirjapiano Oy, 1999, p. 79-92.

Atkinson, Clarissa W. «"Precious Balsam in a Fragile Glass": The Ideology of Virginity in the Later Middle Ages». *Journal of Family History*, 8 (1983), p. 131-143.

Bandlien, Bjørn. «The Church's Teaching on Women's Consent: A Threat to Parents and Society in Medieval Norway and Iceland?» dans L. I. Hansen (édit.), *Family, Marriage and Property Devolution in the Middle Ages*, Tromsø, University of Tromsø, 2000, p. 55-80.

Bassett, William W. «The Marriage of Christians—Valid Contract, Valid Sacrament?» dans W. W. Bassett (édit.), *The Bond of Marriage. An Ecumenical and Interdisciplinary Study*, Notre Dame/London, University of Notre Dame Press, 1968, p. 117-179.

Béraudy, Roger. «Le mariage des chrétiens». *Nouvelle revue théologique*, 114/104 (1982), p. 50-69.

Berrouard, Marie-François. «Saint Augustin et l'indissolubilité du mariage. Évolution de sa pensée». *Recherches Augustiniennes*, 5 (1968), p. 139-155.

Bishop, Jane. «Bishops as Marital Advisors in the Ninth Century», dans J. Kirshner et S. F. Wemple (édit.), *Women of the Medieval World: Essays in Honor of John H. Mundy*, London, 1985, p. 53-84.

Brandenbarg, T. «St. Anne and her Family. The Veneration of St. Anne in Connection with Concepts of Marriage and the Family in the Early-Modern Period», dans *Saints and She-Devils. Images of Women in the 15th and 16th Centuries*, London, Rubicon Press, 1987, p. 101-128.

Brundage, James A. «"Allas! That Evere Love Was Synne": Sex and Medieval Canon Law». *Catholic Historical Review*, 72 (1986), p. 1-13. Repr. dans *Sex, Law and Marriage in the Middle Ages*, Aldershot, Variorum, 1993, II.

——. «Impotence, Frigidity and Marital Nullity in the Decretists and the Early Decretalists», dans P. Linehan (édit.), *Proceedings of the Seventh International Congress of Medieval Canon Law*, Vatican City, 1988, p. 407-423. Repr. dans *Sex, Law and Marriage in the Middle Ages*, Aldershot, Variorum, 1993, X.

——. «Marriage and Sexuality in the Decretals of Pope Alexander III», dans F. Liotta (édit.), *Miscellaneo Rolando Bandinelli Papa Alessandro III*, Siena, 1986, p. 50-83. Repr. dans *Sex, Law and Marriage in the Middle Ages*, Aldershot, Variorum, 1993, IX.

——. «Sex and Canon Law», dans V. L. Bullough et J. A. Brundage (édit.), *Handbook of Medieval Sexuality*, New York, Garland, 1996, p. 33-50.

——. «The Crusader's Wife Revisited». *Studia Gratiana*, 14 (1967), p. 241-251.

——. «The Crusader's Wife: a Canonistic Quandary». *Studia Gratiana*, 12 (1967), p. 425-441.

——. «The Merry Widow's Serious Sister: Remarriage in Classical Canon Law», dans R. R. Edwards et V. Ziegler (édit.), *Matrons and Marginal Women in Medieval Society*, Woodbridge, The Boydell Press, 1995, p. 33-48.

——. «The Problem of Impotence», dans V. L. Bullough et J. A. Brundage (édit.), *Sexual Practices and the Medieval Church*, Buffalo, N.Y., Prometheus Books, 1982, p. 135-140.

——. «Widows and Remarriage: Moral Conflicts and their Resolution in Classical Canon Law», dans S. S. Walker (édit), *Wife and Widow in Medieval England*, Ann Arbor, University of Michigan Press, 1993, p. 17-31.

——. *Sex, Law and Marriage in the Middle Ages*. Aldershot, Variorum, 1993.

Bullough, Vern L. et James A. Brundage (édit.) *Sexual Practices and the Medieval Church*. Buffalo, N.Y., Prometheus Books, 1982.

Burr, David. «Olivi on Marriage: The Conservative as Prophet». *Journal of Medieval and Renaissance Studies*, 2/2 (1972), p. 183-204.

Carpenter, Christine. «Empiricism and Ideas in Medieval Studies». *Journal of British Studies*, 33/1 (1994), p. 99-103.

Cohen, Esther et Elliott Horowitz. «In Search of the Sacred: Jews, Christians, and Rituals of Marriage in the Later Middle Ages». *Journal of Medieval and Renaissance Studies*, 20/2 (1990), p. 225-249.

D'avray, David L. «Marriage Ceremonies and the Church in Italy after 1215», dans D. Trevor et K. J. P. Lowe (édit), *Marriage in Italy, 1300-1650*, Cambridge, Cambridge University Press, 1998, p. 107-115.

——. «Peter Damian, Consanguinity and Church Property», dans L. Smith et B. Ward (édit.), *Intellectual Life in the Middle Ages. Essays Presented to Margaret Gibson*, London, The Hambledon Press, 1992, p. 71-80.

—— et M. Tausche. «Marriage Sermons in Ad Status Collections of the Central Middle Ages». *Archives d'histoire doctrinale et littéraire du Moyen-âge*, 55 (1980), p. 71-119.

Dahyot-Dolivet, Mgr. «Du pouvoir pontifical de dissoudre les mariages "légitimes" en faveur de la foi», dans *Mélanges offerts à Jean Dauvillier*, Toulouse, Université des Sciences Sociales de Toulouse, 1979, p. 237-244.

Daudet, Pierre. *Études sur l'histoire de la juridiction matrimoniale. L'établissement de la compétence de l'Église en matière de divorce et de consanguinité (France –X^e-XIe siècles)*. Paris, Sirey, 1941.

——. *Études sur l'histoire de la juridiction matrimoniale. Les origines carolingiennes de la compétence exclusive de l'Église (France et Germanie)*. Paris, Sirey, 1933.

Dauvillier, Jean. «Pierre le Chantre et la dispense de mariage non consommé», dans *Études d'histoire du droit privé offertes à Pierre Petot*, Paris, Recueil Sirey, 1959, p. 97-106.

——. *Le mariage dans le droit classique de l'Église depuis le décret de Gratien (1140) jusqu'à la mort de Clément V (1314)*. Paris, Sirey, 1933.

Dedek, John F. «Premarital Sex: The Theological Argument from Peter Lombard to Durand». *Theological Studies*, 41 (1980), p. 643-667.

Elliott, Dyan. *Spiritual Marriage: Sexual Abstinence in Medieval Wedlock*. Princeton, N.J., Princeton University Press, 1993.

Esmein, A. *Le mariage en droit canonique*. Paris, Larose et Forcel, 1891. 2 vol.

Farmer, Sharon. «Persuasive Voices: Clerical Images of Medieval Wives». *Speculum*, 61/3 (1986), p. 517-543.

Fleury, Jean. *Recherches historiques sur les empêchements de parenté dans le mariage canonique des origines aux fausses décrétales*. Paris, Sirey, 1933.

Forbes, Eugene A. *The Canonical Separation of Consorts. An Historical Synopsis and Commentary on Canons 1128-1132*. Ottawa, University of Ottawa Press, 1948.

Fransen, Gérard. «L'indissolubilité du mariage à l'époque classique». *Revue de droit canonique*, 38/1-2 (1988), p. 58-68.

——. «La lettre de Hincmar de Reims au sujet du mariage d'Étienne. Une relecture», dans R. Lievens, E. van Mingroot et W. Verbeke (édit.), *Pascua Mediaevalia. Studies voor Prof. Dr. J. M. De Smet*, Louvain, Universitaire Pers Leuven, 1983, p. 133-146.

——. «La rupture du mariage», dans *Il matrimonio nella società alto-medievale*, Settimane di studio del centro italiano di studi sull'alto medioevo, 1976, Spoleto, Centro Italiano di Studi sull'Alto Medioevo, 1977, t. 1, p. 603-631.

——. «Les Quaestiones Cusanae: questions disputées sur le mariage», dans *Convivium utriusque iuris. Festschrift für Alexander Dordett zum 60. Geburtstag*, Vienne, Wiener Dom-Verlag, 1976, p. 209-221.

Frölich, Eric. «Mariage indo-européen et mariage naturel». *Divinitas*, 36/2 (1992), p. 160-179.

Gaudemet, Jean. «"Separare". Équivoque des mots et faiblesse du droit (IIe-XIIIe s.)». *Revue de droit canonique*, 38/1-2 (1988), p. 8-25.

——. *Sociétés et mariage*. Strasbourg, Cerdic-Publications, 1980.

——. «L'apport d'Augustin à la doctrine médiévale du mariage». *Augustinianum*, 27/3 (1987), p. 559-570.

——. «La formation de la théorie canonique du mariage». *Revue de droit canonique*, 32/2 (1982), p. 101-108.

——. «Le dossier canonique du mariage de Philippe Auguste et d'Ingeburge de Danemark (1193-1213)». *Revue historique de droit français et étranger*, 62/1 (1984), p. 15-29.

——. «Sur trois "dicta Gratiani" relatifs au "matrimonium ratum"», dans *Études de droit et d'histoire. Mélanges Mgr H. Wagnon*, Leuven/Louvain-la-neuve, Bibliothèque centrale de l'Université catholique de Louvain/Faculté internationale de droit canonique, 1976, p. 543-555.

Gelting, Michael H. «Marriage, Peace and the Canonical Incest Prohibitions: Making Sense of an Absurdity», dans M. Korpiola (édit), *Nordic Perspectives on Medieval Canon Law*, Saarijärvi, Gummerus Kirjapiano Oy, 1999, p. 93-124.

Glasson, E. *Du consentement des époux au mariage*. Paris, Marzescu, 1866.

Gold, Penny S. «The Marriage of Mary and Joseph in the Twelfth-Century Ideology of Marriage», dans V. L. Bullough et J. Brundage (édit.), *Sexual Practices in the Medieval Church*, Buffalo, N.Y., Prometheus Books, 1982, p. 102-117.

Goodich, Michael. «Sexuality, Family and the Supernatural in the Fourteenth Century». *Journal of the History of Sexuality*, 4/4 (1994), p. 493-516.

Grava, Yves. «Le clerc marié», dans *Le clerc au Moyen Âge*, Aix-en-Provence, CUERMA, 1995, p. 233-242.

Heaney, Seamus P. *The Development of the Sacramentality of Marriage from Anselm of Laon to Thomas Aquinas*. Washington, The Catholic University of America Press, 1963.

Herlihy, David. «Making Sense of Incest: Women and the Marriage Rules of the Early Middle Ages», dans B. S. Bachrach et D. Nicholas (édit.), *Law, Custom, and the Social Fabric in Medieval Europe. Essays in Honor of Bryce Lyon*, Michigan, Medieval Institute Publications, 1990, p. 1-16.

——. «The Family and Religious Ideologies in Medieval Europe». *Journal of Family History*, 12/1-3 (1987), p. 3-17.

Huard, J. «La liturgie nuptiale dans l'Église romaine. Les grandes étapes de sa formation». *Questions liturgiques et paroissiales*, 38 (1957), p. 197-205.

Imbert, Jean. «L'indissolubilité du mariage à l'époque carolingienne». *Revue de droit canonique*, 38/1-2 (1988), p. 41-56.

Jolly, Jules. *Des seconds mariages. Étude historique sur la législation des seconds et subséquents mariages*. Paris, Arthur Rousseau, 1896.

Karras, Ruth Mazo. «Two Models, Two Standards: Moral Teaching and Sexual Mores», dans B. A. Hanawalt et D. Wallace (édit.), *Bodies and Disciplines. Intersections of Literature and History in Fifteenth-Century England*, Minneapolis, University of Minnesota Press, 1996, p. 123-138.

Kelly, William. *Pope Gregory II on Divorce and Remarriage*. Rome, Università Gregoriana Editrice, 1976.

Korpiola, Mia. «An Uneasy Harmony: Consummation and Parental Consent in Secular and Canon Law in Medieval Scandinavia», dans M. Korpiola (édit), *Nordic Perspectives on Medieval Canon Law*, Saarijärvi, Gummerus Kirjapiano Oy, 1999, p. 125-150.

Laprat, R. «Les origines de la juridiction ecclésiastique en matière matrimoniale». *Revue des sciences religieuses*, 19 (1939), p. 483-491.

Le Bras, Gabriel. «Le mariage dans la théologie et le droit de l'Église du XIe au XIIIe siècle». *Cahiers de civilisation médiévale*, 11 (1968), p. 191-202.

——. «Mariage: la doctrine du mariage chez les théologiens et les canonistes depuis l'an mille». *Dictionnaire de théologie catholique*, 1927, t. 9, col. 2123-2223.

——. «Observations sur le mariage dans le Corpus Justinien et dans le droit classique de l'Église», dans *Études offertes à Jean Macqueron*, Aix-en-Provence, Faculté de droit et des sciences économiques d'Aix-en-Provence, 1970, p. 425-429.

Leclercq, Jean. *Le mariage vu par les moines au XIIe siècle*. Paris, Cerf, 1983.

Lefebvre, Charles. «Évolution de la doctrine canonique du mariage en fonction des situations de fait et des requêtes des Chrétiens». *Revue de droit canonique*, 29/1 (1979), p. 60-78.

——. «Interférences de la jurisprudence matrimoniale et de l'anthropologie au cours de l'histoire». *Revue de droit canonique*, 27/1-2 (1977), p. 84-102.

——. «L'ancien droit matrimonial de Normandie». *Nouvelle revue historique de droit français et étranger*, 35 (1911), p. 481-535.

——. «Les exceptions à la norme dans le domaine du droit matrimonial canonique». *Revue de droit canonique*, 28/1 (1978), p. 30-43.

——. «Origines et évolution de l'action en déclaration de nullité de mariage». *Revue de droit canonique*, 26/1 (1976), p. 23-42.

Lefebvre-Teillard, Anne. «*Ad matrimonium contrahere compellitur*». *Revue de droit canonique*, 28 (1978), p. 210-217.

——. «L'indissolubilité du lien matrimonial du Concile de Florence au Concile de Trente». *Revue de droit canonique*, 38/1-2 (1988), p. 69-77.

Lemaître, Nicole. «Le mariage dans les sermons de Jean Raulin (1513)». *Revue d'histoire de l'Église de France*, 77(1991), p. 151-170.

Lowe, Kate. «Secular Brides and Convent Brides: Wedding Ceremonies in Italy during the Renaissance and Counter-Reformation», dans D. Trevor et K. J. P. Lowe (édit), *Marriage in Italy, 1300-1650*, Cambridge, Cambridge University Press, 1998, p. 41-65.

Mackin, Theodore. *The Marital Sacrament. Marriage in the Catholic Church.* New York/Mahwah N. J., Paulist Press, 1989.

Makowski, E. M. «The Conjugal Debt and Medieval Canon Law». *Journal of Medieval History*, 3 (1977), p. 99-114. Repr. dans J. B. Holloway, C. S. Wright et J. Bechtold (édit.), *Equally in God's Image. Women in the Middle Ages*, New York, Peter Lang, 1990, p. 129-143.

Mayaud, J.-B.-M. *L'indissolubilité du mariage. Étude historico-canonique.* Strasbourg/Paris, Éditions F.-X. Le Roux, 1952.

McGlynn, Margaret et Richard J. Moll. «Chaste Marriage in the Middle Ages: "It Were to Hire a Greet Merite"», dans V. L. Bullough et J. A. Brundage (édit.), *Handbook of Medieval Sexuality*, New York, Garland, 1996, p. 103-122.

McLaughlin, T. P. «The Formation of the Marriage Bond According to the Summa Parisiensis». *Mediaeval Studies*, 15 (1953), p. 208-212.

Miller, Paula Jean. *Marriage: the sacrament of divine-human communion.* Quincy, IL, Franciscan Press, 1996.

Mitterauer, Michael. «Christianity and Endogamy». *Continuity and Change*, 6/3 (1991), p. 295-333.

Mirkes, Renée. «Hildegard of Bingen, Nicole Oresme, and Conjugal Ethics». *Newblack Friars*, 78/896 (1995), p. 378-392.

Molin, Jean-Baptiste et Protais Mutembe. *Le rituel du mariage en France du XIIe au XVIe siècle.* Paris, Éditions Beauchesne, 1974.

——. «La liturgie nuptiale en Alsace», dans *Le Pays de l'Entre-deux au Moyen-âge: Questions d'histoire des territoires d'Empire entre Meuse, Rhône et Rhin, Actes du 113e Congrès national des sociétés savantes*, Strasbourg, 1988, Paris, Éditions du Comité des Travaux Historiques et Scientifiques, 1990, p. 263-277.

Mullenders, Joannes. *Le mariage présumé.* Rome, Università Gregoriana Editrice, 1971. [Coll. «Analecta Gregoriana», 181].

Naz, Raoul et Joseph Lerouge. *La dispensatio super matrimonium ratum et non consumatum.* Paris, Librairie Letousey et Ané, 1940.

——. *La procédure des actions en nullité de mariage*. Paris, Librairie Letouzey et Ané, 1938.

Nichols, Stephen G. «Rewriting Marriage in the Middle Ages». *Romanic Review*, 79/1 (1988), p. 42-60.

Noonan, John T. Jr. «Freedom, Experimentation and Permanence in the Canon Law on Marriage», dans J. E. Biechler (édit.), *Law for Liberty. The Role of Law in the Church Today*, Baltimore, Helicon, 1967, p. 52-68.

——. «Marital Affection in the Canonists». *Studia Gratiana*, 12 (1967), p. 481-509.

——. «Marriage in the Middle Ages: Power to Choose». *Viator*, 4 (1973), p. 419-434.

Onclin, Willy. «L'âge requis pour le mariage dans la doctrine canonique médié-vale», dans S. Kuttner et J. J. Ryan (édit.), *Proceedings of the Second International Congress of Medieval Canon Law*, Boston, 1963, Vatican, 1965, p. 237-247.

Pacaut, Marcel. «Sur quelques données du droit matrimonial dans la seconde moitié du XIIe siècle», dans *Histoire et Société: Mélanges offerts à Georges Duby. t 1: Le couple, l'ami et le prochain*, Aix-en-Provence, Publications de l'Université de Provence, 1992, p. 31-41.

Pierce, Joanne. «A Note of the "Ego vos conjungo" in Medieval French Marriage Liturgy». *Ephemerides Liturgicae*, 99/3 (1985), p. 290-299.

Rees, Elizabeth. «Christian Widowhood». *New Blackfriars*, 76/896 (1995), p. 393-400.

Reynolds, Philip Lyndon. *Marriage in the Western Church. The Christianization of Marriage during the Patristic and Medieval Periods*. Leiden/New York/Cologne, E. J. Brill, 1994.

Richardson, Henry Gerald. «The Marriage of Isabelle of Angoulême. A Problem of Canon Law». *Studia Gratiana*, 12 (1967), p. 397-423.

Ritzer, Korbinian. «Droit civil et conception ecclésiastique du mariage en Occident». *Concilium*, 55 (1970), p. 63-70.

——. *Le mariage dans les Églises chrétiennes du 1er au XIe siècle*. Paris, Cerf, 1970.

Rosa, Maria de Lurdes. «Mariage et empêchements canoniques de parenté dans la société portugaise (1455-1520)». *Mélanges de l'école française de Rome. Moyen-âge*, 108/2 (1996), p. 525-608.

Rouche, Michel. «Des mariages païens au mariage chrétien. Sacré et sacre-ment», dans *Segni e riti nella chiesa altomedievale occidentale, Settimane di studio del Centro italiano di studi sull'alto mediœvo*, 1985, Spoleto, 1987, t. 2, p. 835-873.

Rousseau, Constance M. «The Spousal Relationship: Marital Society and Sexuality in the Letters of Pope Innocent III». *Medieval Studies*, 56 (1994), p. 89-109.

Schnell, Rüdiger. «The Discourse on Marriage in the Middle Ages». *Speculum*, 73/3 (1998), p. 771-786.

Serrier, G. *De quelques recherches concernant le mariage contrat-sacrement et plus particulièrement de la doctrine augustinienne des biens du mariage*. Paris, E. de Boccard, 1928.

Sheehan, Michael M. «Choice of Marriage Partner in the Middle Ages: Development and Mode of Application of a Theory of Marriage». *Studies in Medieval and Renaissance History*, 1 (1978), p. 1-33.

——. «Marriage and Family in English Conciliar and Synodal Legislation», dans J. R. O'Donnell (édit.), *Essays in Honour of Anton Charles Pegis*, Toronto, Pontifical Institute of Mediaeval Studies, 1974, p. 205-214.

——. «Marriage Theory and Practice in the Conciliar Legislation and Diocesan Statutes of Medieval England». *Mediaeval Studies*, 40 (1978), p. 408-460.

——. «The Influence of Canon Law on the Property Rights of Married Women in England». *Mediaeval Studies*, 25 (1963), p. 109-124.

——. «Sexuality, Marriage, Celibacy, and the Family in Central and Northern Italy: Christian Legal and Moral Guides in the Early Middle Ages», dans D. I. Kertzer et R. P. Saller (édit.), *The Family in Italy from Antiquity to the Present*, New Haven and London, Yale University Press, 1991, p. 168-185.

Smith, Charles Edward. *Papal Enforcement of Some Medieval Marriage Laws*. Port Washington, N. Y./London, Kennikat Press, 1972.

Sommerfeldt, John R. «Bernard of Clairvaux on Love and Marriage». *Cistercian Studies Quarterly*, 30/2 (1995), p. 141-146.

Toubert, Pierre. «La théorie du mariage chez les moralistes carolingiens», dans *Il matrimonio nella società alto-medievale, Settimane di studio del centro italiano di studi sull'alto mediœvo*, 1976, Spoleto, Centro Italiano di Studi sull'Alto Mediœvo, 1977, t. 1, p. 233-282.

Toussaert, Jacques. «Le sacrement de mariage», dans *Le sentiment religieux en Flandre à la fin du Moyen-âge*, Paris, Plon, 1963, p. 224-244.

Vogel, Cyrille. «Les rites de la célébration du mariage: leur signification dans la formation du lien durant le haut Moyen-âge», dans *Il matrimonio nella società alto-medievale, Settimane di studio del centro italiano di studi sull'alto mediœvo*, 1976, Spoleto, Centro Italiano di Studi sull' Alto Mediœvo, 1977, t. 1, p. 297-365.

Voisenet, Jacques. «Mariage et interdits sexuels au Moyen âge (V^e-XIIe siècles)», dans D. Buschinger et W. Spiewok (édit.), *Sex, Love and Marriage in Medieval Literature and Reality. Thematische Beiträge im Rahmen des 31th International Congress on Medieval Studies an der Western Michigan University* (Kalamazoo, USA), 8-12 mai 1996, Greifswald, Reineke-Verlag, 1996, p. 53-72.

Le mariage et la société

Adam, Paul. «Mariage», dans *La vie paroissiale en France au XIVe siècle*, Paris, Sirey, 1964, p. 271-273.

Ariès, Philippe. «Indissoluble Marriage», dans J. F. Sweets (édit.), *Proceedings of the Ninth Annual Meeting of the Western Society for French History*, Greeley, Colorado, 1981, Lawrence, University of Kansas Press, 1982, p. 1-14.

——. «The Indissoluble Marriage», dans P. Ariès et A. Bégin (édit.), *Western Sexuality. Practice and Precept in Past and Present Times*, Oxford, Basil Blackwell, 1985, p. 140-157.

Armstrong, C. A. J. «La politique matrimoniale des ducs de Bourgogne de la maison de Valois». *Annales de Bourgogne*, 40/157 (1968), p. 5-58; 40, 2 (1968), p. 1-139. Repr. dans *England, France and Burgundy in the Fifteenth Century*, London, The Hambledon Press, 1983, p. 237-342.

Aurell, Martin. «Mariage et pouvoir en Catalogne: Lucia de la Marche (ca. 1030-1090), comtesse de Pallars Sobirà», dans *Histoire et Société: Mélanges offerts à Georges Duby. t. 1: Le couple, l'ami et le prochain*, Aix-en-Provence, Publications de l'Université de Provence, 1992, p. 53-67.

Autrand, Françoise. «"Hôtel de seigneur ne vaut rien sans dame": le mariage de Jean, comte de Poitiers, et de Jeanne d'Armagnac, 24 juin 1360», dans J. Paviot et J. Verger (édit.), *Guerre, pouvoir et noblesse au Moyen Âge*, Paris, Presses de l'Université de Paris-Sorbonne, 2000, p. 51-61.

——. «Le mariage et ses enjeux dans le milieu de robe parisien XIVᵉ-XVᵉ siècles», dans M. Rouche et J. Heuclin (édit.), *La femme au Moyen-âge, Colloque international de Maubeuge*, Ville de Maubeuge, 1990, p. 407-429.

Benveniste, Henriette. «Les enlèvements: stratégies matrimoniales, discours juridiques et discours politiques en France à la fin du Moyen-âge». *Revue historique*, 283/573 (1990), p. 13-35.

Biller, P. P. A. «Marriage Patterns and Women's Lives: a Sketch of a Pastoral Geography», dans P. J. P. Goldberg (édit.), *Woman is a Worthy Wight: Women in English Society c. 1200-1500*, Stoud, Alan Sutton, 1992, p. 60-107.

Bornstein, Daniel. «The Wedding Feast of Roberto Malatesta and Isabetta da Montefeltro: Ceremony and Power». *Renaissance and Reformation*, 24/2 (1988), p. 101-117.

Bouchard, Constance B. «Consanguinity and Noble Marriages in the Tenth and Eleventh Centuries». *Speculum*, 56 (1981), p. 268-287.

Bourdieu, Pierre. «Les stratégies matrimoniales dans le système de reproduction». *Annales. Économies, Sociétés, Civilisations*, 27/4-5 (1972), p. 1105-1127.

Brand, Paul A., Paul R. Hyams et Rosamond Faith. «Debate. Seigneurial Control of Women's Marriage». *Past and Present*, 99 (1983), p. 123-148.

Brooke, Christopher N. L. «Marriage and Society in the Central Middle Ages», dans R. B. Outhwaite (édit.), *Marriage and Society. Studies in the Social History of Marriage*, London, Europa Publications, 1981, p. 17-34.

——. *The Medieval Idea of Marriage*. Oxford, Oxford Press, 1989.

Brown, Elizabeth A. R. «The Marriage of Edward II of England and Isabelle of France: a Postscript». *Speculum*, 64/2 (1989), p. 373-379.

——. «The Political Repercussions of Family Ties in the Early Fourteenth Century: The Marriage of Edward II of England and Isabelle of France». *Speculum*, 63 (1988), p. 573-595.

Brown, Richard. «The Reception of Anna Sforza in Ferrara, February 1491». *Renaissance Studies*, 2/2 (1988), p. 231-239.

Bruguière, Marie-Bernadette. «Canon Law and Royal Weddings, Theory and Practice: The French Example, 987-1215», dans S. Chorodow (édit.), *Proceedings of the Eighth International Congress of Medieval Canon Law*, San Diego, 21-27 August 1988, Città del Vaticano, Bibliotheca Apostolica Vaticana, 1992, p. 473-496.

——. «Le mariage de Philippe Auguste et d'Isambour de Danemark: aspects canoniques et politiques», dans *Mélanges offerts à Jean Dauvillier*, Toulouse, Université des Sciences Sociales, 1979, p. 135-156.

Brundage, James A. «Matrimonial Politics in Thirteenth-Century Aragon: Moncada v. Urgel». *Journal of Ecclesiastical History*, 31 (1980), p. 271-282.

——. *Law, Sex, and Christian Society in Medieval Europe*. Chicago, University of Chicago Press, 1987.

Bur, Michel. «L'image de la parenté chez les Comtes de Champagne». *Annales. Économies, Sociétés, Civilisations*, 38/5 (1983), p. 1016-1039.

Calvi, Julia. «Reconstructing the Family: Widowhood and Remarriage in Tuscany in the Early Modern Period», dans D. Trevor et K. J. P. Lowe (édit), *Marriage in Italy, 1300-1650*, Cambridge, Cambridge University Press, 1998, p. 275-296.

Caron, Marie-Thérèse. «Mariage et mésalliance: la difficulté d'être femme dans la société nobiliaire française à la fin du Moyen-âge», dans M. Rouche et J. Heuclin (édit.), *La femme au Moyen-âge, Colloque international de Maubeuge*, Ville de Maubeuge, 1990, p. 313-322.

——. «Une fête dans la ville en 1402: le mariage d'Antoine comte de Rethel à Arras», dans G. Jehel et al. (édit.), *Villes et sociétés urbaines au Moyen-âge: Hommage à M. le Professeur Jacques Heers*, Paris, Publications de la Sorbonne, 1994, p. 173-183.

Cazenave, Annie. «Mariage, sexe et choix féminin à Sarbatès», dans D. Buschinger et W. Spiewok (édit.), *Der Hahnrei in Mittelalter/Le Cocu au Moyen-âge. Actes du Colloque du Centre d'études médiévales de l'Université de Picardie Jules Verne*, 25 et 26 mars 1994 à St-Valéry-sur-Somme, Greifswald, Reineke-Verlag, 1994, p. 37-51.

Chareyron, Nicole. «De chronique en roman: l'étrange épopée amoureuse de la "jolie fille de Kent"». *Le Moyen-Âge*, 100/2 (1994), p. 185-204.

Chojnacki, Stanley. «Marriage Legislation and Patrician Society in Fifteenth-Century Venice», dans B. S. Bachrach et D. Nicholas (édit.), *Law, Custom, and the Social Fabric in Medieval Europe. Essays in Honor of Bryce Lyon*, Kalamazoo, Medieval Institute Publication, 1990, p. 163-184.

——. «Nobility, Women and the State: Marriage Regulation in Venice, 1420-1535», dans D. Trevor et K. J. P. Lowe (édit), *Marriage in Italy, 1300-1650*,

Cambridge, Cambridge University Press, 1998, p. 128-151.

Clark, Cecily. «La réalité du mariage aristocratique au XIIe siècle: quelques documents anglais et anglo-normands», dans D. Buschinger et A. Crépin (édit.), *Amour, mariage et transgressions au Moyen-âge, Actes du colloque,* Göppingen, Kümmerle Verlag, 1984, p. 17-24.

——. «The Decision to Marry in Thirteenth- and Early Fourteenth-Century Norfolk». *Medieval Studies,* 49 (1987), p. 496-516.

Clough, Cecil H. «Federico da Montefeltro and the Kings of Naples: a Study of Fifteenth-Century Survival». *Renaissance Studies,* 6/2 (1992), p. 113-172.

Cohn, Samuel Kline Jr. «Marriage in the Mountains: The Florentine Territorial State, 1348-1500», dans D. Trevor et K. J. P. Lowe (édit), *Marriage in Italy, 1300-1650,* Cambridge, Cambridge University Press, 1998, p. 174-196.

Coleman, Emily. «Medieval Marriage Characteristics: A Neglected Factor in the History of Medieval Serfdom». *The Journal of Interdisciplinary History,* 11/2 (1971), p. 205-219.

Contamine, Philippe. «Un aspect de la "tyrannie" de Louis XI. Variations sur le thème du "roi marieur"», dans M. Rouche et J. Heuclin (édit.), *La femme au Moyen-âge, Colloque international de Maubeuge,* Ville de Maubeuge, 1990, p. 481-442.

Courtemanche, Andrée. «Women, Family, and Immigration in Fifteenth-Century Manosque: the Case of the Dodi Family of Barcelonnette», dans K. Reyerson et J. Drendel (édit.), *Urban and Rural Communities in Medieval France, Provence and Languedoc 1000-1500,* Leiden, Brill, 1998, p. 101-127.

Crawford, Anne. «The King's Burden? The Consequences of Royal Marriage in Fifteenth-Century England», dans R. A. Griffiths (édit.), *Patronage, the Crown and the Provinces in Later Medieval England,* Gloucester, Alan Sutton, 1981, p. 33-56.

Cron, Bonita Marie. «The Duke of Suffolk, the Angevin Marriage and the Ceding of Maine, 1445». *Journal of Medieval History,* 20/1 (1994), p. 77-94.

David, Marcel. «Le mariage dans la société féodale». *Annales. Économies, Sociétés, Civilisations,* 36/2 (1981), p. 1050-1055.

Davis, Natalie Zemon. «The Reasons of Misrule: Youth Groups and Charivaris in Sixteenth-Century France». *Past and Present,* 50, (1971), p. 41-75.

Dearagon, RaGena C. «In Pursuit of Aristocratic Women: A Key to Success in Norman England». *Albion,* 14/3-4 (1982), p. 258-267.

Débax, Hélène. «Stratégies matrimoniales des comtes de Toulouse (850-1270)». *Annales du Midi,* 100/182 (1988), p. 131-151.

Dinzelbacher, P. «Pour une histoire de l'amour au moyen âge». *Le Moyen Âge,* 93/2 (1987), p. 223-240.

Dockray, Keith. «Why Did Fifteenth-Century English Gentry Marry?: The Pastons, Plumptons and Stonors Reconsidered», dans *Gentry and Lesser Nobility in Late Medieval Europe,* Gloucester, Alan Stutton, 1986, p. 61-80.

Duby, Georges. «Le mariage dans la société du haut Moyen-âge», dans *Il matrimonio nella società alto-medievale, Settimane di studio del centro italiano di studi sull'alto mediœvo*, 1976, Spoleto, Centro italiano di studi sull'alto mediœvo, 1977, t. 1, p. 13-39.

——. *Le chevalier, la femme et le prêtre. Le mariage dans la France féodale.* Paris, Hachette, 1981.

——. *Medieval Marriage. Two Models from Twelfth-Century France.* Baltimore, John Hopkins University Press, 1978.

——. *Que sait-on de l'amour en France au XIIe siècle?* Oxford, Clarendon Press, 1983.

Duhamel-Amado, Claudie. «Une forme historique de la domination masculine: femme et mariage dans l'aristocratie languedocienne à la fin du XIIe siècle». *Cahiers d'histoire de l'Institut de recherches marxistes*, 6 (1981), p. 125-139.

Emigh, Rebecca Jean. «Land Tenure, Household Structure, and Age at Marriage in Fifteenth-Century Tuscany». *Journal of Interdisciplinary History*, 27/4 (1997), p. 613-635.

Feller, Laurent. «Achats de terres, politiques matrimoniales et liens de clientèle en Italie centro-méridionale dans la seconde moitié du IXe siècle», dans E. Mornet (édit.), *Campagnes médiévales. Études offertes à Robert Fossier*, Paris, Publications de la Sorbonne, 1995, p. 425-438.

Frank, Roberta. «Marriage in Twelfth- and Thirteenth-Century Iceland». *Viator*, 4 (1973), p. 473-484.

Fransen, Gérard. «La formation du lien matrimonial au Moyen-âge», dans R. Metz et J. Schlick (édit.), *Le lien matrimonial. Colloque du Cerdic*, Strasbourg, 21-23 mai 1970, Strasbourg, Cerdic, 1970, t. 1, p. 106-126.

Friedrichs, Rhoda L. «Marriage Strategies and Younger Sons in Fifteenth-Century England». *Medieval Prosopography*, 14/1 (1993), p. 53-69.

Gaudemet, Jean. *Le mariage en Occident. Les mœurs et le droit.* Paris, Cerf, 1987.

Gaussin, Pierre-Roger. «Cinq siècles de politique matrimoniale chez les Polignac. De quelques fructueuses alliances... et d'autres qui le furent moins». *Cahiers de la Haute-Loire*, (1975), p. 53-79.

Gauvard, Claude et Altan Gokalp. «Les conduites de bruit et leur signification à la fin du Moyen-âge: le charivari». *Annales. Économies, Sociétés, Civilisations*, 29/3 (1974), p. 693-704.

Gies, Frances et Joseph Gies. *Marriage and the Family in the Middle Ages.* New York, Harper and Row, 1987.

Gilles, H. «Mariages de princes et dispenses pontificales». *Mélanges offerts au Professeur Louis Faletti. Annales de la Faculté de droit et des sciences économiques de Lyon*, 2 (1971), p. 295-308.

Gillingham, John. «Love, Marriage and Politics in the Twelfth Century». *Forum for Modern Language Studies*, 25/4 (1989), p. 292-303.

Girard, René. «Marriage in Avignon in the Second Half of the Fifteenth Century». *Speculum*, 28/3 (1953), p. 485-498.

Goody, Jack. *L'évolution de la famille et du mariage en Europe.* Paris, Armand Colin, 1985.

Gottlieb, Beatrice. *The Family in the Western World from the Black Death to the Industrial Age*. Oxford, Oxford University Press, 1993.

Greilsammer, Myriam. «Le mariage dans les villes de Flandre et de Brabant à l'automne du Moyen Âge», dans *L'envers du tableau. Mariage et maternité en Flandre médiévale*, Paris, Armand Colin, 1990, p. 45-188.

Grinberg, Martine. «Charivaris au Moyen Age et à la Renaissance. Condamnation des remariages ou rites d'inversion du temps?» dans J. Le Goff et J.-C. Schmitt (édit.), *Le Charivari, Actes de la table ronde organisée à Paris (25-27 avril 1977) par l'École des Hautes Études en Sciences Sociales et le Centre National de la Recherche Scientifique*, Paris, Mouton Éditeur, 1981, p. 141-148.

Guidobadi, Nicoletta. «Musique et danse dans une fête "humaniste": les noces de Constanzo Sforza et Camilla d'Aragona (Pesaro 1475)», dans R. Aulotte (édit.), *Musique et humanisme à la Renaissance*, Paris, Presses de l'École Normale Supérieure, 1993, p. 23-35.

Hanawalt, Barbara A. «Growing Up and Getting Married», dans *The Ties That Bound. Peasant Families in Medieval England*, Oxford, Oxford University Press, 1986, p. 188-204.

Harwich, Judith J. «Marriage Strategy among the German Nobility, 1400-1599». *Journal of Interdisciplinary History*, 29/2 (1998), p. 169-195.

Haskell, Ann S. «The Paston Women on Marriage in Fifteenth-Century England». *Viator*, 4 (1973), p. 459-471.

Heene, Katrien. *The legacy of paradise: marriage, motherhood, and women in Carolingian edifying literature*. Frankfurt am Main/New York, P. Lang, 1997.

Herlihy, David et Christiane Klapisch-Zuber. «Le mariage: motivations et conséquences», dans *Les Toscans et leur famille. Une étude du catasto florentin de 1427*, Paris, Éditions de l'École des Hautes Études en Sciences Sociales, 1978, p. 412-419.

——. «Deaths, Marriages, Births, and the Tuscan Economy (ca.1300-1550)», dans R. D. Lee et al. (édit.), *Population Patterns in the Past*, New York, Academic Press, 1977, p. 135-164.

——. «The Medieval Marriage Market». *Medieval and Renaissance Studies*, 6 (1976), p. 3-27.

Hill, Rosalind. «Marriage in 7th-Century England», dans M. H. King et W. M. Stevens (édit.), *Saints, Scholars and Heroes. Studies in Medieval Culture in Honour of Charles W. Jones. Volume I: The Anglo-Saxon Heritage*, Collegeville, Minnesota, Hill Monastic Manuscript Library, 1979, p. 67-77.

Hillion, Yannick. «Mariage et mécénat: deux aspects de la condition féminine aristocratique en Bretagne au milieu du XIIe siècle». *Cahiers de Bretagne Occidentale*, 6 (1987), p. 157-166.

Holt, J. C. « Feudal Society and the Family in Early Medieval England: the Heiress and the Alien», dans J. C. Holt (édit.), *Colonial England, 1066-1215*, London, Hambledon, 1997, p. 245-269.

Houlbrooke, Ralph A. «The Making of Marriage» et «Husband and Wife», dans *The English Family 1450-1700*, London, Longman, 1984, p. 63-126.

Howard, George Elliott. *A History of Matrimonial Institutions, Chiefly in England and the United States*. Chicago/London, University of Chicago Press/T. Fisher Unwin, 1904. 3 vol.

Howell, Martha. «Marriage, family and patriarchy in Douai, 1350-1600», dans W. Prévenier (édit.), *Marriage and Social Mobility in the Late Middle Ages. Mariage et mobilité sociale au bas Moyen-âge*, Gent, 1992, p. 7-39.

Hughes, Diane Owen. «Urban Growth and Family Structure in Medieval Genoa». *Past and Present*, 66 (1975), p. 3-28.

Hurwich, Judith J. «Marriage Strategy among the German Nobility, 1400-1699». *Journal of Interdisciplinary History*, 29/2 (1998), p. 169-195.

Ingram, Martin. «Le charivari dans l'Angleterre du XVIᵉ et du XVIIᵉ siècle. Aperçu historique», dans J. Le Goff et J.-C. Schmitt (édit.), *Le Charivari, Actes de la table ronde organisée à Paris (25-27 avril 1977) par l'École des Hautes Études en Sciences Sociales et le Centre National de la Recherche Scientifique*, Paris, Mouton Éditeur, 1981, p. 251-264.

——. «Ridings, Rough Music and "Reform of Popular Culture" in Early Modern England». *Past and Present*, 105 (1984), p. 79-113.

Jacob, Robert. *Les époux, le seigneur et la cité. Coutume et pratiques matrimoniales des bourgeois et paysans de France du Nord au Moyen-âge*. Bruxelles, Facultés universitaires Saint-Louis, 1990.

Jeay, Madeleine. «De l'autel au berceau. Rites et fonctions du mariage dans la culture populaire au Moyen-âge», dans P. Boglioni (édit.), *La culture populaire au Moyen-âge, Études présentées au quatrième colloque de l'Institut d'études médiévales de l'Université de Montréal, 2-3 avril 1977*, Montréal, Les éditions univers, 1979, p. 39-62.

Jochens, Jenny M. «Consent in Marriage: Old Norse Law, Life and Literature». *Scandinavian Studies*, 58/2 (1986), p. 142-176.

——. «The Medieval Icelandic Heroine: Fact or Fiction», dans J. Tucker (édit.), *Sagas of the Icelanders. A Book of Essays*, New York & London, Garland Publishing, 1989, p. 99-125.

Joris, André. «Un seul amour... ou plusieurs femmes?» dans *Femmes. Mariages —Lignages XIIᵉ-XIVᵉ siècles. Mélanges offerts à Georges Duby*, Bruxelles, De Bœck Université, 1990, p. 197-214.

Karnoouh, Claude. «Le charivari ou l'hypothèse de la monogamie», dans J. Le Goff et J.-C. Schmitt (édit.), *Le Charivari, Actes de la table ronde organisée à Paris (25-27 avril 1977) par l'École des Hautes Études en Sciences Sociales et le Centre National de la Recherche Scientifique*, Paris, Mouton, 1981, p. 33-43.

Kelly, Henry Ansgar. «Medieval Relations, Marital and Other». *Medievalia et Humanistica*, n.s. 19 (1993), p. 133-146.

——. «Canonical Implications of Richard III's Plan to Marry his Niece». *Traditio*, 23 (1967), p. 269-311.

Klapisch-Zuber, Christiane. «La mattinata médiévale d'Italie», dans J. Le Goff et J.-C. Schmitt (édit.), *Le Charivari, Actes de la table ronde organisée à Paris (25-27 avril 1977) par l'École des Hautes Études en Sciences Sociales et le Centre National de la Recherche Scientifique*, Paris, Mouton Éditeur, 1981, p. 149-163. Repr. dans *La maison et le nom. Stratégies et rituels dans l'Italie de la Renaissance*, Paris, Éditions de l'École des Hautes Études en Sciences Sociales, 1990, p. 229-246.

——. «Le catasto florentin et le modèle européen du mariage et de la famille», dans J.-L. Biget, J.-C. Hervé et Y. Thébert (édit.), *Les cadastres anciens des villes et leur traitement par l'informatique*, Rome, École française de Rome, 1989, p. 21-31.

——. «Les coffres de mariage et les plateaux d'accouchée à Florence: archive, ethnologie, iconographie», dans S. Deswarte-Rosa (édit.), *À travers l'image: Lecture iconographique et sens de l'œuvre. Actes du séminaire CNRS*, Paris, Klincksieck, 1994, p. 309-323.

——. «Les femmes et la famille», dans J. Le Goff (édit.), *L'homme médiéval*, Paris, Éditions du Seuil, 1989, p. 315-343.

——. «Zacharie, ou le père évincé. Les rites nuptiaux toscans entre Giotto et le concile de Trente». *Annales. Économies, Sociétés, Civilisations*, 34/6 (1979), p. 1216-1243. Repr. dans *La maison et le nom. Stratégies et rituels dans l'Italie de la Renaissance*, Paris, Éditions de l'École des Hautes Études en Sciences Sociales, 1990, p. 151-183.

——. *La maison et le nom. Stratégies et rituels dans l'Italie de la Renaissance.* Paris, Éditions de l'École des Hautes Études en Sciences Sociales, 1990.

Koch, E. «Entry into Convents and the Position on the Marriage Market of Noble Women in the Late Medieval Ages», dans W. Prévenier (édit.), *Marriage and Social Mobility in the Late Middle Ages. Mariage et mobilité sociale au bas Moyen-âge*, Gent, 1992, p. 99-122.

Korpiola, Mia. «An Act or a Process? Competing Views on Marriage Formation and Legitimacy in Medieval Europe», dans L. I. Hansen (édit.), *Family, Marriage and Property Devolution in the Middle Ages*, Tromsø, University of Tromsø, 2000, p. 31-54.

L'Hermite-Leclercq, Paulette. «Enfance et mariage d'une jeune anglaise au début du XIIe siècle: Christina de Markyate», dans H. Dubois et M. Zink (édit.), *Les âges de la vie au Moyen-âge, Actes du colloque du Département d'Études Médiévales de l'Université de Paris-Sorbonne et de l'Université Friedrich Wilhelm de Bonn*, Provins, 16-17 mars 1990, Paris, Presses de l'Université de Paris-Sorbonne, 1992, p. 151-169.

——. «Gestes et vocabulaire du mariage au début du XIIe siècle dans un document hagiographique: la Vita de Christina de Markyate», dans *Maisons de Dieu et hommes d'Église. Florilège en l'honneur de Pierre-Roger Gaussin*, Saint-Etienne, Publications de l'Université de Saint-Étienne, 1992, p. 151-163.

La Roncière, Charles de. «À l'ombre de la chasteté» dans M. Bernos, C. de La Roncière, J. Goyon et P. Lécrivain (édit.), *Le fruit défendu. Les Chrétiens et la sexualité de l'Antiquité à nos jours*, Paris, Le centurion, 1985, p. 81-142.

Labalme, Patricia H., Laura White et Linda Carroll. «How to (and how not to) Get Married in Sixteenth-Century Venice (Selections from the Diaries of Marin Sanudo)». *Renaissance Quarterly*, 52/1 (1999), p. 43-72.

Lander, John R. «Marriage and Politics in Fifteenth Century: the Nevilles and Wydevilles». *Bulletin of the Institute of Historical Research*, 36/94 (1963), p. 119-152.

Landes-Mallet, Anne-Marie. «La famille du vivant des conjoints», dans *La famille en Rouergue au Moyen Age (1269-1345). Étude de la pratique notariale*, Rouen, Publications de l'Université de Rouen, 1985, p. 53-172.

Laprete, Kimberley A. «Adela of Blois: Familial Alliances and Female Lordship», dans T. Evergate (édit.), *Aristocratic Women in Medieval France*, Philadelphia, University of Pennsylvania Press, 1999, p. 7-43, 180-200.

Laribière, Geneviève. «Le mariage à Toulouse aux XIVe et XVe siècles». *Annales du Midi*, 79/4 (1964), p. 335-361.

Leclercq, Henri. «Mariage». *Dictionnaire d'archéologie chrétienne et de liturgie*, 1932, t. 10, col. 1843-1982.

Levine, David. «Recombinant Family Formation Strategies». *Journal of Historical Sociology*, 2/2 (1989), p. 89-115.

Leyerle, John. «Marriage in the Middle Ages: Introduction». *Viator*, 4 (1973), p. 415-418.

Lucas, Angela M. *Women in the Middle ages. Religion, Marriage and Letters*. Brighton, Harvester Press, 1983.

MacFarlane, Alan. *Marriage and Love in England. Modes of Reproduction 1300-1840*. Oxford, Basil Blackwell, 1986.

Madison, Kenneth G. «The Frowyk-Haute Marriage: a Comment». *The Ricardian: Journal of the Richard III Society*, 10/130 (1995), p. 227-279.

McNamara, Jo Anne et Susan Fonay Wemple. «Marriage and Divorce in the Frankish Kingdom», dans S. M. Stuard (édit.), *Women in Medieval Society*, Philadelphia, University of Pennsylvania Press, 1976, p. 95-124.

Molho, Anthony. «Deception and Marriage Strategy in Renaissance Florence: the Case of Women's Ages». *Renaissance Quarterly*, 41/2 (1988), p. 193-217.

Morelle, Laurent. «Mariage et diplomatique: autour de cinq chartes de douaire dans le Laonnois-Soissonnais, 1163-1181». *Bibliothèque de l'École des Chartes*, 146/2 (1988), p. 225-284.

Morris, Christopher J. *Marriage and Murder in Eleventh-Century Northumbria: a Study of De Obsessione Dunelmi*. York, University of York, 1992.

Mount, Ferdinand. *The Subversive Family: An Alternative History of Love and Marriage*. London, Jonathan Cape, 1982.

Mundy, John H. «Le mariage et les femmes à Toulouse au temps des Cathares». *Annales. Économies, Sociétés, Civilisations*, 42/1 (1987), p. 117-134.

Murray, Jacqueline. «Individualism and Consensual Marriage: Some Evidence from Medieval England», dans C. M. Rousseau et J. T. Rosenthal (édit.), *Women, Marriage, and Family in Medieval Christendom. Essays in Memory of Michael M. Sheehan*, Kalamazoo, Medieval Institute Publications, 1998, p. 121-151.

Murray, James M. «Family, Marriage and Moneychanging in Medieval Bruges». *Journal of Medieval History*, 14/2 (1988), p. 115-125.

Painter, Sidney. «The Family and the Feudal System in Twelfth-Century England». *Speculum*, 35/1 (1960), p. 1-16.

Paradis, Françoise. «Le mariage d'Arthur et Guenièvre: une représentation de l'alliance matrimoniale dans la *Suite Vulgate de Merlin*». *Le Moyen-âge*, 92/2 (1986), p. 211-235.

Paravicini, Werner. «Invitations au mariage. Pratique sociale, abus de pouvoir, intérêt de l'état à la cour des ducs de Bourgogne au XVe siècle». *Académie des inscriptions et belles-lettres. Comptes rendus des séances*, 3 (1995), p. 687-711.

Parmisano, F. «Love and Marriage in the Middle Ages». *New Blackfriars*, 50 (1969), p. 599-608, 649-660.

Parsons, John Carmi. «Mothers, Daughters, Marriage, Power: Some Plantagenet Evidence, 1150-1500», dans J. C. Parsons (édit), *Medieval Queenship*, Stroud, Alan Sutton, 1994, p. 63-78, 206-209.

Payling, Simon. «The Politics of Family: Late Medieval Marriage Contracts», dans R. H. Britnell et A. J. Pollard (édit.), *The McFarlane Legacy: Studies in Late Medieval Politics and Society*, Stroud, Alan Sutton, 1995, p. 21-47.

Petit, Karl. «Le mariage de Philippa de Hainaut, reine d'Angleterre». *Le Moyen-âge*, 87/3-4 (1981), p. 373-395.

Petot, Pierre. «Le mariage des vassales». *Revue historique de droit français et étranger*, 56 (1978), p. 29-47.

———. «Licence de mariage et formariage des serfs dans les coutumes françaises au Moyen-âge». *Czasopismo prawno-historyczne, Annales d'histoire du droit*, 2 (1949), p. 199-208.

Powell, Chilton Latham. *English Domestic Relations, 1487-1653. A Study of Matrimony and Family Life in Theory and Practice as Revealed by the Literature, Law, and History of the Period*. New York, Columbia University Press, 1917.

Queller, Donald E. et Thomas F. Madden. «Father of the Bride: Fathers, Daughters, and Dowries in Late Medieval and Early Renaissance Venice». *Renaissance Quarterly*, 46/4 (1993), p. 685-711.

Rawcliffe, Carole. «The Politics of Marriage in Later Medieval England: William, Lord Bortreaux and the Hungerfords». *Huntington Library Quarterly*, 51/3 (1988), p. 161-175.

Razi, Zvi. *Life, Marriage and Death in a Medieval Parish. Economy, Society and Demography in Halesowen 1270-1400*. Cambridge, Cambridge University Press, 1980.

Ribordy, Geneviève. «Les fiançailles dans le rituel matrimonial de la noblesse française à la fin du Moyen Âge: tradition laïque ou création ecclésiastique?» *Revue historique*, 304/4 (2001), p. 885-911.

——. «The Two Paths to Marriage: The Preliminaries of Noble Marriage in Late Medieval France». *Journal of Family History*, 26/3 (2001), p. 323-336.

Richmond, Colin. «The Pastons Revisited: Marriage and the Family in Fifteenth-Century England». *Bulletin of the Institute of Historical Research*, 58/137 (1985), p. 25-35.

Robins, Patricia. «Le veuvage et le douaire de Marguerite d'York dans le contexte politique de 1477-1503». *Handelingen van de Koninklijke Kring voor Oudheidkunde, Letteren en Kunst van Mechelen*, 97 pour 1993 (1994), p. 123-178.

Rochais-Chiarello, Arlette. «Le mariage en Savoie au Moyen-âge». *L'Histoire en Savoie*, 19/80 (1985), p. 2-10.

Roderick, A. J. «Marriage and Politics in Wales, 1066-1282». *The Welsh History Review*, 4 (1968), p. 3-20.

Rousseau, C. M. et J. T. Rosenthal (édit.) *Women, Marriage, and Family in Medieval Christendom. Essays in Memory of Michael M. Sheehan*. Kalamazoo, Medieval Institute Publications, 1998.

Rosenthal, Joel T. «Aristocratic Marriage and the English Peerage, 1350-1500: Social Institution and Personal Bond». *Journal of Medieval History*, 10 (1984), p. 181-194.

——. «Marriage and the Blood Feud in 'Heroic' Europe». *British Journal of Sociology*, 17 (1966), p. 133-144.

Ross, Margaret Clunies. «Concubinage in Anglo-Saxon England». *Past and Present*, 108 (1985), p. 3-34.

Rouche, Michel (dir.) *Mariage et sexualité au Moyen Âge: accord ou crise? Colloque international de Conques*, 15-18 octobre 1998. Paris, Presses de l'Université de Paris-Sorbonne, 2000.

Scammel, Jean. «Freedom and Marriage in Medieval England». *The Economic History Review*, 27/4 (1974), p. 523-537.

——. «Wife-Rents and Merchet». *Economic History Review*, 29/3 (1976), p. 487-490.

Schmugge, Ludwig. «Cleansing on Consciences: Some Observations Regarding the Fifteenth-Century Registers of the Papal Penitentiary». *Viator*, 29 (1998), p. 345-361.

Schnell, Rüdiger. «The Discourse on Marriage in the Middle Ages». *Speculum*, 73/3 (1998), p. 771-786.

Schulman, Jana K. «Make Me a Match: Motifs of Betrothal in the Sagas of the Icelanders». *Scandinavian Studies*, 69/3 (1997), p. 296-321.

Searle, Eleanor. «A Rejoinder». *Past and Present*, 99 (1983), p. 148-160.

——. «Freedom and Marriage in Medieval England: An Alternative Hypothesis». *Economic History Review*, 29, 3 (1976), p. 482-486.

——. «Seigneurial Control of Women's Marriage: the Antecedents and Function of Merchet in England». *Past and Present*, 82 (1979), p. 3-43.

Seccombe, Wally. «The Western European Marriage Pattern in Historical Perspective: a Response to David Levine». *Journal of Historical Sociology*, 3/1 (1990), p. 50-74.

Smith, Richard M. «Geographical Diversity in the Resort to Marriage in Late Medieval Europe: Work, Reputation, and Unmarried Females in the Household Formation Systems of Northern and Southern Europe», dans P. J. P. Goldberg (édit.), *Woman is a Worthy Wight: Women in English Society c. 1200-1500*, Stoud, Alan Sutton, 1992, p. 16-59.

——. «Hypothèse sur la nuptialité en Angleterre aux XIIIᵉ-XIVᵉ siècles». *Annales. Économies, Sociétés, Civilisations*, 38/1 (1983), p. 107-136.

——. «Marriage Processes in the English Past: Some Continuities», dans L. Bonfield, R. M. Smith et K. Wrightson (édit.), *The World We Have Gained. Histories of Population and Social Structure. Essays Presented to Peter Laslett on his Seventieth Birthday*, Oxford, Basil Blackwell, 1986, p. 43-99.

——. «Some Reflections on the Evidence for the Origin of the "European Marriage Pattern" in England», dans C. Harris (édit.), *The Sociology of the Family. New Directions for Britain*, New Jersey, Rowman and Littlefield, 1979, p. 74-112.

——. «Further Models of Medieval Marriage. Landlords, Serfs and Priests in Rural England», dans C. Duhamel-Amado et G. Lobrichon (édit.), *Georges Duby. L'écriture de l'Histoire*, Bruxelles, De Bœck Université, 1996, p. 161-173.

Stafford, Pauline. «The Bride to Be», dans *Queens, Concubines and Dowagers: the King's Wife in the Early Middle Ages*, Athens, University of Georgia Press, 1983, p. 32-39.

Stuard, Susan Mosher. «Burdens of Matrimony: Husbandry and Gender in Medieval Italy», dans C. A. Lees (édit.), *Medieval Masculinities: Regarding Men in the Middle Ages,* Minneapolis, University of Minnesota Press, 1994, p. 61-71.

Studd, Robin. «The Marriage of Henry of Alamain and Constance of Béarn», dans P. R. Coss et S. D. Lloyd (édit.), *Thirteenth-Century England, III*, Proceedings of the Newcastle upon Tyne Conference 1989, Woodbridge, Suffolk, The Boydell Press, 1991, p. 161-179.

Swabey, Fiona. *Medieval Gentlewoman: Life in a Gentry Household in the Later Middle Ages*. New York, Routledge, 1999.

Swain, Elisabeth. «"My Excellent & Most Singular Lord": Marriage in a Noble Family of Fifteenth-Century Italy». *Journal of Medieval and Renaissance Studies*, 16, 2 (1986), p. 171-195.

Teyssot, Josiane (édit.). *Le mariage au Moyen âge: XIᵉ-XVᵉ siècles. Actes du Colloque de Montferrand du 3 mai 1997.* Clermond-Ferrand, Université Blaise-Pascal, 1997.

Thibault, Pierre. «Mariage, office et marchandise à Paris à la fin du Moyen-âge», dans *Le marchand au Moyen-âge. Actes du 19ᵉ Congrès de la Société des historiens médiévistes de l'Enseignement supérieur public*, Reims, 1988, Paris, S.H.M.E.S./CID éditions, 1992, p. 165-176.

Tricard, Jean. «Mariage, "commerages", parrainage: la sociabilité des livres de raison limousins du XVe siècle», dans M. Cassan, J. Boutier et N. Lemaître (édit.), *Croyances, pouvoirs et société. Études offertes à Louis Perouas*, Treignac, Éditions Les Monédières, 1988, p. 129-142.

Turlan, Juliette M. «Une licence de mariage au XIVe siècle. Survivance ou exaction?» dans *Études d'histoire du droit canonique dédiées à Gabriel Le Bras*, Paris, Sirey, 1965, t. 2, p. 1447-1457.

Vidal, Henri. «Les mariages dans la famille des Guillems, seigneurs de Montpellier». *Revue historique de droit français et étranger*, 62/2 (1984), p. 231-245.

Walker, Sue Sheridan. «Feudal Constraint and Free Consent in the Making of Marriages in Medieval England: Widows in the King's Gift». *Historical Papers—Communications historiques*, (1979), p. 97-111.

———. «Free Consent and Marriage of Feudal Wards in Medieval England». *Journal of Medieval History*, 8 (1982), p. 123-134.

———. «The Marrying of Feudal Wards in Medieval England». *Studies in Medieval Culture*, 4/2 (1974), p. 209-224.

Wareham, Andrew. «Two Models of Marriage: Kinship and the Social Order in England and Normandy», dans A.-J. A. Bijsterveld, H. Teunis et A. Wareham (édit.), *Negotiating Secular and Ecclesiastical Power: Western Europe in the Central Middle Ages*, Turnhout, Brepols, 1999, p. 107-132.

Watson, Laura. «The Disposal of Paston Daughters», dans M. Whitaker (édit.), *Sovereign Lady: Essays on Women in Middle English Literature*, New York, Garland, 1995, p. 45-62.

Waugh, Scott L. «Marriage, Class, and Royal Lordship in England under Henry III». *Viator*, 16 (1985), p. 181-207.

———. *The Lordships of England. Royal Wardships and Marriages in English Society and Politics. 1217-1327*. Princeton, Princeton University Press, 1988.

Weiss, Susan F. «Medieval and Renaissance Wedding Banquets and Other Feasts», dans M. Carlin et J. T. Rosenthal (édit.), *Food and Eating in Medieval Europe*, London, Hambledon, 1998, p. 159-174.

Wemple, Susan Fonay. *Women in Frankish Society. Marriage and the Cloister 500 to 900*. Philadelphie, University of Pennsylvania Press, 1981.

Wentersdorf, Karl P. «The Clandestine Marriages of the Fair Maid of Kent». *Journal of Medieval History*, 5 (1979), p. 203-231.

Westermarck, Edward. *A Short History of Marriage*. London, MacMillan, 1926.

———. *Histoire du mariage*. Paris, Mercure de France/Payot, 1934-1945. 6 vol.

———. *The History of Human Marriage*. London, MacMillan, 1903.

Wolff, Philippe. «Quelques actes notariés concernant famille et mariage (XIVe-XVe siècles)». *Annales du Midi*, 78 (1966), p. 115-123.

Wood, James B. «Endogamy and Mésalliance, the Marriage Patterns of the Nobility of the Élection of Bayeux, 1430-1666». *French Historical Studies*, 10 (1978), p. 375-392.

Le mariage et le droit civil

Archer, Rowena E. «Rich Old Ladies: The Problems of Late Medieval Dowagers», dans T. Pollard (édit.), *Property and Politics: Essays in Later Medieval English History*, Gloucester/New York, Alan Sutton/St. Martin's Press, 1984, p. 15-35.

Barthélémy, Dominique. «Note sur le "maritagium" dans le grand Anjou des XIe et XIIe siècles», dans *Femmes. Mariages—Lignages XIIe-XIVe siècles. Mélanges offerts à Georges Duby*, Bruxelles, De Bœck Université, 1992, p. 9-24.

Briet, Henri. *Le droit des gens mariés dans les coutumes de Lille*. Lille, Le Bigot frères, 1908.

Buckstaff, Florence Griswold. «Married Women's Property in Anglo-Saxon and Anglo-Norman Law and the Origin of the Common-Law of Dower». *Annals of the American Academy of Political and Social Science*, 4 (1893-94), p. 233-264.

Carbasse, Jean-Marie. «La répression de l'adultère dans les coutumes du Rouergue», dans *Études sur le Rouergue, Actes du XLVIIe Congrès d'Études de la Fédération Historique du Languedoc Méditerranéen et du Roussillon, et du XXIXe Congrès d'Études de la Fédération des Sociétés Académiques et Savantes Languedoc-Pyrénées-Gascogne*, Rodez, 7-9 juin 1974, Rodez, Publications de la Société des Lettres, Sciences et Arts de l'Aveyron, 1974, p. 107-113.

Chojnacki, Stanley. «Dowries and Kinsmen in Early Renaissance Venice», dans S. M. Stuard (édit.), *Women in Medieval Society*, Pennsylvania, University of Pennsylvania Press, 1976, p. 173-198.

——. «The Power of Love: Wives and Husbands in Late Medieval Venice», dans M. Erler et M. Kowaleski (édit.), *Women and Power in the Middle Ages*, Athens, University of Georgia Press, 1988, p. 126-148.

Colin, Ambroise. «Le droit des gens mariés dans la coutume de Normandie». *Nouvelle revue historique de droit français et étranger*, 16 (1892), p. 427-469.

Colman, Rebecca V. «The Abduction of Women in Barbaric Law». *Florilegium*, 5 (1983), p. 62-75.

Comet, Georges. «Quelques remarques sur la dot et les droits de l'épouse dans la région d'Arles aux XIIe et XIIIe siècles», dans P. Fallais et Y.-J. Riou (édit.), *Mélanges offerts à René Crozet à l'occasion de son soixante-dixième anniversaire*, Poitiers, Société d'Études Médiévales, 1966. t. 2, p. 1031-1034.

Coulet, Noël. «Dot et société en Provence au XVe siècle. Une approche quantitative», dans P. Brezzi et E. Lee (édit.), *Sources of Social History. Private Acts of the Late Middle Ages*, Toronto, Pontifical Institute of Mediaeval Studies, 1984, p. 105-129.

Courtemanche, Andrée. «Femmes et accès au patrimoine en Provence: Manosque au XIVe siècle». *Le Moyen-âge*, 96/3-4 (1990), p. 479-501.

——. *La richesse des femmes. Patrimoines et gestion à Manosque au XIVe siècle*. Montréal-Paris, Bellarmin-Vrin, 1993.

Dauchy, Serge. «Le douaire de Marguerite d'York, la minorité de Philippe le Beau et le Parlement de Paris—1477-1494». *Bulletin de la Commission royale d'histoire*, 155/1-2 (1989), p. 49-127.

Demonty, Philippe. «Documents concernant le mariage et la famille à Liège (XVe siècle)». *Bulletin de la Commission royale d'histoire*, 152/1-4 (1986), p. 115-145.

Didier, Noël. «Les dispositions du statut de Guillaume II Forcalquier sur les filles dotées (1162)». *Le Moyen-âge*, 56/3-4 (1950), p. 247-278.

Donahue, Charles Jr. «The Case of the Man Who Fell into the Tiber: The Roman Law of Marriage at the Time of the Glossators». *American Journal of Legal History*, 22/1 (1978), p. 1-53.

——. «What Causes Fundamental Legal Ideas? Marital Property in England and France in the Thirteenth Century». *Michigan Law Review*, 78 (1979-1980), p. 59-88.

Dumas, Auguste. *La condition de gens mariés dans la famille périgourdine au XVe et au XVIe siècles*. Paris, Larose et Testin, 1908.

Engdahl, David E. «"Full Faith and Credit" in Merrie Olde England: New Insight for Marriage Conflicts Law from the Thirteenth Century». *Valparaiso University Law Review*, 5 (1970), p. 1-25.

——. «English Marriage Conflicts Law before the Time of Bracton». *The American Journal of Comparative Law*, 15 (67), p. 109-135.

Erickson, Amy Louise. «Common Law Versus Common Practice: the Use of Marriage Settlements in Early Modern England». *Economic History Review*, 43/1 (1990), p. 21-39.

Esposito, Anna. «*Ad dotandum puellas virgines, pauperes et honestas*: Social Needs and Confraternal Charity in Rome in the Fifteenth and Sixteenth Centuries». *Renaissance and Reformation/Renaissance et Réforme*, 19/2 (1994), p. 5-18.

Fine, Agnès. «Le prix de l'exclusion. Dot et héritage dans le Sud-Ouest occitan», dans *La dot. La valeur des femmes*, Toulouse, Université de Toulouse-Le Mirail, 1976, p. 31-49.

Franklin, Peter. «Peasant Widow, "Liberation" and Remarriage before the Black Death». *Economic History Review*, 39/2 (1986), p. 186-204.

Gates, Lori A. «Widows, Property, and Remarriage: Lessons from Glastonbury's Deverill Manors». *Albion*, 28/1 (1996), p. 19-35.

Golberg, P. J. P. «"For better, for worse": Marriage and Economic Opportunity for Women in Town and Country», dans P. J. P. Goldberg (édit.), *Woman is a Worthy Wight: Women in English Society c. 1200-1500*, Stoud, Alan Sutton, 1992, p. 108-125.

Gonon, Marguerite. «Les dots en Forez au XVe siècle d'après les testaments enregistrés en la chancellerie de Forez», dans *Mélanges Pierre Tisset. Recueil de mémoires et travaux publié par la Société d'histoire du droit et des institutions des anciens pays de droit écrit*, Montpellier, Faculté de droit et des sciences économiques de Montpellier, 1970, p. 247-265.

Gouron, André. «Un échec des glossateurs: l'égalité des apports matrimoniaux et la pratique méridionale». *Recueil de mémoires et travaux publié par la Société d'histoire du droit et des institutions des anciens pays de droit écrit*, 12 (1983), p. 93-105.

Hanawalt, Barbara A. «Remarriage as an Option for Urban and Rural Widows in Late Medieval England», dans S. S. Walker (édit.), *Wife and Widow in Medieval England*, Ann Arbor, University of Michigan Press, 1993, p. 141-164.

Haskins, George L. «The Development of Common Law Dower». *Harvard Law Review*, 62 (1948), p. 42-55.

Hilaire, Jean. *Le régime des biens entre époux dans la région de Montpellier du début du XIIIe siècle à la fin du XVIe siècle*. Montpellier, Imprimerie Causse, Graille & Castelnau, 1957.

Hughes, Diane Owen. «From Brideprice to Dowry in Mediterranean Europe», dans M. A. Kaplan (édit.), *The Marriage Bargain. Women and Dowries in European History*, New York, Harrington Park Press, 1985, p. 13-58.

Iancu, Danièle. «Femmes juives en Provence médiévale. Dots et pratiques matrimoniales à la fin du XVe siècle», dans *Histoire et Société: Mélanges offerts à Georges Duby. t. 1: Le couple, l'ami et le prochain*, Aix-en-Provence, Publications de l'Université de Provence, 1992, p. 69-78.

Jones, Ernest D. «Medieval Merchets as Demographic Data: Some Evidence from the Spalding Priory Estates». *Continuity and Change*, 11/3 (1996), p. 459-470.

——. «The Spalding Priory Merchet Evidence from the 1250s to the 1470s». *Journal of Medieval History*, 24/2 (1998), p. 155-175.

Kalifa, Simon. «Singularités matrimoniales chez les anciens germains: le rapt et le droit de la femme à disposer d'elle-même». *Revue historique de droit français et étranger*, 48 (1970), p. 212-213.

Kirshner, Julius et Anthony Molho. «The Dowry Fund and the Marriage Market in Early Quattrocento Florence». *Journal of Modern History*, 50 (1978), p. 403-438.

—— et Jacques Pluss. «Two Fourteenth-Century Opinions on Dowries, Paraphernalia and Non-dotal Goods». *Bulletin of Medieval Canon Law*, 9 (1979), p. 65-77.

——. «Wives Claims against Insolvent Husbands in Late Medieval Italy», dans J. Kirshner et S. F. Wemple (édit.), *Women of the Medieval World*, Oxford, Basil Blackwell, 1985, p. 256-303.

——. *Pursuing Honor while Avoiding Sin: the Monte delle doti of Florence*. Milano, Dott. A. Giuffrè editore, 1978.

Klapisch-Zuber, Christiane. «Le complexe de Griselda. Dot et dons de mariage». *Mélanges de l'École française de Rome*, 94/1 (1982), p. 7-43. Repr. dans *La maison et le nom. Stratégies et rituels dans l'Italie de la Renaissance*, Paris, Éditions de l'École des Hautes Études en Sciences Sociales, 1990, p. 185-213.

Kuehn, Thomas. «Women, Marriage and Patria Potestas in Late Medieval Florence». *Tijdschrift voor Rechtsgeschiedenis*, 49/1-2 (1981), p. 127-147.

Lafon, J. *Les époux bordelais. Régimes matrimoniaux et mutations sociales 1450-1550*. Paris, S.E.V.P.E.N., 1972.

Lefebvre, Charles. «L'ancien droit matrimonial de Normandie». *Nouvelle revue historique de droit français et étranger*, 35 (1911), p. 481-535.

——. *Le droit des gens mariés aux pays de droit écrit et de Normandie*. Paris, Sirey, 1912.

——. *Le mariage français au temps de Saint Louis. Conférence faite à Versailles*. Paris, Larose, 1901.

Lemaire, A. «Origine de la règle "Nullum sine dote fiat conjugium"», dans *Mélanges Paul Fournier*, Paris, Sirey, 1929, p. 415-424.

Lœngard, Janet Senderowitz. «"Of the Gift of her Husband": English Dower and its Consequences in the Year 1200», dans J. Kirshner et S. F. Wemple (édit.), *Women of the Medieval World. Essays in Honour of John H. Mundy*, Oxford, Basil Blackwell, 1985, p. 215-255.

Meek, Christine E. «Women, Dowries, and the Family in Late Medieval Italian Cities», dans C. E. Meek et K. Simms (édit.), *The Fragility of Her Sex? Medieval Irish Women in the European Context*, Dublin, Four Courts Press, 1996, p. 136-152.

Menuge, Noël James. «Female Words and Marriage in Romance and Law: A Question of Consent», dans K. J. Lewis, N. Menuge et K. M. Phillips (édit.), *Young Medieval Women*, Stroud, Sutton, 1999, p. 153-171.

Mestayer, Monique. «Les contrats de mariage à Douai du XIIIe au XVe siècle, reflets du droit et de la vie d'une société urbaine». *Revue du Nord*, 61/241 (1979), p. 353-380.

Meynial, Edmond. *Le mariage après les invasions*. Paris, Librairie de la Société du Recueil général des lois et des arrêts, 1898.

Molho, Anthony. *Marriage Alliance in Late Medieval Florence*. Cambridge-London, Harvard University Press, 1994.

Petitjean, Michel. «À propos du régime matrimonial dijonnais et de son usage au XIVe siècle». *Mémoires de la Société pour l'Histoire du Droit et des Institutions des anciens pays bourguignons, comtois et romands*, 39 (1982), p. 133-140.

Petot, Pierre. «Les meubles des époux au Moyen-âge d'après les coutumes françaises». *Revue internationale des droits de l'antiquité*, 3 (1949), p. 213-230.

Pluss, Jacques Anthony. «Reading Legal Doctrine Historically: Three 14th-Century Jurists on Dowries and Social Standing». *The Historian*, 51/2 (1989), p. 283-310.

Porteau-Bitker, Annik. «La justice laïque et le viol au Moyen-âge». *Revue historique de droit français et étranger*, 66 (1988), p. 491-526.

Post, J. B. «Ravishment of Women and the Statutes of Westminster», dans J. H. Baker (édit.), *Legal Records and the Historian*, London, Royal Historical Society, 1978, p. 150-164.

Queller, Donald E. et Thomas F. Madden. «Father of the Bride: Fathers, Daughters and Dowries in Late Medieval and Early Renaissance Venice». *Renaissance Quarterly*, 46/4 (1993), p. 685-711.

Renaut, Marie-Hélène. «La législation coutumière audomaroise». *Revue du Nord*, 74/295 (1992), p. 259-284.

Rheubottom, David B. «"Sisters first": Bethrothed Order and Age at Marriage in Fifteenth-Century Ragusa». *Journal of Family History*, 13/4 (1988), p. 359-376.

Riemer, Eleanor S. «Women, Dowries, and Capital Investment in Thirteenth-Century Siena», dans M. A. Kaplan (édit.), *The Marriage Bargain. Women and Dowries in European History*, New York, Harrington Park Press, 1985, p. 59-79.

Rivers, Theodore John. «Adultery in Early Anglo-Saxon Society: Æthelberht 31 in Comparison with Continental Germanic Law» dans M. Lapidge (édit.), *Anglo-Saxon England 20*, Cambridge, Cambridge University Press, 1991, p. 19-25.

Smith, J. Beverley. «Dower in Thirteenth-Century Wales: a Grant of the Commote of Anhuniog, 1273». *The Bulletin of the Board of Celtic Studies*, 30 (1983), p. 348-355.

Sweetinburgh, Sheila. «The Widow's Lot in Small Town Society: Appledore c. 1400-1470». *Family History: The Journal of the Institute of Heraldic and Genealogical Studies*, n.s. 120/17/144 (1995), p. 303-323.

Thireau, Jean-Louis. «Les pratiques communautaires entre époux dans l'Anjou féodal (Xe-XIIIe siècles)». *Revue historique de droit français et étranger*, 67 (1989), p. 207-235.

Timbal, [Pierre-Clément]. *Droit romain et ancien droit français. Régimes matrimoniaux. Successions—libéralités*. 2e éd. Paris, Dalloz, 1975.

—— et Henri Martin. «Le préciput du conjoint noble dans la coutume de Paris». *Revue historique de droit français et étranger*, 48 (1970), p. 28-63.

Vantroys, Alexandre. *Étude historique et juridique sur le consentement des parents au mariage*. Paris, Arthur Rousseau, 1899.

Whittle, Jane. «Inheritance, Marriage, Widowhood and Remarriage: a Comparative Perspective on Women and Landholding in North-east Norfolk, 1440-1580». *Continuity and Change*, 13/1 (1998), p. 33-72.

Le mariage et la justice

Allen, David. «A Fourteenth Century Divorce in Stoke-by-Nayland». *Proceedings of the Suffolk Institute of Archeology and History*, 38/1 (1993), p. 1-7.

Barles, Guillaume. «Une curieuse affaire d'annulation de mariage au XVᵉ siècle». *Annales du Sud-Est varois*, 11 (1986), p. 41-43.

Bennett, Judith M. «Medieval Peasant Marriage: An Examination of Marriage Licence Fines in the Liber Gersumarum», dans J. A. Raftis (édit.), *Pathways to Medieval Peasants*, Toronto, Pontifical Institute of Mediaeval Studies, 1981, p. 193-246.

——. «The Tie That Binds: Peasant Marriages and Families in Late Medieval England». *Journal of Interdisciplinary History*, 15 (1984), p. 111-129.

Brucker, Gene. *Giovanni et Lusanna. Amour et mariage à Florence pendant la Renaissance.* Aix-en-Provence, Éditions Alinéa, 1991.

Carbasse, Jean-Marie. «Currant nudi: la répression de l'adultère dans le Midi médiéval (XIIe-XVe siècles)», dans J. Poumarède et J.-P. Royer (édit.), *Droit, Histoire & Sexualité*, Lille, Publications de l'Espace juridique, 1987, p. 83-102.

Chevalier, Bernard. «Le mariage à Tours à la fin du XVᵉ siècle», dans *Histoire et Société: Mélanges offerts à Georges Duby, t. 1: Le couple, l'ami et le prochain*, Aix-en-Provence, Publications de l'Université de Provence, 1992, p. 79-90.

Cosgrove, Art. «Consent, Consummation and Indissolubility: Some Evidence from Medieval Ecclesiastical Courts», *Documents et Recherches*, 109/375 (1991), p. 94-104.

Davies, R. R. «The Status of Women and the Practice of Marriage in Late Medieval Wales», dans D. Jenkins et M. E. Owen (édit.), *The Welsh Law of Women. Studies Presented to Professor D. A. Binchy on his Eightieth Birthday*, Cardiff, University of Wales Press, 1980, p. 93-114.

Dean, Trevor. «Fathers and Daughters: Marriage Laws and Marriage Disputes in Bologna and Italy, 1200-1500», dans D. Trevor et K. J. P. Lowe (édit), *Marriage in Italy, 1300-1650*, Cambridge, Cambridge University Press, 1998, p. 85-106.

Donahue, Charles Jr. «"Clandestine" Marriage in the Later Middle Ages: a Reply». *Law and History Review*, 10/2 (1992), p. 315-322.

——. «English and French Marriage Cases in the Later Middle Ages: Might the Differences Be Explained by Differences in the Property Systems?» dans L. Bonfield (édit.), *Marriage, Property, and Succession*, Berlin, Duncker & Humblot, 1992, p. 339-366.

——. «Female Plaintiffs in Marriage Cases in the Court of York in the Later Middle Ages: What Can We Learn from the Numbers?» dans S. S. Walker (édit), *Wife and Widow in Medieval England*, Ann Arbor, University of Michigan Press, 1993, p. 183-213.

——. «The Canon Law on the Formation of Marriage and Social Practice in the Later Middle Ages». *Journal of Family History*, 8/2 (1983), p. 144-158.

——. «The Policy of Alexander the Third's Consent Theory of Marriage», dans S. Kuttner (édit.), *Proceedings from the Fourth International Congress of Medieval Canon Law*, Toronto, 21-25 August 1972, Vatican City, Biblioteca Apostolica Vaticana, 1976, p. 251-281.

Dufresne, Jean-Luc. «Les comportements amoureux d'après le registre de l'officialité de Cerisy». *Bulletin philologique et historique du Comité des travaux historiques et scientifiques*, (1976), p. 131-156.

Farr, James R. «Parlementaires and the Paradox of Power: Sovereignty and Jurisprudence in Rapt Cases in Early Modern Europe». *European History Quarterly*, 25/3 (1995), p. 325-351.

Finch, Andrew J. «Parental Authority and the Problem of Clandestine Marriage in the Later Middle Ages». *Law and History Review*, 8/2 (1990), p. 189-204.

——. «*Repulsa uxore sua*: Marital Difficulties and Separation in the Later Middle Ages». *Continuity and Change*, 8/1 (1993), p. 11-38.

——. «Sexual Relations and Marriage in Later Medieval Normandy». *Journal of Ecclesiastical History*, 47/2 (1996), p. 236-256.

——. «The Disciplining of the Laity in Late Medieval Normandy». *French History*, 10/2 (1996), p. 163-181.

——. «Women and Violence in the Later Middle Ages: the Evidence of the Officiality of Cerisy». *Continuity and Change*, 7/1 (1992), p. 23-45.

Gigot, Jean-Gabriel. «Constat d'impuissance maritale établi en vue d'annulation de mariage, 1399», dans M. Grau et O. Poisson (édit.), *Études Roussillonnaises offertes à Pierre Ponsich. Mélanges d'archéologie, d'histoire et d'histoire de l'art du Roussillon et de la Cerdagne*, Perpignan, Le Publicateur, 1987, p. 185-187.

Goldberg, Jeremy P. «Fiction in the Archives: the York Cause Papers as a Source for Later Medieval Social History». *Continuity and Change*, 12/3 (1997), p. 425-445.

——. «Marriage, Migration, Servanthood and Life-Cycle in Yorkshire Towns of the Later Middle Ages: Some York Cause Paper Evidence». *Continuity and Change*, 1/2 (1986), p. 141-169.

——. «Marriage, Migration and Servanthood: the York Cause Paper Evidence», dans P. J. P. Goldberg (édit.), *Woman is a Worthy Wight: Women in English Society c. 1200-1500*, Stoud, Alan Sutton, 1992, p. 1-15.

Gottlieb, Beatrice. «The Meaning of Clandestine Marriage», dans R. Wheaton and T. K. Hareven (édit.), *Family and Sexuality in French History*, Philadelphia, University of Pennsylvania, 1980, p. 49-83.

——. *Getting Married in Pre-Reformation Europe: The Doctrine of Clandestine Marriage and Court Cases in Fifteenth-Century Champagne*. Thèse de doctorat, Columbia University, 1974.

Gouesse, Jean-Marie. «Parenté, famille et mariage en Normandie aux XVIIe et XVIIIe siècles. Présentation d'une source et d'une enquête». *Annales. Économies, Sociétés, Civilisations*, 27/4-5 (1972), p. 1139-1154.

Helmholz, Richard H. *Marriage Litigation in Medieval England*. Cambridge, Cambridge University Press, 1974.

Houlbrooke, Ralph. «The Making of Marriage in Mid-Tudor England: Evidence from the Records of Matrimonial Contract Litigation». *Journal of Family History*, 10/4 (1985), p. 339-352.

Ingram, Martin. «Spousals Litigation in the English Ecclesiastical Courts, c. 1350-c.1640», dans R. B. Outhwaite (édit.), *Marriage and Society: Studies in the Social History of Marriage*, London, Europa Publications, 1981, p. 35-57.

———. *Church Courts, Sex and Marriage in England, 1570-1640*. Cambridge, Cambridge University Press, 1987.

Ives, E. W. «"Agaynst Taking Awaye of Women": The Inception and Operation of the Abduction Act of 1487», dans E. W. Ives, R. J. Knecht et J. J. Scarisbrick (édit.), *Wealth and Power in Tudor England: Essays Presented to S. T. Bindoff*, London, The Athlone Press, 1978, p. 21-44.

Korpiola, Mia. «Controlling Their Children's Choice: Strategies of Parental Control of Marriage in Medieval Europe and Scandinavia». *Ægteskab i Norden fra Saxo til i dag*, 14 (1999), p. 71-106.

Lefebvre-Teillard, Anne. «Règle et réalité dans le droit matrimonial à la fin du Moyen-âge». *Revue de droit canonique*, 30 (1980), p. 41-54.

———. «Règle et réalité: les nullités de mariage à la fin du Moyen-âge». *Revue de droit canonique*, 32/1 (1982), p. 145-155.

———. «Une nouvelle venue dans l'histoire du droit canonique: la jurisprudence», dans S. Kuttner et K. Pennington (édit.), *Proceedings of the Sixth International Congress of Medieval Canon Law*, Berkeley, 28 juillet-2 août 1980, Vatican, Bibliotheca Apostolica Vaticana, 1985, p. 647-657.

Lemercier, Pierre. «Une curiosité judiciaire au Moyen Âge: la grâce par mariage subséquent». *Revue historique de droit français et étranger*, 33 (1955), p. 464-474.

Lévy, Jean-Philippe. «L'officialité de Paris et les questions familiales à la fin du XIVe siècle», dans *Études d'histoire du droit canonique dédiées à Gabriel Le Bras*, Paris, Sirey, 1965, t. 2, p. 1265-1294.

McRae-Spencer, Alison. «Putting Women in their Place: Social and Legal Attitudes Toward Violence in Marriage in Late Medieval England». *The Ricardian: Journal of the Richard III Society*, 10/128 (1995), p. 185-193.

McSheffrey, Shannon. «"I will never have none ayenst my faders will": Consent and the Making of Marriage in the Late Medieval Diocese of London», dans C. M. Rousseau et J. T. Rosenthal (édit.), *Women, Marriage, and Family in Medieval Christendom. Essays in Memory of Michael M. Sheehan*, Kalamazoo, Medieval Institute Publications, 1998, p. 153-174.

Meek, Christine. «Women, the Church and the Law: Matrimonial Litigation in Lucca under Bishop Nicolao Gunigi (1394-1435)», dans M. O'Dowd et S. Wichert (édit.), *Chattel, Servant or Citizen: Women's Status in Church, State and Society*, Belfast, Institute of Irish Studies, The Queen's University of Belfast, 1995, p. 82-90.

Palmer, Robert C. «Contexts of Marriage in Medieval England: Evidence from the King's Court circa 1300». *Speculum*, 59/1 (1984), p. 42-67.

Pedersen, Frederik. «"Maritalis affectio": Marital Affection and Property in Fourteenth-Century York Cause Papers», dans C. M. Rousseau et J. T. Rosenthal (édit.), *Women, Marriage, and Family in Medieval Christendom. Essays in Memory of Michael M. Sheehan*, Kalamazoo, Medieval Institute Publications, 1998, p. 175-209.

——. «Demography in the Archives: Social and Geographical Factors in Fourteenth-Century York Cause Marriage Litigation». *Continuity and Change*, 10/3 (1995), p. 405-436.

——. «Did the Medieval Laity Know the Canon Law Rules on Marriage? Some Evidence from Fourteenth-Century York Cause Papers». *Mediaeval Studies*, 56 (1994), p. 111-152.

——. «Romeo and Juliet of Stonegate: a Medieval Marriage in Crisis». *Brothwich Papers*, 87 (1995), p. 1-31.

——. «The York Cause Papers: a Reply to Jeremy Goldberg». *Continuity and Change*, 12/3 (1997), p. 447-455.

——. *Marriage Disputes in Medieval England*. London/Rio Grande, The Hambledon Press, 2000.

Poudret, Jean-François. «L'enlèvement des filles de Villaz pres Romont (1517), rapt de violence ou de séduction?» *Mémoires de la Société pour l'histoire du droit et des institutions des anciens pays bourguignons, comtois et romands*, 50 (1993), p. 35-53.

——. «Procès matrimoniaux à la fin du XIVe siècle selon le plus ancien registre de l'officialité de Lausanne». *Zeitschrift für schweizerische Rechtsgeschichte*, 86 (1992), p. 7-47.

Prevenier, Walter. «Violence against Women in a Medieval Metropolis: Paris around 1400», dans B. S. Bachrach et D. Nicholas (édit.), *Law, Custom, and the Social Fabric in Medieval Europe. Essays in Honor of Bryce Lyon*, Kalamazoo, Michigan Medieval Institute Publications, 1990, p. 263-284.

Ribordy, Geneviève. «Mariage aristocratique et doctrine ecclésiastique: le témoignage du rapt au Parlement de Paris pendant la guerre de Cent ans». *Crime, Histoire & Sociétés*, 1/2 (1998), p. 29-48.

Richard, Jean. «L'enlèvement d'Agnès du Brouillard». *Annales de Bourgogne*, 65/258-259 (1993), p. 161-170.

Ruggiero, Guido. «Sexual Criminality in the Early Renaissance: Venice, 1338-1358». *Journal of Social History*, 8 (1974-75), p. 18-37.

——. *The Boundaries of Eros: Sex Crime and Sexuality in Renaissance Venice*. Oxford, Oxford University Press, 1985.

Salonen, Kirsti. «Finnish Illegal Marriages, 1449-1523», dans M. Korpiola (édit), *Nordic Perspectives on Medieval Canon Law*, Saarijärvi, Gummerus Kirjapiano Oy, 1999, p.151-167.

Sheehan, Michael M. «The Formation and Stability of Marriage in Fourteenth-Century England: Evidence of an Ely Register». *Mediaeval Studies*, 33 (1971), p. 228-263.

——. «Theory and Practice: Marriage of the Unfree and the Poor in Medieval Society». *Mediaeval Studies*, 50 (1988), p. 457-487.

Smail, Daniel Lord. «Démanteler le patrimoine. Les femmes et les biens dans la Marseille médiévale». *Annales. Histoire, Sciences sociales*, 52/2 (1997), p. 343-368.

Suzetti, Linda. «Separations and Separated Couples in Fourteenth-Century Venice», dans D. Trevor et K. J. P. Lowe (édit), *Marriage in Italy, 1300-1650*, Cambridge, Cambridge University Press, 1998, p. 249-274.

Turlan, Juliette M. «*Instigante diabolo*», dans *Mélanges offerts à Jean Dauvillier*, Toulouse, Université des Sciences Sociales, 1979, p. 803-808.

——. «Recherches sur le mariage dans la pratique coutumière (XIIe-XIVe s.)». *Revue d'histoire de droit français et étranger*, 35 (1957), p. 477-528.

—— et Pierre C. Timbal. «Justice laïque et bien matrimonial en France au Moyen-âge». *Revue de droit canonique*, 30/3-4 (1980), p. 347-363.

Valazza Tricario, Marie-Ange. «L'officialité de Genève et quelques cas de bigamie à la fin du Moyen-âge: l'empêchement de lien». *Zeitschrift für Schweizerische Kirchengeschichte*, 89 (1995), p. 99-118.

Verdon, Jean. «La femme et la violence en Poitou pendant la Guerre de Cent ans d'après les lettres de rémission». *Annales du Midi*, 102 (1990), p. 367-374.

Vleeschouwers-van Melkebeek, Monique. «Aspects du lien matrimonial dans le *liber sentenciarium* de Bruxelles». *Revue d'histoire du droit*, 53 (1985), p. 43-97.

Walker, Sue Sheridan. «Common Law Juries and Feudal Marriage Customs in Medieval England: The Pleas of Ravishment». *University of Illinois Law Review*, (1984), p. 705-718.

——. «Punishing Convicted Ravishers: Statutory Strictures and Actual Practice in Thirteenth and Fourteenth-Century England». *Journal of Medieval History*, 13/3 (1987), p. 237-350.

——. «The Feudal Family and the Common Law Courts: the Plea Protecting Rights of Wardship and Marriage, c. 1225-1375». *Journal of Medieval History*, 14/1 (1988), p. 13-31.

E. Index des auteurs dans la bibliographie

Index des sujets

Index des noms de lieux

Index des noms de personnes